论发展型国家

——中国道路实践

姬　超◎著

本书出版受以下项目资助：

国家社会科学基金青年项目『新常态下我国经济持续增长与政府扩张的内在机理研究』（15CJL013）

河南省高等学校哲学社会科学基础研究重大项目『国家成长视域下我国有为政府的作用机理和效能评价研究』（2023-JCZD-18）

社会科学文献出版社
SOCIAL SCIENCES ACADEMIC PRESS (CHINA)

序　言

这本书的写作计划筹备已久。长期以来，我的研究兴趣集中在经济增长方向。增长主题是如此宏大而迷人，许多学者前仆后继，这意味着要想在这个领域有所创见必然困难重重，实现新的突破更是难上加难。但是，增长问题的重要性又是如此显而易见。

近年来，我主要关注的是中国特色社会主义发展道路的理论内涵和实践逻辑，由于工作关系变动和环境影响，我对乡村振兴、"一带一路"倡议等重大现实问题也有所关注，不过这些现实问题的理论内核仍然紧紧围绕经济增长与政府治理展开，这是一个理论结合实践的过程，也是一个积极回应国家发展所需的过程。

回顾这段历程，记得在早期的学习和日常讨论中，自由主义思潮长期弥漫学术界，米尔顿·弗里德曼（Milton Friedman）的《资本主义与自由》和弗里德里希·哈耶克（Friedrich Hayek）的《通往奴役之路》更是长期作为中外经济学专业学生的必读书目，陪伴许多青年学子度过了早期求学生涯。许多人因此对经济增长以及中国经济持有一些偏见，仿佛不批评政府，就不能算是一个好的经济学者一样。不过，随着对现实世界的不断观察，理论和事实之间的冲突越来越多。以中国、韩国、日本、新加坡等东亚经济体为例，这些国家的发展策略常常与教科书大相径庭。真的是这些国家做错了吗？可它们的进步又是如此明显，这不得不令我们结合经验事实，调整观察角度，重新审视现有的经济增长理论，反思经济增长过程中的政府-市场关系。近年来，随着资本主义危机的蔓延和保护主义的兴起，人们对自由主义的反思愈加深刻。

根据我的观察，对于经济增长中的政府角色，许多经济学人沿循亚当·斯密（Adam Smith）的思想源流，大多非常警惕这只"看得见的手"，不过真实的历史却是这样的：伴随经济发展程度的提高，政府规模也在不断扩张。我相信这是一个实证性问题，而不仅仅是一个价值判断问题，事实上对新自由主义的批判和对政府角色最有洞见的研究恰恰来自美国经济学者。最终，我发现所有的经济活动往往是一项政治经济活动。这非常有趣，经济增长与政府治理随后成为我的研究方向，并且延续至今。总的来说，时至今日，大多数经济学者关注的仍然是有质量的经济增长需要一个什么样的政府。与此同时，也有学者尝试运用经济变量来解释选举等政治结果。沿着第一种思路，政府虽然重要，但在根本上是作为一个外生变量存在的，很少有人关注经济增长的结果带来了什么样的政府，也就是关于政府行为的经济解释。第二种思路下的研究集中体现为公共选择文献，以及国家中心主义的兴起。但是，无论何种思路，都不能为政府变量的内生变化提供令人满意的解释。乔尔·S. 米格代尔（Joel S. Migdal）指出，国家主义者错误地假设国家无论何时何地都有实现其领导者意图的潜力或能力，而忽视了国家在不同社会中扮演的角色往往不同。真实的国家与社会（经济）之间的关系并非单向而是双向的，既要看到国家对社会（经济）的影响，也不能忽视社会（经济）对国家的影响，二者处于相互转化的关系之中。[①] 彼得·埃文斯（Peter Evans）进一步认为，米格代尔只看到了国家和社会（经济）间冲突的一面（零和博弈），未看到二者在一定条件下能够相互增进，实现双赢。[②] 为了更清晰地呈现经济增长全貌，需

① 〔美〕乔尔·S. 米格代尔：《强社会与弱国家：第三世界的国家社会关系及国家能力》，张长东、朱海雷、隋春波、陈玲译，江苏人民出版社，2012。

② Evans, P. B., *Embedded Autonomy：States and Industrial Transformation*, Princeton：Princeton University Press, 1995.

要将研究扩展到政府和国家属性上来，将宏观的政治社会结构和理性选择的微观经济基础结合起来，并将其置于动态过程中。

在这个过程中，我们面对的第一个问题是如何对发达国家和发展中国家的发展事实进行理论整合。英国古典政治经济学创始人威廉·配第（William Petty）曾言，"上山的路也是下山的路"①，这令我们思索缘何相同的发展道路在不同国家引致的发展结果会大相径庭？在理论解释上，无论是立足发达国家历史经验的主流经济增长理论，还是依托发展中国家提出的赶超理论，都存在固有的缺陷，既忽略了不同国家或地区发展伊始所具有的不同资源禀赋特征，又割裂了发达国家与发展中国家在不同阶段客观存在的市场联系。亚历山大·格申克龙（Alexander Gerschenkron）认为，国家之间的发展往往呈现非常不同的特征，这种不同不仅体现在发展的水平和速度上，而且体现在发展中的生产结构和组织结构等技术体系上，直接模仿或借鉴的各种制度性手段也应因地制宜。②我相信，发展不是一个动作，而是一个长期的过程。发展又是有成本的，随着发展阶段的推进和人均收入水平的提高，发展的决定性因素也在发生变化。因此，不同国家和地区必须根据特定的历史阶段和国内外环境，选择成本最低和现实可行的发展方式。需要特别强调的是，为了更好地理解经济发展，避免制度自负和价值观束缚是第一位的。其中，制度自负主要指的是对资本主义制度的极端自负，这种自负集中表现为对西方民主价值观和自由主义的盲目认同，哪怕这种民主制度在当前遭遇了重大的危机。我不知道这种制度自负从何而来，但我认为务实的研究应该是基于情境事实（Context Specific）而不应该是被意识形态束缚（Ideological Lock-in）的。在既定的约束条件下，无论是制度演变还是技术进步都是有成本的，我们不能先验地假定某种制度或者发展策略是最理想的，所以就一定要采用，成本太高

---

① 〔英〕威廉·配第：《政治算术》，陈冬野译，商务印书馆，2014。
② 〔美〕亚历山大·格申克龙：《经济落后的历史透视》，张凤林译，商务印书馆，2012。

当然就不适合采用。其实，越来越多的事实表明，在促进发展的问题上要求所有国家遵循某一种"良好的经济行为"模式是一种不切实际的想法，且多数国家也不会接受……归根结底，所有成功的国家都会发展出具有自身民族特色的模式。二战以来，发展较快的国家之所以能够成功，就是因为它们都无一例外地采取了离经叛道的独特政策。①

第二个需要解决的问题是如何在经济增长和政府治理之间建立一个更为紧密和动态化的逻辑关联。显然，对于这样一个比较宏大的课题，需要一个具体的切入点。基于政治学、经济学等跨学科知识，本书尝试基于发展型国家理论构建以偏向性政策为核心纽带的政府-市场互动机制。立足发展型国家场景，本书通过"偏向性政策"这一工具变量在经济增长和政府扩张之间初步建立了分析框架，完成了发展型国家—偏向性政策—经济增长—政府扩张的理论模型建构。对于许多发展中国家，以及发达经济体的早期发展阶段，政府可以通过偏向性政策优先扶持战略性部门发展，部门之间的前后向联系使得其相互协作、利益溢出成为可能，从而激发了广大主体的生产性努力，同时产生了对政府的内在需求，政府扩张由此产生。我想，这种尝试对摆脱西方主流经济学理论片面讨论经济增长所需的政治条件、深化中国发展道路的理论阐释、更好地发挥政府作用以及推进国家治理体系和治理能力现代化应该是有一定意义的。

第三个问题指向的是发展型国家理论的先天性缺陷，这种缺陷集中体现在偏向性政策导致的阶层分化上。一个不可否认的事实是，随着经济的起飞，一些发展型国家的政府被既得利益群体绑架，甚至沦落为掠夺性国家。当然，中央政府可以根据发展阶段变化对偏向性政策实施动态优化，从而避免偏向性政策带来的利益固化，激发持续的生产和创造热情，尽管这种主动的动态优化并不容易实现，

① 〔土耳其〕丹尼·罗德里克：《一种经济学，多种药方：全球化、制度建设和经济增长》，张军扩、侯永志等译，中信出版集团，2016。

但是中国等许多新兴经济体的经验表明这一点并非完全不可能。为了更好地解释发展型国家的动态演变，本书引入了中国经济特区的案例。经济特区是我早年的主要关注对象。可是我很快便意识到，如果仅仅从区域经济学视角来看，那么经济特区研究就是一个局限在个别区域的研究，传统的区域经济研究多是经济规律的具体应用，忽略了局部和整体的内在关联。显然，一旦把经济特区看作中国整体发展的一个有机组成部分，或者说中国改革开放的一项特殊策略的话，经济特区研究就拔高到了中国整体发展的研究范畴，从而可以更好地认识中国发展道路，认识国家整体和局部区域的有机联系。事实上，经济特区正是发展型国家偏向性政策在区域层面的鲜明体现，经济特区的动态演进（从最早的经济特区、沿海开放区到沿河、沿边开放区，再到自由贸易区、自由贸易港以及中国特色社会主义先行示范区的动态演变路径）浓缩了中国发展道路的内涵，经济特区这一局部区域的策略性价值就此得以呈现，个体和整体的发展、单个区域的开发和中国整体道路能够得到更好的统一，不仅有助于更全面地理解经济特区的成功经验，而且有助于以小见大，洞悉发展型国家的理论逻辑，这是中国样本对发展型国家的理论贡献。

　　第四个问题关乎发展型国家的未来。随着发展型国家的经济逼近生产可能性前沿，发展型国家的历史使命是否也就此结束了？一些学者即便认可政府在发展中国家中扮演的角色，但是随着工业化的完成，经济发展进入更高阶段（如创新驱动阶段），发展中国家的强大政府也会终结。按照这一逻辑，中国发展道路不过是西方自由市场模式的渐进实现版本罢了。在发展型国家的理论场景下，政府-市场关系并非谁的作用大一点或小一点这么简单，而是具有更加丰富的理论内涵和实践外延。两者之间的关系需溯及国家发展的具体场景和历史轨迹，需继续向深挖掘国家属性和国家能力，以及政治的整合问题，这是一个政治学和公共管理意蕴很强的方向，显然，这也意味着跨学科研究的进一步深入。经历了一个又一个幽窗冷雨孤灯，苦思冥想之后尤觉困惑很多，在理论的完整性和一致性上仍不理想，需要做的还有很多。

毫无疑问，这些问题都将引起广泛争议，却又如此重要。本书试图抛开先验的价值判断，尽量从事实的角度——印证这些问题，尽管结果充满了不确定性，但是得出的结论也许更加合理和富有说服力。实证主义也是贯穿本书的基本准则，我始终认为，实证主义既是一种方法论，亦是一种生活姿态。正如埃思里奇（Ethridge）所说，一种非常有益的品质是心理和感情的成熟，它能使你识别个人所特有的信仰或价值观与受到证据支持的结果或概念之间的不同。这种能力尽管不能保证，但能促进人们的成熟，从而设法区分事情是怎样的和我们希望它是怎样的这两者间的不同，这种成熟并不是伴随年龄的增长而自然形成的……最后，所有的知识，就像所有的无知一样，具有一种在机会主义歧路上偏离真理的倾向。回顾过去时人们当然承认这一点，但在我们自己的思维里则丝毫不曾察觉。因此，始终保持履中守正、沉静谦逊的姿态对可持续的研究是不可或缺的。

目　录

导　论

一　政府与市场的二元对立

工业革命以来，经济增长逐渐成为人类共同的核心议题。在追求经济增长和国民财富增进的过程中，引致经济增长的核心要素也在不断演化。新古典经济学者围绕市场竞争构建了以价格机制为核心的均衡理论体系，认为只要能够把价格搞对，资源即可通过自由流动实现帕累托最优配置，经济增长也会自然实现。与此同时，政府干预则会扭曲价格，导致资源错配。基于失败的政府干预案例，一些学者认为应该削减政府职能，压缩政府规模，西方发达国家的小政府和自由市场模式亦被视为理想类型，他们相信经济能够独立运行，政府因此成为一个外生因素游离在经济体系之外。[①]按照这一逻辑，不同国家被简单地划分为市场型国家和威权型国家，政府与市场的二元对立就此形成。但是在现实中，政府引导的市场发展在一些地区取得了巨大成功。

在理论中，政府-市场关系以及由此产生的激烈争论历久弥新，学界围绕这一主题产生了许多激动人心的成果。以新古典经济学为代表的主流经济增长理论沿袭斯密传统，认为理性的"经济人"在一种神秘的被称为"看不见的手"的力量下最终能够实现公共利益，

---

① Aghion, P., Howit, P., "Market Structure and the Growth Process", *Review of Economic Dynamics*, 1998, 1 (1).

政府最理想的角色除了一些辅助作用之外所剩无几，欧美地区一些学者对市场自治的尊崇更是接近于成为一种意识形态。但是越来越多的事实表明，政府在经济发展道路上的作用绝不仅仅限于"守夜人"角色。卡尔·波兰尼直言不讳地指出，完全自由的市场经济从来不曾出现过。① 即便是那些已经完成工业化并肆意鼓吹自由市场的欧美发达国家，无论是在其原始积累时期还是在当前经济运行过程中，政府始终都在发挥积极作用。马克斯·韦伯认为，国家是西方资本主义兴起和延续的基本因素。② 这里的国家因素指涉的正是政府（或者其他类型的统治者）对社会的渗透和攫取。③ 此外，布罗代尔，格申克龙，沃勒斯特，诺思、沃利斯和温加斯特，以及阿塞莫格鲁和罗宾逊等也从不同角度讨论了政府在经济发展中的关键作用，斯文·贝克特等经济史学者还通过历史数据印证了积极的政府干预在西方世界兴起和历史大分流中的作用。④

综合理论和现实中的各种纷争，一方面，不得不承认，现实中的经济活动始终都是一项政治经济活动，绝不能脱离政治因素讨论经济发展，政府通过征税、提供公共产品和社会保障等方式，承担着维护社会稳定和人民生活安全功能、提供居民福利保障和事业保险功能、协调经济和社会发展功能以及其他公益性功能，这为市场运行提供了基础秩序和基本保障。另一方面，不可否认，关于政府的一个基本政治悖论——政府既是问题之源，又是解决问题之方⑤，引发了学界在该问题上持续不断的争论。理论和实践的分歧以及学

---

① 〔英〕卡尔·波兰尼：《巨变：当代政治与经济的起源》，黄树民译，社会科学文献出版社，2017。
② 〔德〕马克斯·韦伯：《经济通史》，姚曾廙译，上海三联书店，2006。
③ 〔荷〕皮尔·弗里斯：《国家、经济与大分流：17 世纪 80 年代到 19 世纪 50 年代的英国和中国》，郭金兴译，中信出版集团，2018。
④ 〔美〕斯文·贝克特：《棉花帝国：一部资本主义全球史》，徐轶杰、杨燕译，民主与建设出版社，2019。
⑤ 〔美〕阿图尔·科利：《国家引导的发展：全球边缘地区的政治权力与工业化》，朱天飚、黄琪轩、刘骥译，吉林出版集团，2007。

界的持续争论，要求我们全面、客观地审视政府在经济增长中的真实作用。

导致上述诸多分歧的一个重要原因在于忽略了国家的差异，简单地将政府和市场对立了起来，将公共利益和私人利益对立了起来，没有充分考虑不同国家在不同发展阶段、不同国内外环境下面临的差异化约束条件，而这恰恰是决定政府行为的基础，从而忽略了政府-市场关系的多样性，忽略了经济增长方式的多样性。换言之，政府行为和经济发展之间的逻辑关系存在不确定性，它与国家的性质密切相关。因此，本书主张在讨论政府-市场关系时，再向前追溯一步，强调不同国家之间的差异性和多元性，并溯及国家发展的具体场景以及这种差异性对发展道路可能产生的影响。在中国，为了更好地发挥政府作用，亦有必要在理论和实践中探讨中国特色社会主义发展道路的独特内涵，在此基础上才能客观地理解中国经济增长和政府行为的内在机理，特别是政府与经济的相互作用，而不是将所有国家同质化，仅对经济增长所需的政治环境和条件进行一般性的讨论，进而陷入西方经济学理论话语体系。相较于以往更多地关注政府角色和政治制度对经济增长的影响，本书亦对经济增长造成的政治后果给予更多关注，尝试从交叉学科角度将政府变量内生化，以便更好地理解政府在发展中的积极作用，理解政治进步的动态内涵，而不是简单地拒斥政府干预，在此基础上阐释中国特色社会主义发展道路的理论内涵，同时也为新时代中国经济发展提供参考。

二 政府与市场的相互增强

作为政治经济学领域永恒的研究主题，政府-市场关系同样也是中国特色社会主义发展道路的核心内容。在实践中，政府的经济责任不断强化，特别是随着我国发展步入新时代，经济中低速增长开始成为新常态，增长压力不断增大，持续的经济增长对政府治理体系提出了更高的要求。党的十八届三中全会指出，必须紧紧围绕市场在资源配置中发挥决定性作用进一步深化改革，必须正确履行政府职能，更好地发挥政府在全面深化改革中的作用，妥善处理政府与市场、政府与社会的关系。① 党的十九届四中全会进一步指出，必须坚持社会主义基本经济制度，充分发挥市场在资源配置中的决定性作用，更好地发挥政府作用，全面贯彻新发展理念，坚持以供给侧结构性改革为主线，加快建设现代化经济体系。②

因此，本书在讨论经济增长问题时，拟以政府-市场关系为核心，基于发展型国家理论视角，研究中国特色发展道路场景中政府行为与经济增长的互动关系，既包括政府对经济增长的作用，也包括经济体系变动对政府扩张产生的影响和内在政策需求。其中，经济增长既包括狭义的数量增长和规模扩大，也包括人均收入水平和劳动生产率的提高。政府扩张主要是指政府规模和职责范围的扩大，包括各类政府资源（如有形资源和无形资源）的机械总和，及其对市场秩序扩展和制度进步的推动作用，集中体现在政府制定实施的发展政策体系中。

总的来说，本书包括两个方面的内容。一是在理论层面，对经济增长和政府治理的理论进行阐释，重点分析发展型国家以偏向性政策为核心纽带的政府-市场互动机制。其中，既包括宏观层面的政府扩张与经济增长之间的因果关联，也包括微观层面的政府扩张对经济效率产生的影响。二是在实践层面，基于中国发展场景分析偏向性政策在中国的实践逻辑与创新之处，以及中国非均衡发展道路的形成。具体来看，在理论层面，本书强调政府在经济发展中的重

---

① 《中国共产党第十八届中央委员会第三次全体会议公报》，中国共产党新闻网，2013 年 11 月 12 日，http：//cpc. people. com. cn/n/2013/1112/c64094-23519137. html。

② 钱春海：《推动制度体系结构性稳定与国家治理效能提高》，《中国浦东干部学院学报》2019 年第 6 期。详见《中共中央关于坚持和完善中国特色社会主义制度 推进国家治理体系和治理能力现代化若干重大问题的决定》，中华人民共和国中央人民政府网站，2019 年 11 月 5 日，http：//www. gov. cn/zhengce/2019-11-05/content_ 5449023. htm。

要性，认为现实中的经济活动始终都是一项政治经济活动，并以偏向性政策为核心机制阐释经济增长与政府扩张的互动机理，从而为调和公共利益和私人利益、更好地发挥政府在市场中的作用提供参考，为政府变量更好地进入经济增长理论提供思路。在实践层面，本书聚焦中国场景下的经济增长与政府治理，阐释了偏向性的区域发展政策在中国的实践逻辑以及中国特色社会主义发展道路的增量改革内涵，归纳了偏向性政策从经济特区、沿海开放区到沿河、沿边开放区，再到自由贸易区、自由贸易港以及中国特色社会主义先行示范区的动态演变逻辑，既为新时代经济持续增长和转型发展提供了现实依据，也为完善发展型国家理论提供了新经验。本书主要包括以下几个方面的内容。

（1）梳理总结国家发展的政治经济学理论基础。无论是发达国家还是发展中国家，从长期来看，经济增长都是国家增加财富、人民提高收入水平和改善生活、生产条件最为重要的手段。目前，关于经济增长的文献汗牛充栋，本书将研究重点置于经济增长与政府扩张之间的内在逻辑关联，即对政府-市场互动关系的阐述。我们认为，现实中的经济活动始终都是一项政治经济活动，政府在经济发展中的作用不可或缺。但是在西方主流经济增长理论中，无论是经济发展还是社会集体利益的获得都不需要借助政府仁慈的手来实现，政府变量因而逐渐从经济增长体系中分立出来。[1] 进一步的理论和实践研究表明，经济增长从来都离不开政府的作用，拒斥政府变量之后的经济增长机制很快面临严重的逻辑困境。随后，政府通过制度供给重新出现于经济增长理论体系中。本书首先围绕经济增长与政府扩张系统梳理国家发展的政治经济学逻辑，为后文分析奠定基础。

（2）在发展型国家框架下构建政府-市场关系的一般性理论模

---

① 姬超：《经济增长理论的要素供给及其政治经济学批判》，《经济问题探索》2017 年第1 期。

型。从理论回归到现实，政府在经济活动中发挥重要作用已经是一个不可否认的事实，但是不同国家的政府作用存在很大差异，取得的经济绩效更是截然不同。那么，在各个国家和地区的经济发展过程中，为什么政府引导的发展在一些地区要比另外一些地区更成功？即为什么政府在有的地区扮演了"扶持之手"角色，在另外一些地区则扮演了"掠夺之手"角色？基于失败的政府干预案例，"亲市场"派学者认为应该削减政府职能，压缩政府规模。但是一个基础性的事实则是二战以来，世界上几乎所有国家的政府职能和政府规模都伴随经济发展出现了不同程度的扩张。德国经济学家瓦格纳最早指出了政府支出随工业化而以更大比例增长的事实（学界称之为瓦格纳法则）。[①] 随后，学术界围绕政府扩张形成了许多解释，如从经济视角出发的"利维坦假说"[②] "粘蝇纸假说"[③] "Wallis-Oates 假说"[④]，从政治视角出发的"官员行为论"[⑤] "多数票规则论"[⑥] "选举权扩大论"[⑦]，等等。最终，呈现在我们面前的是理论与现实之间的巨大差异，以及理论之间的各种分歧。这就提示我们在讨论该问题时要充分重视不同国家之间的差异性、发展阶段的差异性，以及由此产生的理论差异性。因此，讨论政府-市场关系时必须因地制宜、因时而异。

---

① 〔德〕瓦格纳：《财政学》，第二卷（德文版），载刘永祯主编《西方财政学说概论》，中国财政经济出版社，1990。

② 孙琳、潘春阳：《"利维坦假说"、财政分权和地方政府规模膨胀——来自 1998~2006 年的省级证据》，《财经论丛》2009 年第 2 期。

③ 方红生、张军：《攫取之手、援助之手与中国税收超 GDP 增长》，《经济研究》2013 年第 3 期。

④ Wallis, J. J., Oates, W., "Does Economic Sclerosis Set in with Age? An Empirical Study of the Olson Hypothesis", *Kyklos*, 1988, 41 (3), pp. 391-471.

⑤ 翟岩、杨淑琴：《利益集团与政府增长及官员政治——从公共选择理论透视西方社会政府和官员的行为》，《学习与探索》2005 年第 4 期。

⑥ 〔美〕詹姆斯·M. 布坎南、戈登·图洛克：《同意的计算：立宪民主的逻辑基础》，陈光金译，上海人民出版社，2017。

⑦ Meltzer, A. H., Richard, S. F., "A Rational Theory of the Size of Government", *Journal of Political Economy*, 1981, 89 (5), pp. 914-927.

回顾世界发展历程，东亚一些新兴经济体的政府和市场之间形成了典型的互动协同关系，从而在经济发展领域取得了巨大成功，发展型国家的概念由此产生。按照该理论，经济发展在一国各类事项中获得了优先考虑，为了促进经济发展，政府往往通过偏向性政策优先扶持战略性部门的发展，但是该理论无法很好地解释为何偏向性政策没有导致大规模社会分化的事实。据此，本书从发展型国家角度出发，尝试为政府-市场互动关系做出进一步的解释。本书的理论框架着重强调了部门之间的前后向联系使得部门之间的相互协作、利益溢出成为可能，从而激发了广大主体的生产性努力，产生了对政府政策的内在需求，政府扩张作为一种结果由此产生，政府和市场之间的良性互动关系在该过程中得以呈现。

（3）基于中国发展道路的场景，从宏观层面构建经济增长与政府扩张的机理模型。从世界回到中国场景中，中国改革开放以来的发展道路鲜明地体现为一种经济优先发展的导向，"一切以经济建设为中心"是全党、全国长期坚持的基本路线，坚持以发展导向增进人民福祉成为中国处理各类事务的基本主张。基于中国发展道路场景，本书认为中国经济即使不是全部，也在很大程度上体现了发展型国家的内涵。因此，本书尝试在发展型国家的理论框架下构建中国经济增长与政府扩张的理论模型，并以全国31个省（自治区、直辖市）1980~2017年的面板数据进行计量检验。考虑到经济增长和政府扩张之间的反向因果机制，本书尝试将偏向性政策作为工具变量，克服检验中的内生性问题，结果证实了政府规模伴随经济增长而扩张的机制，也证实了政府与市场可以通过良性互动（体现为动态调整的偏向性政策）共同促进经济发展。如前文所述，发展不是一个动作，而是一个长期的过程，随着我国发展阶段的变化，发展型国家理论的实践基础也发生了很大变化，该理论是否继续适用，以及我国在发展过程中又当如何对发展型国家理论进行发展和动态优化，适时调整制订适应性的政策方案，选择更为现实可行的发展道路，同时避免偏向性政策带来的利益固化，激发持续的生产和创造热情，这是本书的另一重点研究内容。

（4）从宏观转向微观，客观审视并检验中国政府扩张对经济效率的影响。尽管政府在宏观经济增长方面具有重要作用，特别是对于发展水平较低的地区，政府的作用不可或缺，但是也不能忽视政府扩张在微观层面的负面影响。本书将全要素生产率作为经济效率的衡量指标，并从技术进步和技术效率两个方面对其进行分解。基于中国改革开放 40 余年来的省级面板数据检验表明，政府扩张对提升技术效率，也就是在推动经济向现有的生产可能性边界靠拢方面具有正向作用。但是政府对技术进步，也就是在推动生产可能性边界向外扩展方面的作用并不显著，且常常产生负面影响。这意味着，随着经济发展程度的提高，技术水平接近世界前沿，技术进步的难度越来越大，政府扩张的合理性逐渐减弱，其对整体经济效率的负面影响越来越大。进入新时代，一方面，驱动经济增长的传统动力趋于衰减，可持续的经济发展亟待转向创新驱动，偏向性政策支持的重点也应相应地转向创新领域；另一方面，偏向性政策引致的政府扩张又会不断侵蚀经济效率，这是中国经济持续增长面临的两难问题。

（5）面对上述难题，本书着重从区域发展视角进一步提炼偏向性政策的中国实践逻辑与创新之处，总结中国特色社会主义发展道路的核心内涵和主要特征。发展型国家理论在中国的实践取得了巨大成功，但是也存在固有缺陷。中国并非简单套用理论和复制经验，而是在实践中不断发展理论，向广大发展中国家贡献中国智慧[1]，经济特区就是一个最好的例证。回顾中国改革开放 40 余年来的发展历程，经济成就举世瞩目，与此同时，发展中的非均衡特征也非常明显，这正是发展型国家偏向性政策的直接体现，但是中国在实践中

---

[1]　姬超：《经济增长的历史观：发达与发展中国家之差异》，《江苏社会科学》2018 年第 3 期。

成功推动了偏向性政策的动态优化，具体体现在各种类型经济特区的梯度发展过程中。因此，本书以经济特区为例详细阐释了发展型国家理论在中国的实践逻辑，归纳了偏向性政策从经济特区、沿海开放区到沿河、沿边开放区，再到自由贸易区、自由贸易港以及中国特色社会主义先行示范区的动态演进路径，并从增量改革视角分析了中国发展道路的理论内涵及其对发展型国家理论的贡献。

（6）综合理论和实践，兼顾整体和个案，以中国蛇口为案例观照，进一步探讨中国如何通过偏向性区域发展政策带动全国整体发展的实践逻辑，探讨中国未来如何创新政策体系和治理体系，推动区域协同发展以适应新常态。中国的非均衡发展道路在整体上取得了成功，但是由于偏向性政策，不同发展阶段的侧重点有所不同，各个区域、各个主体在国家发展中的定位存在很大差异，同时又处于动态调整过程中，它们均是中国发展道路的有机组成部分。新常态下，中国经济持续发展一方面需要对偏向性政策进行优化调整，另一方面需要推动部门之间、区域之间的协同发展。为了更清晰地展现这一点，本书将以中国蛇口的动态演变为例，探讨中国在实践中如何创造性地调适偏向性政策带来的区域分化。

（7）探讨中国政治和经济可持续发展的优化方向。基于前文的分析可知，中国经济持续发展的核心在于优化存量改革，其关键在于强化治理导向，以此调适经济增长与政府扩张的内在张力。因此，本书尝试为新时代继续完善中国特色社会主义制度，提高国家治理体系和治理能力现代化水平提供对策建议。得益于发展型国家理论在中国的实践和创新，中国特色社会主义制度优势得以充分发挥，中国的非均衡发展道路取得了非凡成就。与此同时，中国在偏向性政策的导向下也积累了许多结构性问题，导致供给体系和需求结构不够平衡，由此引发的区域和城乡分化问题、环境污染问题、资源粗放使用问题、社会公平问题等日益制约经济和社会的可持续发展。随着国内经济下行压力持续增大，切换发展动能，实现经济提质、换挡的迫切性进一步增强。因此，必须科学判断当前的发展事实，不断调整政府-市场关系，优化政策供给，切实提升政府治理效能，推进新旧发展动能转换，实现可持续、高质量发展。

三 发展型国家框架的构建

本书贯穿政府-市场关系这条主线，在理论层面，本书致力于在发展型国家场景下厘清经济增长与政府扩张的内在关系；在应用层面，本书尝试分析政府-市场关系在中国的具体实践逻辑。基于经济与政治良性互动的角度，本书尝试为新时代深化改革、更好地发挥政府作用提供建议，为新时代经济可持续增长和完善现代治理体系提供参考。为了实现上述目标，本书主要使用如下研究方法。

（1）文献分析法。广泛查阅和梳理国内外文献资料，追踪不同国家、不同地区经济增长与政府治理的最新研究动态。对本书所涉及的相关理论，包括经济增长理论、公共政策理论、政府治理理论、行为博弈理论等基础理论进行归纳总结和比较分析。在此基础上，基于跨学科视角将"政府主体""市场主体""社会主体"等关键变量引入中国发展场景，充分考虑各个主体的效用函数，选取恰当的互动原则来构建多类型主体利益相容的发展模型，从而明晰中国政府扩张与经济增长的内在机理，确定政府和市场主体利益相容的条件。

（2）专家咨询法。研究中国经济发展问题需要考虑的因素十分复杂，它不仅是一个经济学问题，更是一个涵盖经济、政治、社会等多领域的复杂问题，适合多学科、多领域交叉融合进行综合研究，本书在研究和写作过程中邀请了政治学、经济学、管理学、社会学、法学等不同学科的专业人士参与讨论，并积极与招商局集团、中国电信、中国建筑、国家发展改革委等多个界别的专家进行沟通咨询，对珠江三角洲尤其是深圳、珠海、中山、顺德、佛山等地的民营企业和社会团体进行深入调研，注重综合多学科、多领域的理论和方法，努力形成能够支撑本书构建的发展型国家的科学判断。

（3）计量分析法。本书对全国不同类型区域、不同发展程度的地方政府和相关部门进行深度访谈与实地调研，采取查阅资料、座谈专访、抽样问卷和旁听会议等方式展开，在此基础上整理收集了大量数据，结合国家各类统计年鉴和数据平台提供的统计数据，通过计量工具充分展开数据分析，对相关理论判断进行证实或证伪。

（4）案例研究法。鉴于现有计量结果存在的巨大分歧，本书综合使用计量检验和案例研究方法，以相互印证补充。具体来看，本书基于典型地区-样点的思路选择代表性案例进行深度访谈并参与观察，由于我国的非均衡发展和偏向性政策集中体现在享受特殊优惠政策的经济特区，经济特区的动态发展历程更是中国整体发展道路的浓缩，因此本书重点选择中国改革开放道路的试验起点——蛇口开展深入的实地调研，获取了中国经济发展方案的第一手数据资料。同时，从历史演进的动态维度，分析中国非均衡发展道路取得成功的关键要素，解释中国发展道路的内在逻辑体系，探索新时代经济持续发展的政府治理需求和优化路径。

综上所述，本书具有以下几个方面的特色。一是合理吸收不同学科的优势，充分开展跨界合作，与政治学、经济学、社会学、法学等领域的专家学者进行了密切的研讨交流，与企业家、政府人士进行了多次访谈调研，以更好地回应政治经济学的理论研究要求。二是将理论研究与应用研究相结合，兼顾理论在中国场景的应用以及中国发展实践对理论的拓展。三是综合使用计量工具和案例分析工具，使得一般性分析和个案研究相互佐证，尽量避免大样本、大数据计量检验中的合成谬误问题，同时在个别案例的讨论中尝试为该领域的研究提供更为丰富的参考借鉴和经验支撑。最终，本书的技术路线见图 0-1。

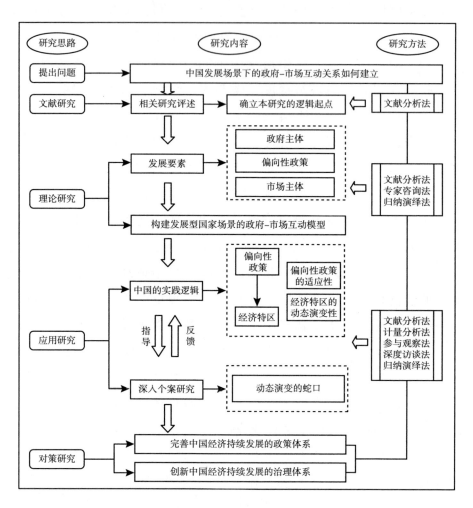

图 0-1　技术路线

四　发展型国家与中国实践

　　本书回应国家关切，聚焦政府-市场关系这一核心命题，在发展型国家视域下分析了中国经济增长与政府扩张的理论机制，着重从偏向性区域发展视角探讨了发展型国家理论在中国的实践逻辑与创新之处，其学术价值和应用价值主要体现在以下三个方面。

（1）紧密围绕政府-市场关系展开研究，回应市场发挥决定性作用前提下如何更好地发挥政府作用的现实意义。改革开放40多年来，中国经济快速增长最根本的因素是通过市场经济体制改革打破了计划经济的束缚。但是，市场在资源配置中发挥决定性作用并不意味着对政府的简单拒斥，中国的政府-市场关系并非谁的作用大一点或小一点这么简单。本书既非唯市场论，也非唯公有制论，而是基于特定发展场景客观审视政府与市场之间的双向关联及其动态变化，基于发展型国家理论的研究补充完善了政府扩张的内在机理，研究结论有助于政府更好地发挥作用和现代治理体系的形成，同时有助于有针对性地优化政策供给和提升政府治理效能。

（2）尝试为中国发展道路构筑微观基础，为新常态下中国经济持续增长提供理论依据。中国改革开放40多年来发展道路的非均衡特征非常明显，但是中国发展道路绝非西方自由市场模式的渐进实现版本，而是具有更加丰富的理论和实践内涵，目前学界围绕中国发展策略的微观机制研究尚不多见，本书在理论上基于动态调整的偏向性政策构筑中国发展道路的微观基础，在应用中基于偏向性的区域发展政策阐释中国发展道路的实践逻辑，不仅有助于更好地理解中国特色发展道路的内涵，而且有助于为新时代经济持续发展和道路优化提供参考借鉴。

（3）综合经济和政治因素的跨学科研究，有助于提升新政治经济学理论的学理价值，为经济学和政治学的学科交叉融合提供实质性通路。政府和市场互动是剖析中国经济增长的核心，也是中国发展经验能够提供给经济学和政治学理论的宝贵素材。目前不同学科从各自角度对经济增长和政府治理进行了深入研究，但是学科之间的融合还有待加强。本书在发展型国家理论视域下将政府和市场纳入统一框架分析，对进一步发展新政治经济学理论具有较大的学理价值，而基于中国场景的实践研究也有助于完善发展型国家理论。

政府和市场之间的逻辑关系存在不确定性，它与国家的性质密切相关。本书主张在讨论政府-市场关系时，强调不同国家的差异性和多元性，并溯及国家发展的具体场景以及这种差异性对发展道路可能产生的影响，而不是将所有国家同质化看待，仅对经济增长所需的政治环境和条件进行一般性讨论。

首先，本书构建了发展型国家以偏向性政策为核心纽带的政府-市场互动机制。全书紧紧围绕"经济增长与政府治理"展开，尝试在新政治经济学的理论框架下为经济发展和政府治理能力现代化建立一个更为紧密和更加动态化的逻辑关联。显然，对于这样一个如此宏大的研究课题，需要一个具体的切入点。在研究过程中，本书立足发展型国家场景，通过"偏向性政策"这一工具变量在经济增长和政府扩张之间初步建立了分析框架，完成了发展型国家—偏向性政策—经济增长—政府扩张的理论模型建构，推动了经济学、政治学、公共政策学等不同学科的有机衔接，对更好地推进中国经济高质量发展和国家治理体系现代化具有一定的参考价值。

其次，本书有助于推动局部的区域经济研究融入中国整体发展道路的研究。传统的区域经济研究大多是经济规律的具体应用，忽略了局部和整体的内在关联。本书认为，一旦把经济特区研究上升到偏向性政策的高度，把经济特区看作中国整体发展的一个有机组成部分，或者说中国改革开放的一项特殊策略的话，经济特区研究就拔高到了中国整体发展的研究范畴，从而可以更好地认识中国发展道路，认识国家整体和局部区域的有机联系。事实上，经济特区正是中国偏向性区域政策的集中体现。一旦我们将经济特区置于中国整体改革开放进程中，经济特区所揭示的就不再是一个又一个局部的、静态的区域发展经验，而是中国整体发展道路的有机组成部分。经济特区的中国实践打破了西方经济理论的教条，着眼于经济特区的实践浓缩了中国经济发展道路的内在逻辑，它既为现代经济发展理论提供了新的研究样本，也为构建中国特色社会主义政治经济学理论体系提供了典型化事实。

第一章　经济增长的政治
经济学理论基础

　　经济增长既是现代民族国家的主要目标之一，也是实现国家发展的重要工具手段。从长时段的历史视角来看，没有任何事情比经济增长更能使一个国家有能力改善其成员的生活状况，包括最底层成员的生存状况。[①] 与此同时，不断扩大的收入鸿沟又是长期横亘在发达国家和发展中国家之间的重要事实。那么，经济增长的秘诀究竟是什么呢？长期以来，经济学界围绕客体意义上的物质资本、劳动、技术等生产要素及其组合机制构建了类型庞杂的理论模型。[②] 但是，理论应用于发展实践时面临严重的适应性问题。各个国家存在差异化的初始条件、资源禀赋以及制度环境，这就要求我们尊重这种事实上的差异，尊重经济增长方式的多样性，更多地转向对各种经济增长事实的解释，在此基础上发展完善经济增长理论。那么，在这个过程中，面临的一个极其重要的客观事实就是政府在经济增长中的关键作用。尽管事实如此，长期以来这一点却被学界有意或无意地忽视了。

---

① 〔土耳其〕丹尼·罗德里克：《一种经济学，多种药方：全球化、制度建设和经济增长》，张军扩、候永志等译，中信出版集团，2016。

② 笔者在此之前也曾有过较为系统的讨论，详见姬超《中国经济特区经济增长的历史透视》，社会科学文献出版社，2017。

一　主流经济增长理论对政府的拒斥

归根结底，经济增长意味着经济、社会、文化和政治体系的协调发展，经济与政治因素共同存在于一个更大的系统内，并且相互依存。但是，在亚当·斯密传统的主流经济学理论体系中，人们不需要具有利他之心，政府也无须对人们的行为进行规制，更无必要对经济活动加以规划或主观干预，人们在追逐个人利益的同时，整体意义上的经济增长会作为一种非预期的结果自然实现。① 亚当·斯密的观点迅速得到了许多人的响应，经济增长的这一机制被称为市场机制，也有人将之形象地描述为"看不见的手"。

值得一提的是，"看不见的手"一词在《国富论》中仅出现过一次，这一思想显然被后人过分夸大了，人们因此对那些有计划的企图持怀疑态度，这一态度在门格尔、哈耶克等人的思想体系里体现得尤其明显。但是在现实中，特别是在存在交易费用的世界里，人们借以判断自身现实存在的并不像完全竞争理论所描绘的那样简单。现实中的人们深知公共利益与自身利益密切相关，他们努力建构两者之间的相关性并形成稳定的预期。

考虑特定的历史背景，本书认为亚当·斯密等古典政治哲学家的论述重点在于强调商业活动对社会秩序形成的重要作用，他们反对的是君主独裁和权力滥用，而不是将政府本身从经济增长中剔除，他们认为经济增长将是对抗封建专制政府愚蠢行为的最有效手段。但是随后发生了一些微妙而重要的变化，重农主义者和亚当·斯密本人都不再愿意依靠经济增长来消除政治家的这种刚愎自用。相反，他们主张以直接的方式来消除这些罪恶：他们赞成一种新的秩序，这种政治秩序将确保他们所界定的经济政策能

---

① 〔英〕亚当·斯密：《国富论》，富强译，陕西师范大学出版社，2010。

够正确执行。

随后斯密更是断言：经济可以独立运行，在可以容忍的宽泛限度内，政治进步并不是经济增长的必要前提，可能也不是经济增长的必然结果，至少就政府最高机构的层次而言是如此。[①] 进一步地，斯密将愚蠢的政府政策描述为难以忍受的、不得不改变的现实，而不是坚持为它们会自动消亡寻找根据。于是，政府变量逐渐变成一个外生要素游离在经济增长体系之外，没有人考虑在统一的框架内分析政府的行为机制，自然也就不能更加深刻地理解经济究竟如何才能持续增长。

在主流经济增长思潮的长期影响下，越来越多的人开始相信经济能够独立运行，政府变量越来越成为一个外生的因素游离在经济增长理论体系之外。人们因此对政府那些有计划的"企图"越来越持怀疑态度。随后，以新古典经济学为代表的经济增长理论进一步围绕市场竞争构建了以价格机制为核心的均衡理论体系。人们对竞争概念的理解更狭隘了。主流经济增长理论通过对竞争概念的抽象，完成了经济体系中各个部分之间相互联系的机制（即价格机制）。但是随着交易费用概念的引入，人们逐渐认识到完全竞争实质上意味着没有竞争。由于忽视了竞争过程中时间、不确定性和交易费用的重要性，忽视了资本主义分散化经济体制发挥作用的法律和政治背景，因此也就无法完整描述竞争的内涵和本质，更加无法给出经济增长的动态含义。约瑟夫·熊彼特（Schumpeter）关于"创造性毁灭"过程的论述对于我们更深刻地理解竞争是有益的：有价值的不是这种竞争，而是关于新商品、新技术、新供给来源、新组织类型等的竞争，也就是占有成本或质量上的决定性的、有利地位的竞争，这种竞争打击的不是现存企业的利润和产量，而是这些企业生存的基础，并危及它们的生命。这种竞争和其他竞争

---

① 〔美〕艾伯特·奥·赫希曼：《欲望与利益：资本主义走向胜利前的政治争论》，李新华、朱进东译，上海文艺出版社，2003。

在效率上的差别，犹如炮击和徒手攻门间的差别。①哈耶克（Hayek）同样认为人们通常理解的竞争概念存在致命的缺陷：如果完全竞争理论所假定的态势真的存在的话，它不仅会使所有称为"竞争"的活动失去活动余地，而且会使它们实际上成为不可能。②

按照该理论，只要把价格搞对，经济增长就会自然而然地实现，完全没有给政府发挥作用留下任何空间，也完全没有考虑竞争的其他维度，完全竞争在事实上成为没有竞争，经济增长从而成为一个静态的概念。直到制度经济学引入交易成本的概念，人们才逐渐认识到了时间、不确定性和信息不对称在竞争和经济增长中的重要性，这为政府变量重新进入经济增长理论提供了一个敞口。

因此，与其说完全竞争理论是一套关于竞争的理论，还不如说它是一种理解价格机制的理论更为合适。在以价格竞争为核心的经济增长理论体系中，强有力的中央政府被个人的私人行动所替代，社会秩序依赖于分散化的个人行动而不是政策，这种抽象的理论尽管极具吸引力，在现实中却很难成立。现实中的市场主体之间总是相互影响，人们不仅被动适应分散化的市场，而且经常主动尝试改变市场。为了追逐更多的经济利益，人们在各个领域展开广泛的竞争（斗争），不仅包括经济渠道，人们也会诉诸立法机关和政府保护。特别是随着分散化的私人竞争演变为高度社会化的、集团化的竞争之后，经济体系越来越复杂，竞争变得更加激烈，竞争形式也更加多样化，垄断再也无法避免，各个利益集团逐渐产生在政府机构寻求代言人的强烈需求，政府愈加成为动态经济增长过程中不可或缺的一部分。

---

① 〔美〕约瑟夫·熊彼特：《经济发展理论：对于利润、资本、信贷、利息和经济周期的考察》，何畏、易家详等译，商务印书馆，1990。

② 〔英〕F. A. 冯·哈耶克：《个人主义与经济秩序》，邓正来译，生活·读书·新知三联书店，2003。

二 经济增长实践对政府干预的拒斥

在亚当·斯密传统的经济学体系中，公共利益是作为非预期结果出现的，尽管人们只关注自身的经济利益，但社会利益在一种神秘的被称为"看不见的手"的力量下实现。按照这种说法，集体利益并不需要借助政府仁慈的手来实现。与亚当·斯密同时期的大多数政治经济学家对人们追求经济利益也表达了赞许之意，认为这将提供一种持久的可预见性，也将更有利于社会秩序的形成。久而久之，政府变量也就逐渐从经济增长理论中消失了。①

事实上，任何经济思想都是在特定的社会环境下产生的，如果从特定的社会和历史背景出发，或许更有助于我们理解经济增长理论缘何拒斥政府变量。事实上，在古今中外相当长的一段历史时期内，商业和经济活动持续遭受谴责，商人常常被贴上贪得无厌和势利之徒的标签。直到现代经济理论产生初期，古典经济学家的直接研究对象和核心目标仍然在于国民财富增进和国家如何繁荣，或者君主利益如何实现等问题，那时的经济增长理论还未脱离特定的政治环境、文化伦理等社会大背景。这也是在很长一段时间里，经济增长未能作为一个独立的研究对象为人们所直接关注的原因所在。18世纪之后，个体的权利和对自由的追逐开始成为一种正当性，并且得到了社会的认可，越来越多的人开始强调个体，为自由辩护。经济学界也是如此，经济学家们逐渐揭示了个人利益和自由的价值及其对经济增长的重要作用，这在人类社会显然是一次巨大的进步。回顾人类这段发展历程，人们越来越倾向于认为现代经济增长是伴随经济活动脱离宗教、种族和政治而发生的，经济活动的分立和自由扩张是现代经济增长的前提条件，否则受制于狭小的市场，生产

---

① 姬超：《经济增长理论的要素供给及其政治经济学批判》，《经济问题探索》2017年第1期。

规模是很难得到扩大的，专业化和规模经济的优势不能充分释放，生产率的提高也就成为不可能，现代技术因而无法产生或得到推广，现代生活方式和现代文明也就无从谈起。

英国著名历史学家阿诺德·约瑟夫·汤因比（Arnold Joseph Toynbee）认为，西方工业革命的本质在于（市场）竞争代替了（宗教和政府）管制，对财富生产和分配的极端管理控制则是西方文明停滞的根源。[①] 经济学家詹姆斯·M. 布坎南（James Buchanan）指出，政府主导的集体行动意味着政治外部性，除非威克塞尔一致性伴随这种集体行动[②]，否则政府的行动是不可能取得成功的。值得注意的一点是，学者们实际上反对的大多是政府的极端控制和过度干预，而不是政府本身，对个体的尊重并不意味着简单地拒斥政府，两者并不是非此即彼的存在。事实上，政府和市场的出现与发展往往是相伴相生的，如果没有契约、法律、货币等市场基础设施的强制性规定，个体的权利和市场交易也是不可能得到充分保障的，个体的价值甚至无法实现。另外，随着经济和社会的发展演进，政府的作用在客观上得到了很大程度的增强。遗憾的是，无论是经济学理论还是政治学理论都没有及时跟进这种现实变化，理论和实践之间的割裂现象仍然没有得到很好的弥合。长期以来，许多落后的发展中国家被西方的自由主义和民主价值观所裹挟，人们对政府干预经济越来越持否定态度，并且加以简单的拒斥，刻意回避了政府在经济活动中的真实作用，以致错失了许多宝贵的发展机遇。

三　政府回归与政府-市场互动关系

在真实的世界中，经济活动在绝大多数情况下体现为政治经济

---

① 〔荷〕皮尔·弗里斯：《国家、经济与大分流：17 世纪 80 年代到 19 世纪 50 年代的英国和中国》，郭金兴译，中信出版集团，2018。

② Buchanan, J., "The Relevance of Pareto Optimality", *Journal of Conflict Resolution*, 1962, 6 (4), pp. 341–354.

活动，也就是说，经济现象是"嵌入"①在政治和社会活动中的。马克思主义政治经济学认为，经济决定政治，政治对经济具有反作用，也就是说，政府和市场之间存在密切的互动关系。换言之，尽管现代经济增长产生于经济活动与政治、社会活动的分立，这种分立意味着经济活动不再从属于其他活动，意味着经济利益可以作为一种正当利益成为人民和国家的正当追求，但是并不是说经济活动可以脱嵌于政治和社会环境而独立存在，人们在追逐经济利益的同时绝难避免政治和社会体系的影响，也会给政治和社会体系带来新的影响。现实中，经济活动和政治活动在不同的系统环境和发展阶段总是以各种各样的方式相互影响，或作用或反作用于对方。政府在经济活动中自始至终都发挥了重要作用，这是世界各个国家不可否认的事实。与此同时，经济运行状况的变化同样对政治活动施加压力，并且日益成为政治事务的重要环节，政府规制结构与公共治理体系也相应地不断发生变化。

如前文所述，传统经济增长理论的焦点在于对市场及其有效性的考察，其中的市场效率是拒斥强制、拒斥政府的，市场主体的自主选择终将引致公共福利的实现，但是由于忽略了市场嵌入政治和社会环境的事实，增长理论的现实解释力受到了很大限制。随着制度要素的引入，这种局面才有所改观。通常，制度被理解为一种关于共有信念的规则体系，它在事实上规定了市场主体的选择范围，定义了主体行为的合理性和主体之间的互动逻辑，从而使得主体的行为可以预期，使得市场秩序、社会秩序得以产生。作为制度供给的主体，政府自然应当发挥重要作用。然而为了使制度更好地纳入主流经济分析框架，大多数制度经济学家根据效率准则来构建制度变迁理论，于是继续秉承主流经济增长理论对政府干预和强制的拒

---

① "嵌入"和"脱嵌"的概念详见〔英〕卡尔·波兰尼《巨变：当代政治与经济的起源》，黄树民译，社会科学文献出版社，2017。

斥态度，经济增长理论重又回到"见物不见人"的老路子上来。但也有一些学者对此提出异议，认为效率是在一定的制度安排下才可以衡量的概念，再以效率准则推导制度变迁难脱同义反复之嫌。[①] 事实上，制度必须以强制性为前提，有效的制度需要国家对个人进行一定程度的规制，规制的主体即政府。此外，越来越多的研究表明，现实中的人们对制度安排的偏好往往甚于对制度安排结果的偏好，人们不仅在特定的制度安排下选择更具生产效率的行为，而且也会积极寻求改变当前的收入分配制度，以及重新配置经济机会或分配经济优势的制度安排。这一事实决定了所谓的帕累托最优结果在不同的制度体系中本身不具有可比性，所谓的效率准则也取决于特定的制度结构。因此，仅仅依靠市场机制在现实的经济活动中往往无法产生最优效率与合意的结果，这些结果甚至可以非常严重，如严重不平等的收入分配、饥饿、贫困、失业、污染、犯罪、战争和绝望等，这种情况下不得不依赖政府出场，需要将政府引入经济和市场域，通过政府和市场的综合作用来解决上述问题。当然，这并不意味着引进政府就一定能够解决问题，如果干预不当，甚至可能使问题进一步恶化，但这显然不能成为政府和市场对立的理由，真正重要的是，政府以什么样的方式介入经济才能更好地应对上述问题。

随着主体（包括政府）行为的重要性得到越来越多的强调，经济增长理论的框架随之延展到了公共政策领域。关于政府作用和角色问题，政治学和公共管理学领域的专家学者提供了很多深刻的洞见。这也意味着，不应当将讨论焦点继续放在政府是否应当发挥作用上，而应当关注现实中我们究竟需要一个什么样的政府和公共治理体系，以及社会中异质性成员的效用决定方式，从而勾勒描述更符合现实的理论图景。现实中的政府作为公共服务的提供者，满足人民和国家利益的各种需求，进而取得存在的合法性。例如，徐勇

---

① 〔美〕丹尼尔·W. 布罗姆利：《经济利益与经济制度：公共政策的理论基础》，陈郁、郭宇峰、汪春译，上海三联书店、上海人民出版社，1996。

提出了"农民改变国家"的论点，在确立和建构农民主体地位的基础上，建构了政府的合法性和政治治理的适应性。[①] 此外，还有政治学者从公共政策绩效变化角度来考察政府治理。[②] 在这个过程中，政府通过运用公共权力和公共资源来管理公共事务的活动和过程即政府治理。进一步地，政府发挥作用的前提是具备相当的治理能力和治理资源，包括对经济和社会资源的动员动力、管理能力、分配能力等多个维度。[③] 总体而言，政府的作用尽管得到了政治学和公共管理学领域专家学者的充分重视，但是他们的研究通常基于宏观理论的演绎来检视政治生态。一方面，他们不可避免地受到材料获取、方法工具、意识形态等因素的制约，常常停留在静态的价值分析和事实描述上；另一方面，他们常常忽略了经济和社会基础的发展演变对政府可能产生的反向作用，因而未能展示真实的政治经济生活，勾勒出的政府过于理想化[④]，特别是对政府在经济活动中的真实作用以及政府行为的经济解释不够充分。

四 政府扩张原因的代表性理论假说

综上所述，无论人们对政府的喜好如何，政府在经济活动中发挥特定作用都是客观存在的。许多人尽管认识到了这一点，但是对不断扩大的政府规模和政府职能产生深深的忧虑，主张将政府规模限定在最低程度。但是根据马克思主义经典理论，国家是私有制发展导致社会冲突不可调和的产物。也就是说，不断加强的经济活动和利益冲突对政府产生了现实需求，需要政府这一超越性的力量来

---

① 徐勇：《现代国家乡土社会与制度建构》，中国物资出版社，2009。

② 唐鸣、张丽琴：《农村社会稳定问题研究：共识与分歧、局限与进路》，《社会主义研究》2012年第1期。

③ Migdal, J., *Strong Societies and Weak States: State-Society Relations and State Capabilities in the Third World*, Princeton: Princeton University Press, 1988, p.146.

④ 贺东航：《当前中国政治学研究的困境与新视野》，《探索》2004年第6期。

解决或缓和经济与社会冲突，也需要政府加大公共产品和服务的供给以满足不断扩张的经济活动。因此，从本质上而言，政府行为活动、政府规模的变化必有其经济根源。随着经济的发展，政府能力也要经历一个从弱到强、从少到多、从简单到复杂的发展过程。随着经济和社会活动的复杂化，政府的职能也在不断增加，随之而来的则是政府规模的扩张。[①] 归纳现有文献，政府扩张的机制从需求和供给的视角大致可以分为以下几种类型。

（一）需求视角的政府扩张假说

欧美发达国家的近现代发展经验表明，小政府和小资产阶级的成长是相伴相生的，并且取得了第一个现代意义上的经济增长，从根本上改变了经济和社会面貌。基于新古典主义经济学的研究视野，学界构建了一种小政府发展理念，政府规模和行为职能仅限于保护私有财产。在这一时期，欧美国家的经济迅猛发展，技术快速进步，新兴产业蓬勃发展，就业机会充分，新的逐利场所不断涌现，社会整体获得了帕累托改善。在这种环境下，政府的角色也就显得不那么重要了。但是一个不可否认的事实是，即使在这一时期，欧美国家的政府规模也保持了一个平稳增长的趋势。[②] 对于这一时期西方国家的政府规模为何没有急剧扩张，哈罗德·德姆赛茨（Harold Demsetz）将原因归纳为两个方面：①按照工业化的要求进一步重构市场，重构市场不仅在原则上消除了对新产业的保护，而且也消除了对专业化利益的保护，从而市场重构是先于工业化的；②增长顺利的产业不会一而再，再而三地主动要求政府保护，而且产业革命中新出现的产业也并不因此而津津乐道。[③] 尽管英国等当时的新兴资

---

① 邓大才：《中国农村产权变迁与经验——来自国家治理视角下的启示》，《中国社会科学》2017 年第 1 期。

② 姬超：《经济增长理论的要素供给及其政治经济学批判》，《经济问题探索》2017 年第 1 期。

③ 〔美〕哈罗德·德姆赛茨：《竞争的经济、法律和政治维度》，陈郁译，上海三联书店，1992。

产阶级国家并没有彻底消除对新兴产业的保护，但从整个 18 世纪和 19 世纪的岁月长河来看，这种对产业进行保护的政治需求都是很小的，对贸易自由化的需求反而更大，这是当时西方国家政府规模没有发生急剧变化的重要原因。然而随着经济高速增长时代的逐渐结束，新兴产业大量涌现的势头开始终结，19 世纪中期之后，西方国家对贸易保护的需求开始提升，潜在市场容量不再明显高于产品供给能力，各个国家，无论是产品生产者还是劳动供给者的盈利空间都遭到很大程度压缩，各个利益集团诉诸政府保护以免遭受激烈市场竞争的需求逐渐变得强烈，此时政府规模开始迅速膨胀，自由放任的市场环境不复存在。需求视角下典型的政府扩张假说主要包括以下几种。

（1）瓦格纳假说。德国经济学家瓦格纳最早发现政府规模伴随经济发展相应扩张的现象，认为随着经济发展程度的提高，工业化和城市化会产生拥挤效应等外部性问题，从而诱发社会对司法、教育、卫生、社会保障等方面的需求，最终促使政府规模扩大。[1]

（2）棘轮假说。棘轮假说即政府的扩张存在路径依赖特征，在一些特殊时期，如战争期间，为了应对经济衰退，政府规模会扩大，但是经济平稳后政府行为则是"可上不可下"，新设置的一些职能部门难以得到及时调整，削减人员、经费都会产生很大阻力，从而导致政府规模的长期扩张。[2] 不过，德姆赛茨质疑了"棘轮假说"的长期存在，认为政府规模并不会随着经济增长无限制地扩张，大部分工业化国家的政府规模不会超过 GNP 的 30%。[3] 世界上主要国家的经验事实支持了这一点（见表 1-1、表 1-2）。

---

① 邓子基主编《财政学》（第二版），高等教育出版社，2006。
② 〔美〕哈罗德·德姆赛茨：《竞争的经济、法律和政治维度》，陈郁译，上海三联书店，1992。
③ 〔美〕哈罗德·德姆赛茨：《竞争的经济、法律和政治维度》，陈郁译，上海三联书店，1992。

表 1-1 1961~2011 年世界主要国家政府消费支出占 GDP 比重

单位：%

国家	1961~1969 年	1970~1979 年	1980~1989 年	1990~1999 年	2000~2011 年
美国	17.39	17.25	17.29	15.68	16.12
中国	7.58	8.99	14.55	14.80	14.27
日本	11.20	12.93	13.99	14.79	18.58
德国	—	19.37	20.83	19.27	18.96
法国	16.98	19.07	22.44	23.21	23.70
英国	17.57	20.10	21.10	19.32	21.07
意大利	15.75	16.36	18.59	18.92	19.82
印度	8.62	9.75	11.29	11.63	11.38
韩国	11.34	10.30	11.54	11.83	14.05
瑞典	18.48	24.85	27.68	27.42	26.44

注：衡量政府规模最常用的指标是政府消费支出占 GDP 比重，为保持与前人研究的连贯性和可比性，本书仍然沿用这一指标。国家排名按 2011 年各国 GDP 规模依次排列，按算术平均法计算，下同。

资料来源：世界银行 WDI 数据库。

表 1-2 1961~2011 年世界主要国家政府消费支出年均
增长率与 GDP 年均增长率对比

单位：%

国家	1961~1969 年	1970~1979 年	1980~1989 年	1990~1999 年	2000~2011 年
美国	—(4.66)	0.82(3.32)	3.00(3.04)	0.89(3.21)	1.95(1.79)
中国	3.95(3.01)	9.46(7.44)	6.37(9.75)	9.99(9.99)	9.27(10.22)
日本	5.77(10.44)	4.99(4.11)	3.78(4.37)	2.98(1.47)	1.91(0.78)
德国	—	4.34(2.91)	0.85(2.34)	2.13(1.95)	1.74(1.15)
法国	4.11(5.55)	4.91(4.11)	2.85(2.29)	1.74(1.87)	1.61(1.42)
英国	2.41(2.90)	3.04(2.88)	0.76(2.44)	1.31(2.20)	2.03(1.93)
意大利	4.12(5.77)	3.72(4.02)	2.87(2.55)	0.17(1.44)	1.38(0.66)
印度	9.38(3.91)	5.06(2.93)	6.93(5.69)	6.17(5.77)	5.94(7.15)
韩国	5.16(8.25)	5.52(8.29)	5.94(7.68)	5.58(6.25)	4.25(4.49)
瑞典	5.36(4.45)	3.74(2.40)	1.67(2.27)	1.22(1.78)	0.93(2.51)

注：括号外数据为政府消费支出年均增长率，括号内数据为 GDP 年均增长率。

资料来源：世界银行 WDI 数据库。

（二）供给视角的政府扩张假说

也有学者从个人特殊权力、官僚主义行为论、选举规则、政府体制、政治参与程度、政策制定过程等视角研究了政府规模扩大的原因。[1] 以布坎南为代表的公共选择学派打破了传统经济理论的思维方式束缚，旗帜鲜明地将人们的经济活动和政治活动统一于社会行为中，并将两者放在同一个框架内加以研究，从而放大了人与人之间互动的现实性。[2] 不过，公共选择理论基于"经济人"假设建构了官僚行为模式，该理论认为政府机构像其他类型的经济组织一样具有内在的扩张倾向，但是政府行为很难受到有效的约束，致使政府扩张饱受诟病。效率考核机制的缺失致使政府部门生产力滞后，尼斯坎南甚至认为公共机构的规模往往比作用相当的私营机构大一倍，这进一步加重了人们对政府的批判。[3]不过，无论如何，公共选择理论在事实上仍然承认政府行为的合理性，无论是充当公共物品供给者或外部性消除者，还是对收入和财富进行再分配，抑或是从利益集团施压或官僚体制自身逻辑的角度来看，政府干预与政府规模扩张都是伴随经济活动的必要部分。Meltzer和Richard认为在多数选举规则下，中位选民的收入水平下降迫使政府不得不加大再分配力度，从而导致了政府规模的扩大。[4]类似地，国内学者周建国和靳亮亮基于政府官员自利、政府部门自利和政府整体自利三个方面讨论了政府扩张的原因。[5] 袁政提出，公

[1] Persson, T., Tabellini, G., *Political Economics: Explaining Economic Policy*, Cambridge: MIT Press, 2000, p.112.

[2] 翟岩：《从经济人范式到公共选择理论——评布坎南互动统一中的经济学与政治学》，《学习与探索》2004年第6期。

[3] 董春宇：《公共选择理论对政府规模与增长的经济学解释》，《天津行政学院学报》2008年第4期。

[4] Meltzer, A.H., Richard, S.F., "A Rational Theory of the Size of Government", *Journal of Political Economy*, 1981, 89 (5), pp.914-927.

[5] 周建国、靳亮亮：《基于公共选择理论视野的政府自利性研究》，《江海学刊》2007年第4期。

共领域马斯洛规律是导致公共管理部门扩张的重要原因，也是导致政府规模理性扩张的重要原因之一。① 这一视角的政府扩张假说还包括以下几种。

（1）利维坦假说。霍布斯曾将国家视为利维坦（西方神话中的怪兽），Brennan 和 Buchanan 借用这一概念指出，虽然地方政府是一个追求利益最大化的利维坦，但是由于辖区居民和企业是流动的，"用脚投票"机制能够激励地方政府开展以降低税率为主的税收竞争，从而遏制政府规模的膨胀。②

（2）粘蝇纸假说。美国经济学家布莱德福德和奥茨指出，中央对地方的无条件转移支付和对地方居民实现等额减税政策引起的居民收入增加的经济效应是相同的③，但是随后的一系列实证检验并不支持这一论断。④ 大量实证检验表明，前者对地方政府规模的扩大效应明显大于后者，就像"钱粘到了它最初到达的地方"，于是人们将中央转移支付引起的这种政府规模扩张形象地称为"粘蝇纸效应"。⑤

此外，也有学者从社会文化、价值观角度讨论政府扩张的原因。魏姝指出，如果一个国家的主流政治价值观更加"亲市场"，如英国"风能进，雨能进，国王不能进"的自由主义传统在很大程度上塑造了该国保守的、消极的小政府体制，德国和法国的历史则塑造了较英国和美国更强的国家认同。⑥ 万鹏飞和刘伟比较了公平和效率视角

① 袁政：《公共领域马斯洛现象与政府规模扩张分析》，《公共管理学报》2006 年第 1 期。

② Brennan, G., Buchanan, J. M., *The Power to Tax: Analytical Foundations of a Fiscal Constitution*, Cambridge: Cambridge University Press, 1980, p. 110.

③ Bradford, D. F., Oates, W. E., "The Analysis of Revenue Sharing in a New Approach to Collective Fiscal Decisions", *The Quarterly Journal of Economics*, 1971, 85 (3), pp. 416-439.

④ Gramlich, E. M., Galper, H., "State and Local Fiscal Behavior and Federal Grant Policy", *Brookings Papers on Economic Activity*, 1973, 4 (1), pp. 15-65.

⑤ 胡洪曙：《粘蝇纸效应及其对公共产品最优供给的影响》，《经济学动态》2011 年第 6 期。

⑥ 魏姝：《效率机制还是合法性机制：发达国家聘任制公务员改革的比较分析——兼论中国聘任制公务员范围的选择》，《江苏社会科学》2017 年第 3 期。

下的政府规模差异，认为一个地区追求效率还是公平在很大程度上能够影响政府规模的大小。①

五 经济增长与政府扩张的关系检验

在实证检验过程中，上述每一论断都得到了一定程度的支持，同时也有新的否定上述各个论断的证据。源于亚当·斯密传统，自由的市场经济理念深入人心，人们大多认为政府应当尽可能少地干预市场。时至今日，许多学者对现实世界中的政府规模扩大表示了担忧，认为政府扩张首先会提高腐败概率②，而且政府行为通常并不以经济效率为首要目标③，加上政府在掌握市场信息方面的劣势，最终导致资源低效配置。政府扩张的负面效应得到了许多实证支持④，一些研究证实了政府规模和经济增长之间的负相关关系。⑤

但是这并不能成为全盘否定政府作用的理由，政府在基础设施、公共服务、产权保护、制度供给等方面的作用依然是不可或缺的。据此，也有学者提供了政府扩张有助于经济增长的经验证据。⑥ 类似的还包括 Rodrik 的研究，其基于更大的样本和数据期限，证实了贸易开放程度和政府规模之间的正相关关系，即使在控制国别效应后，

① 万鹏飞、刘伟：《我国政府人员规模研究——基于效率和公平双视角的考量》，《中国人力资源开发》2017 年第 5 期。
② 周黎安、陶婧：《政府规模、市场化与地区腐败问题研究》，《经济研究》2009 年第 1 期。
③ 祝平衡、王秀兰、李世刚：《政府支出规模与资源配置效率——基于中国工业企业数据的经验研究》，《财经理论与实践》2018 年第 2 期。
④ Folster, S., Henrekson, M., "Growth Effects of Government Expenditure and Taxation in Rich Countries: A Reply", *European Economic Review*, 2006, 50 (1), pp. 219-221.
⑤ Landau, D., "Government Expenditure and Economic Growth: A Cross-Country Study", *Southern Economic Journal*, 1983, 49 (3), pp. 783-792.
⑥ Ram, R., "Government Size and Economic Growth: A New Framework and Some Evidence from Cross-Section and Time-Series Data: Reply", *The American Economic Review*, 1989, 79 (1), pp. 281-284.

这一关系依然稳定。[1]

由此可见，政府扩张与经济增长之间的关系无论是在理论上还是在现实中都存在很大的不确定性。巴罗（Barro）指出政府规模和经济增长之间并非简单的线性关系，而是一种倒 U 形曲线关系，认为政府在经济增长初期的作用是正面的，当经济增长到一定程度后，政府如果继续扩张则会损害经济增长。[2] 梅冬州和龚六堂[3]、张勇和古明明[4]基于中国的区域面板数据得出了相似的结论。当然，这种分歧与样本和变量的选择有很大关系。也有学者认为不应一概否定政府行为的积极作用，如 Kormendi 和 Meguire 在区分政府公共消费性和公共投资性的前提下研究了政府开支对经济增长和生产率的影响。[5] 龚六堂和邹恒甫也从政府经常性项目开支和资本性项目开支的增长与波动两个方面验证了政府开支对经济增长的影响，结果发现政府资本性项目开支对经济增长没有显著影响，而政府经常性项目开支可以促进经济增长。[6] 另外，也有学者探讨了政府规模与经济增长之间可能存在的非线性关系，随着政府规模逐步增大并超过一定警戒水平，政府支出增加对经济增长的负效应开始凸显。[7]

许多学者还基于中国经验检验并扩展了政府扩张理论。基于中国经验的相关研究大多证明了"瓦格纳假说"（随着经济的发展，

---

① Rodrik, D., "Why Do More Open Economies Have Bigger Governments?", *Journal of Political Economy*, 1998, 106（5）, pp. 997-1032.

② Barro, R. J., "Government Spending in a Simple Model of Endogenous Growth", *Journal of Political Economy*, 1990, 98（5）, pp. S103-S125.

③ 梅冬州、龚六堂：《开放真的导致政府规模扩大吗？——基于跨国面板数据的研究》，《经济学》（季刊）2012 年第 4 期。

④ 张勇、古明明：《政府规模究竟该多大？——中国政府规模与经济增长关系的研究》，《中国人民大学学报》2014 年第 6 期。

⑤ Kormendi, R. C., Meguire, P. G., "Macroeconomic Determinants of Growth: Cross-country Evidence", *Journal of Monetary Economics*, 1985, 16（2）, pp. 141-163.

⑥ 龚六堂、邹恒甫：《政府公共开支的增长和波动对经济增长的影响》，《经济学动态》2001 年第 9 期。

⑦ 杨子晖：《政府规模、政府支出增长与经济增长关系的非线性研究》，《数量经济技术经济研究》2011 年第 6 期。

政府规模将扩张）并不成立。吴木銮和林谧的计量分析结果表明，在中国，经济越不发达的行政区域，政府规模反而越大。[1] 文雁兵基于中国的经验研究表明"粘蝇纸假说"在长期和短期均存在，"瓦格纳假说"仅在短期存在，"利维坦假说"仅在长期存在。[2] 范子英和张军基于中国财政分权和中央转移支付实践也证实了"粘蝇纸效应"的存在。[3] 冯俊诚和张克中基于中国特色的分权体制指出，政治集权和经济分权引致了政府规模膨胀和财政支出增加。[4] 梅冬州和龚六堂从对外开放角度研究了中国政府规模变化的原因，认为一方面，对外开放给经济带来了外部冲击，应对外部风险造成政府规模扩大；另一方面，对外开放带来的外部竞争压力也会倒逼国内市场改革，迫使政府放松经济管制、减少行政干预和缩减政府规模。两种力量的综合作用使得对外开放程度和政府规模呈现倒 U 形关系。[5] 杨艳红和卢现祥的研究结果则表明外资开放促进了中国地方政府规模的扩大。[6] 余华义从城市化角度论证了中国政府扩张的原因，认为城市化尤其是人口的大城市化显著扩大了政府规模，原因在于城市居民对公共产品的需求远大于农村居民，因此城市化产生了对基础设施、教育、医疗、社会保障、司法等方面的需求，不过城市规模的扩张存在某一个临界点，这意味着政府规模和城市化之间并非线性变化关系。[7] 范子英和张军从财政转移支付角度指出中国政府规模扩大主

---

① 吴木銮、林谧：《政府规模扩张：成因及启示》，《公共管理学报》2010 年第 4 期。

② 文雁兵：《改革中扩张的政府支出规模——假说检验与政策矫正》，《经济社会体制比较》2016 年第 2 期。

③ 范子英、张军：《粘纸效应：对地方政府规模膨胀的一种解释》，《中国工业经济》2010 年第 12 期。

④ 冯俊诚、张克中：《区域发展政策下的政府规模膨胀——来自西部大开发的证据》，《世界经济文汇》2016 年第 6 期。

⑤ 梅冬州、龚六堂：《开放真的导致政府规模扩大吗？——基于跨国面板数据的研究》，《经济学》（季刊）2012 年第 4 期。

⑥ 杨艳红、卢现祥：《外资开放和人口流动对中国地方政府规模的影响分析——基于空间计量模型》，《河北经贸大学学报》2018 年第 2 期。

⑦ 余华义：《城市化、大城市化与中国地方政府规模的变动》，《经济研究》2015 年第 10 期。

要源于特殊的"以收定支"财税体制，过多的中央转移支付和过少的地方减税空间导致了地方的"吃饭财政"现象，导致地方政府规模严重膨胀。[①] 吕冰洋从市场扭曲角度讨论了政府规模扩大的原因，从而为削减政府规模和市场化改革之间建立了逻辑关系。[②] 此外，也有学者从政府扩张的主体，即政府自身考察了政府规模扩大的原因。例如，高楠和梁平汉认为政府决策过程也是官员之间的博弈过程，部门利益分化显著增加了高级干部职数，导致政府机构越来越膨胀，这种利益分化还会导致政府倾向于从市场经济中攫取资源，降低了资源配置效率。[③]

六　小结

政府-市场关系是政治经济学领域的核心命题，也是理解现实中经济增长的关键所在。主流的经济增长理论认为在市场竞争机制下，经济增长可以作为一种非预期的结果自然实现，因而长期以来拒斥政府变量，经济增长实践同样拒斥政府干预。但是这一论断在现实中并未得到完全验证，世界许多国家的发展经验表明政府规模伴随经济增长不断扩张，东亚一些基于威权体制的经济体更是取得了显著的发展成就。本章梳理了政府-市场互动关系及其历史演进脉络，逐步揭示了现实的政治经济活动，结论如下。

（1）经济活动分立于宗教、种族和政治虽然是现代经济增长的前提，但是并不意味着对政治和社会环境的完全脱嵌，政府在其中依然具有不可或缺的作用。

（2）随着现代经济活动的日益复杂化，不断加剧的利益冲突产

[①] 范子英、张军：《转移支付、公共品供给与政府规模的膨胀》，《世界经济文汇》2013年第2期。

[②] 吕冰洋：《从市场扭曲看政府扩张：基于财政的视角》，《中国社会科学》2014年第12期。

[③] 高楠、梁平汉：《为什么政府机构越来越膨胀？——部门利益分化的视角》，《经济研究》2015年第9期。

生了对政府的内在需求，以重新分配经济机会或调和社会矛盾。

（3）政府扩张亦有供给层面的原因，由"经济人"构成的政府同样具有内在的扩张倾向。

（4）在现有政府扩张的两类文献中，一类侧重于政府扩张的经济解释，即从经济增长角度提出了对政府扩张的需求（如瓦格纳假说、棘轮假说等）；另一类则强调政府自身的扩张动力（如利维坦假说、粘蝇纸假说等）。不同假说都在一定程度上得到了经验证据的有力支持，这与检验样本、时间阶段、代理变量、计量方法等方面的选择差异有很大关系，但是根本原因在于政府-市场关系会随时间、初始条件、国内外环境以及其他方面情况的变化而改变，各个国家的经济增长也不太可能被一种统一的力量所推动①，从而导致现有文献没有对各种假说之间的分歧给出一个统一而自洽的解释，并且在处理政府扩张和经济增长之间的关系上似有循环论证之嫌。作为一个复杂的过程，政府扩张与一个国家的政治制度、发展阶段、社会分配需求、财税体制、宏观管理等多方面因素密切相关。这种复杂性导致政府扩张与经济增长之间并不存在必然的逻辑关系，在某些条件下，两者可能呈现正相关性；在另外一些条件下，两者又可能是负相关的。越来越多的证据显示政府扩张与经济增长之间并非简单的线性关系。为了更好地理解政府-市场关系，一方面，亟待以更加统一的政治经济学分析框架整合现有文献；另一方面，要注重在具体的发展场景中审视政府-市场关系。

（5）无论何种假说，政府自身的利益作为一种客观事实在理论探讨中必须得到重视。在讨论政府-市场关系时，不能先验地假定政府行为一定是有利或者有害于经济增长的，政府职员也是由一个个的"经济人"组成，他们具有各自的偏好和利益诉求，他们的行为

---

① 〔美〕丹尼·罗德里克主编《探索经济繁荣：对经济增长的描述性分析》，张宇译，中信出版社，2009。

目标与集体目标既可能一致也可能相悖，因此政府和市场行为既可能相容，也存在互斥的可能。

（6）鉴于政府-市场关系在经济发展中的核心地位，当前关于政府对经济增长的作用，以及政府治理的实证资料需要进一步加以整合和系统化。这种现象在现实中则体现为讨论政府-市场关系时大部分人关注的重点在于政治环境如何影响经济发展，而对经济如何作用于政府增长的关注不够，这一点恰恰是将政府规模内生化的关键。否则，简单地呼吁压缩政府规模、减小政府干预不但不能见效，反而可能适得其反。本书认为政府扩张与经济增长类似，两者均有其内在的变化机理，将两者纳入统一的分析框架是提高人们对经济增长认识的关键。在具体的研究过程中，本书主张向前追溯一步，以差异化政府为分析起点，建立国家性质—政府行为—经济增长—政府规模的逻辑链条，同时聚焦中国发展场景①，从而为理解经济增长与政府扩张提供进一步的解释。

---

① "聚焦中国发展场景"指的是我们不断言什么将不可避免地发生或不发生，不断言什么应该发生或不发生，正如格申克龙在描述现代的历史相对论时所说的那样，我们的方法介于塞涅卡（Seneca）关于我们对以往的知识具有完全确定性的断言与歌德（Goethe）关于历史是一本永远无法解读之书的描述之间，这意味着历史进程中铁一般的必然性被抛弃了，但并不意味着沟通过去与未来的大桥也被拆除了。相反，通过更加注重发展的具体场景，通过重新审视发展过程中事物之间的联系及其变化，我们才可能不断逼近发展的本质。由于我们总是在一定的界限内思考，因此现有理论只能是学者们根据自己的兴趣和着重点对经验现象进行解读，总是存在一个模糊的"彼岸"等待着关于它的细节的渗透，这就需要我们对理论体系的局限性始终保持敏感，重视理论成立的先决条件，对现有的理论体系保持开放，从而实现历史的统一性。详见〔英〕阿尔弗雷德·诺尔思·怀特海《思维方式》，黄龙保、芦晓华、王晓林译，天津教育出版社，1989。

第二章　发达国家与发展中国家
经济增长的差异化路径

　　国民财富增进和国家繁荣是每个民族国家竭尽全力要实现的目标，现实却是有的国家极其富裕，有的国家极端贫穷。工业革命以来，欧美发达国家率先实现了经济持续增长和社会进步，发达国家与发展中国家的差距越来越大。当然，后发地区追赶先行地区的步伐从未停止，成功者有之，失败者更多。从根本上来说，任何国家或地区的经济增长都发生在具体的历史阶段和历史场景中，并不存在某种一成不变的、完美的增长方式，增长不可能一蹴而就，也无法预设一个较为发达的经济体或理想的发展方式作为后发地区的赶超目标。经济增长不是一个动作，而是一个长期的过程，随着发展阶段的推进和人均收入水平的提高，经济增长的决定性因素也在发生变化。因此，不同国家和地区必须根据特定的历史阶段和国内外环境，选择现实可行的发展道路。

　　但是，我们也不能假定发展中国家存在一个完全不同于发达国家的经济增长理论。无论是立足发达国家经验的经济增长理论，还是依托发展中国家经验提出的赶超理论，都存在固有的缺陷。它们既忽略了不同国家和地区的差异化资源禀赋特征，又割裂了发达国家与发展中国家在不同阶段客观存在的市场联系，也就忽略了支撑不同类型地区经济起飞和高速发展的基础条件与环境方面的差异。鉴于此，本书重新审视发达国家与发展中国家的差异化发展事实，意在强调不同类型国家和地区在不同阶段所适用的发展方式也是不同的，这是本书在理论方面的边际贡献所在。基于发达国家与发展中国家及其在不同发展阶段的经验比较，也能更加深刻地理解当前中国的矛盾转化事实，为中国经济持续发展提供一定的参考借鉴。

一　世界经济增长的阶段性差异

（一）世界经济增长的整体图景

从长远的历史角度观察经济现象，可以使经济增长的因果关系更加清晰。在过去上千年的绝大部分时间里，世界始终处于贫困状态，各国经济基本上以农业为主，人均国内生产总值和人均收入水平的提高长期落后于人口增长。马尔萨斯（Thomas Robert Malthus）认为随着人口数量的不断增长，人们的消费模式随之发生变化，人均消费水平不断提高，自然资源的数量却在不断减少。既有的技术条件逐渐无法承载人类的消费需求，人口扩张与资源约束之间的紧张关系日益明显，最终不可避免地限制经济发展和人口无限膨胀，经济就此陷入一个低水平的恶性循环。[①]

事实也的确如此，全球经济总量在 19 世纪以前相当长时间内的增长速度都是极其缓慢的。经济史学家安格斯·麦迪森（Angus Maddison）的估计表明，在公元 1000 年以前的一千年当中，世界人均收入一直在 450 美元（1990 年国际元，下同）左右徘徊，增长率几乎为零。公元 1000~1820 年，世界人均收入的年均水平一直低于 670 美元，平均增长率仅为 0.05%。[②] 与此同时，世界人口也呈现缓慢增长的趋势，表明在这一时期经济增长与人口增长密不可分，经济

① 〔英〕托马斯·罗伯特·马尔萨斯：《人口原理》，王惠惠译，陕西师范大学出版社，2008。

② 〔英〕安格斯·麦迪森：《世界经济千年史》，伍晓鹰、许宪春、叶燕斐、施发启译，北京大学出版社，2003。

增长在很大程度上依靠人口增长推动，最终又被人口增长所抵消。[①] 但是对于这种依靠人口增长推动的"经济增长"，许多学者并不承认。道格拉斯·诺思（Douglass C. North）指出，经济增长必须是人均收入的长期增长，真正的经济增长意味着社会总收入必然比人均消费增长得更快。而经济停滞意味着人均收入的非持续增长，虽然平均收入在相当长的时间周期中可能表现为有升有降。[②]

这种状态一直持续到 19 世纪，直至工业革命以来，世界经济增长的发动机才真正得以启动，国内生产总值年均增长率大幅提高至 2% 左右，并且持续了近两百年，长期的经济增长使得人均收入增长率超过了人口增长率，人类终于走出了马尔萨斯式的增长循环。但是，世界经济整体欣欣向荣的背后是不同国家的结构性差异，各个国家的经济发展并非同步发生。早期的经济发展主要发生在以英国为代表的西欧，也就是说，在世界经济发展的整体图景中，既有先行者，也有后行的追赶者，在追赶过程中，不乏成功超越者，但更多的是追赶失败者，许多国家和地区长期停留在不增长或负增长阶段，随之而来的是收入差距的持续扩大。

（二）世界经济增长的三个阶段

综合考察世界各国的增长经验，一个经济体的增长过程通常类似于一个 S 形曲线[③]，这种增长包括以下三个阶段：缓慢增长、快速增长和低速增长。[④] 每一个富裕国家都是通过这三个阶段之间的

---

① 在这种情况下，报酬递减不可避免，供不应求也是一个必然的经常现象，人们的日常生活几乎是一成不变的，人口过剩与农业内卷造成了"马尔萨斯循环"的永久轮回。

② 〔美〕道格拉斯·诺思、罗伯斯·托马斯：《西方世界的兴起》，厉以平、蔡磊译，华夏出版社，2009。

③ Sng Hui Ying, *Economic Growth and Transition: Econometric Analysis of Lim's S-Curve Hypothesis*, Singapore: World Scientific Publishing Co. Pte. Ltd, 2010, p. 16.

④ 与此类似，世界经济论坛每年发布的 "The Global Competitiveness Report" 将经济发展阶段也划分为三个阶段：要素驱动阶段（人均 GDP 低于 3000 美元）、效率驱动阶段（人均 GDP 在 3000 美元和 9000 美元之间）、创新驱动阶段（人均 GDP 高于 17000 美元）。

转型逐渐实现的，当前世界上各个国家相应地对应于某一特定阶段。

在第一阶段，人均收入水平很低，经济增长速度非常慢，年均增长率最多不会超过4%，处于这一阶段的国家与发达国家以及世界平均水平之间的收入差距也会越来越大。而且，从第一阶段向第二阶段的转型并不容易，世界上只有少数国家和地区成功地上升到第二阶段，绝大多数国家仍然徘徊在低水平均衡陷阱，这些国家的基础设施长期得不到改善，政府治理能力极差，腐败问题极其严重。

在第二阶段，成功跨越第一阶段进入这一阶段的国家，通常具有很高的储蓄率和很强的资本积累能力，这些国家不断强化投资和引进更为先进的技术，以获得更高的产出。它们长期维持较快的增长速度，年均增长率通常在5%以上，与发达国家的收入差距也在不断缩小。

相比之下，能够成功转型进入第三阶段的国家数量就更少了。许多国家即使进入了快速增长的第二阶段，但由于不能维持足够长时间的经济增长，不可持续的增长使它们迟迟无法跨越到更高的发展阶段，甚至可能滑落到第一阶段。当然，一旦进入第三阶段，经济增长速度也会迅速下降，更高的年均增长率对于这些国家来说几乎是不可能的。

几千年来，人类世界长期处于第一阶段的停滞阶段。只有极少数国家能够凭借自身力量积累足够的剩余，实现第一阶段向第二阶段的转型，能够从第二阶段成功跨入第三阶段的国家非常少。二战后，在世界上的200多个发展中经济体当中，能够从低收入进入中等收入，并且成功跨入高收入行列的经济体只有两个：韩国和中国台湾。中国持续30多年的高速增长固然是奇迹，但各省份、地区之间的增长并不同步，相当一部分地区处于并将继续处于贫困和落后状态。巴罗和萨拉-伊-马丁通过严格的计量检验也表明，各个国家之间并不存在收敛趋势。①

（三）世界经济增长的总体启示

归纳不同国家和地区的经济增长历程，经济增长通常沿着一条S形曲线移动，一开始缓慢启动，然后加速，飞速发展一段时期，最后减速，这描述了经济增长的真实路径和过程。线性的经济增长轨迹不仅单调乏味，而且不符合事实。也就是说，无论如何，增长都不会成为经济的单一形态，那么在理论中一味地追求经济增长的思路就值得商榷。在某种意义上，与其探索经济如何增长，不如探索经济为什么不增长，以及经济低速增长甚至停滞对经济转型的积极意义。

首先，无论是先行者还是后行者，也不管经济体发达与否，都不可能存在一成不变的经济增长方式，不同发展阶段、不同国家和地区适用的经济增长方式存在很大不同。进一步地，转型问题并非只在落后国家和地区才会出现，发达国家和地区同样需要根据发展阶段以及环境变化不断寻求转型，转型是实现经济持续增长的必要条件。其次，世界经济增长的历史表明，长期的、可持续的稳定增长优于短期的、不可持续的高速增长，这也正是转型的目标。

那么接下来的问题就是：第一，是什么因素导致大多数发展中国家无法迅速走上经济增长的快车道？发展中国家又能否独立地获得增长要素？第二，支撑中等收入国家经济持续增长的要素

---

① 巴罗和萨拉-伊-马丁在观察世界各国经济增长时间序列数据的基础上区分了两种收敛类型：条件收敛和无条件收敛。无条件收敛是指无论如何，穷国都将获得比富国更快的增长速度，从而收敛于富国的经济表现；条件收敛假设富国和穷国仅仅在资本劳动比和人均产出上存在差别，其他方面包括储蓄率、人口增长率、技术等都是相同的，最终富国和穷国将达到同一个稳定状态。由于增长相关的许多其他重要变量不能被控制，条件收敛很难得到验证，威廉·鲍莫尔（William Baumol）的分析显示穷国和富国之间也不存在绝对收敛趋势。但巴罗和萨拉-伊-马丁提出的这一点成为增长理论复兴中最激动人心的表现，并且成为思考经济增长难以绕开的经典问题。详见 Barro, R., Sala-i-Martin, X., *Economic Growth*, New York: Mcgraw-Hill, 1995, p. 482。

是什么？为什么只有少数国家能够成功跨越中等收入陷阱？其中并不存在单一的决定性要素，而是由企业家精神、政府治理能力、普通劳动力、投资和自然资源等多种要素综合决定的。一个拥有更多富有创造力的企业家、更开明的政治制度以及更好的资源禀赋的经济体，也将具有更加充足的动力来推动经济高速和持续增长。

当然，很少有国家能够同时具备各种增长要素，获取增长动力同样需要花费成本，从而导致了多样化的增长形态。对于这一点显然有进一步讨论的余地，现有理论也没有就不同增长要素之间的关系及其作用机制给出合理的解释。有充分的理由可以相信，不同的要素组合形式决定了不同的增长方式，其成本是不同的，能够获得的收益也是不同的。这些相互影响的要素之间的合理配置是实现经济可持续增长的关键，适合不同形态的经济体，特别是先行与后发地区的增长方式也必然存在差别。既然不同经济体在不同阶段存在不同的增长方式，那么就不会存在某个绝对理想的增长方式提供给后发地区进行直接复制或简单模仿。不同地区在不同阶段的增长方式究竟存在哪些不同？各自又存在哪些问题？这是本书接下来需要回答的主要问题。

二　发达经济体的经济增长路径

（一）发达国家如何实现最初的经济起飞

这里的发达国家主要指的是增长初期就采用了英美宪政体制的欧美国家，即"盎格鲁-撒克逊"文化映照下的发达地区。在一定程度上，当前主流经济增长理论刻画的正是发达国家的增长故事。1750年前后，英国开始了工业革命，人类近代史上首次出现了持续的经济增长。随后，现代经济增长迅速向欧洲大陆其他国家扩展，进一步扩展到了美国、加拿大、澳大利亚等新大陆国家。当然，这些国家的经济增长方式并不完全相同，相较于英国而言，德国、美国等"后发"国家的增长具有各自的特征，但是相较于亚洲、非洲多数经济体而言，这些国家可以统一归为发达国家。

工业革命之前，人均收入在千百年来几乎维持不变，劳动生产率的提升极为有限，增长的主要特征只能表现为人口规模扩张，庞大的人口规模在一定程度上体现了一个国家在科技、文化、军事和经济等方面的发达程度。当然，这种增长无法摆脱马尔萨斯式的低水平循环，因而是一种内卷式的增长。以现在的标准衡量，这种增长显得微不足道。

随着新大陆的发现，欧洲面临的传统资源约束得到改善，资源禀赋状况发生了极大变化，增长模式随之发生变化，尽管这种变化依然缓慢。新大陆的发现令英国等国家获得了意外的资源暴利，得以从新大陆进口土地密集型和资源密集型的产品，包括粮食、棉麻、燃料等生产资料，同时将本国的纺织品大量输出。在这个过程中，农业劳动力得以从土地束缚中逐渐释放出来，为英国工业革命在全社会的全面展开创造了条件，以蒸汽机为代表的技术进步不断发生，促使欧洲走上了劳动节约型、资源密集型的增长道路。与此相反，亚洲的资源禀赋特征决定了其在当时只能沿着节约土地和吸纳劳动力的农业发展道路继续缓慢前行，历史大分流就此形成，西欧国家开始将中国等东亚国家远远地抛在了身后。[①]

（二）发达国家经济增长中的要素作用机制

当人们提到增长的时候，实际上指的是人均收入水平的提高，这一点在根本上依赖于人均产出的提高，即劳动生产率的提高。伴随经济增长发生的还有资本的不断积累，因为对于现代经济增长而

---

① 郭金兴：《技术进步、制度变迁与资源暴利：中西方历史大分流的解释与启示》，《经济评论》2009 年第 2 期。

言，生产不能继续单纯依靠劳动力和土地来完成，更多和更先进的机器设备也是提高劳动生产率的必要条件。各种要素的重新组合共同推动增长的发生，决定要素组合方式的是特定的技术条件。在一定的技术条件下，不同要素之间存在一定程度的替代可能。例如，大量富余的剩余劳动力可以部分替代稀缺的机器，先进的技术设备也可以部分替代人力劳动。在劳动力稀缺的美国，道路建设通常会使用较多的手提钻和较少的工人，但在劳动力稀缺的印度和中国，则会使用大量的工人和镐头来凿石头。另外一个更具影响力的例子莫过于"福特模式"对美国经济的冲击，每个工人站在机器旁边不动，通过传送带将产品送到工人手中，而不是让工人走到产品旁边，这种技术创新同样大大节省了稀缺的劳动力资源。

因此，对于一个刚刚经历经济起步的国家而言，增加投资、提高机器设备的利用率将能够促进经济增长。但是在劳动等其他要素固定不变的条件下，随着资本存量的逐渐增加，资本的边际收益递减规律必然导致经济增长率下降。不过在欧美国家，资本的边际收益递减规律发挥作用的时间被大大延迟了，经济增长得以继续下去，原因在于技术进步改变了这一走向，资本积累对此做出了不同的反应，资本回报率转而提高，更多的资本积累得到实现。从长期来看，人均资本、劳动节约型的技术进步和人均产出都会（以相同的速度）不断增长。进一步地，技术进步的来源又是什么？显然，沿着技术进步的脉络将展现欧美等发达国家的整体增长路径。

（三）发达国家经济增长的具体路径

在了解了发达国家经济增长的整体过程之后，其中一个细节仍然有待说明，即技术进步的方向，这一点决定了不同地区具体的增长路径，尽管这些路径最终都将导向共同的一点：以劳动生产率提高为核心的经济持续增长。那么，决定技术选择路径的因素又是什么呢？答案是资源禀赋的变化，欧美国家工业革命启动的经历在一定程度上已经说明了这一点。无论使用何种生产要素都是具有成本的，资源禀赋则是在长期决定要素价格的根本因素，资源禀赋变化相应地产生了对新的生产方式的需求，即技术进步的方向。

由于各个国家的资源禀赋不同，因此在实际的增长过程中，不同国家的增长路径经常表现出一定的差异性。技术进步的实际过程中往往会呈现一定的偏向性，根据要素的相对丰裕程度，技术进步表现出节约某种稀缺要素的倾向，即以丰裕要素替代稀缺要素，从而更好地发挥本国的比较优势。在一国内部的不同地区和行业领域，技术进步同样表现出特定的偏向性。最终，技术体系的协同演化进一步强化了一个国家的增长路径，使得经济转型无法轻易实现，通常只能在既有路径上发生渐进式的演化。

总体而言，欧美发达国家的增长过程是极其缓慢的，年均经济增长率只有1%~2%，但这种增长持续了惊人的1~2世纪，与其他国家的收入差距也越拉越大。那么，接下来的问题就是：导致发达国家增长如此缓慢却又如此持久的原因究竟是什么？

（四）发达国家增长速度缓慢而持久的原因

欧美发达国家增长速度普遍较为缓慢的根本原因在于制度，一套完善并且可信的产权体系和市场交易规则对于发达国家的持续增长必不可少。但是这一制度体系的形成不可能在短时间内完成，它是一个逐渐生成和完善的过程。特定的资源禀赋和经济条件决定了什么样的制度体系最具适应性，但是作为先行者的发达国家并无现成的制度规则可供直接模仿，只能在长期的探索过程中不断试错，通过经济主体之间的互动博弈，最终才有可能形成一套全社会都认可的制度体系。

对于欧美发达国家，特别是对于像英国这样的先行者而言，由于无法直接模仿和学习，一套全新的适应性制度体系的建立只能依靠自身文化的反思，推动传统意识形态和道德准则的演变，适应现代市场经济体制的制度规则最终得以孕育，这是一个极其缓慢的过程。事实上，英国工业革命的成功并非一个纯粹的经济现象，经历了文艺复兴和宗教改革，直至1688年光荣革命建立了宪政体制，工业革命才得以发生。由于思想意识和文化认知模式的改变要比技术和经济结构的变化缓慢得多，因此先行地区的经济增长不能实现迅速跃升，只能通过缓慢的积累实现动态的循环累积。[①] 正是由于这个原因，发达国家的制度体系无论是在适应性还是在稳定性方面都要比发展中国家稳健得多，因而在经济和社会转型方面也更为彻底。这也正是许多学者在追溯增长本源时，基于西方语境而逐渐将焦点转向信仰体系和文化认知模式的原因。[②]

当然，在欧美国家内部，不同国家的制度演化路径也存在差异性。对于后发地区而言，它们既可以选择全盘复制英国的制度模式，也可以选择不模仿。例如，德国和美国就没有选择完全复制英国的个人资本主义模式，而是在其基础上逐渐摸索出了管理资本主义的经济体制，最终实现了对英国的全面超越。可见，后发地区如果能够根据自身的资源禀赋特征，包括生态、地理、技术、人口、经济、文化和政治等因素，实现相应的制度创新，就有可能完成对先行地区的超越。如果只是一味地进行制度模仿，不仅可能遭遇水土不服的适应性困境，而且可能长期陷入追赶陷阱。

---

① 麦肯锡的数据显示，从工业革命开始，英国人均GDP翻一番花费了超过150年的时间，从1300美元增加到了2600美元。而120年后的美国，实现同样的倍增所花费的时间只有英国的1/3左右（约53年）。而中国从1300美元的人均收入水平上升至2600美元的水平，仅仅用了12年，不到英国的1/10。而且，类似的趋势仍然在延续。到2035年，我国经济总量或人均收入完全有可能再翻一番，达到现行的高收入国家标准。参见习近平《关于〈中共中央关于制定国民经济和社会发展第十四个五年规划和二〇三五年远景目标的建议〉的说明》，《人民日报》2020年11月4日，第2版。

② 〔美〕道格拉斯·C.诺思：《经济史上的结构与变革》，厉以平译，商务印书馆，1992。

三 发展中国家的经济追赶路径

（一）大赶超战略的失败

在寻求经济起飞和持续增长的道路上，发展中国家往往具有更加强烈的赶超意愿。二战之后，许多现代民族国家尝试将国内重心转向经济建设，由于缺乏完善的现代市场经济体制，以资源型产业和农业等基础产业为主导的产业结构导致了生产力水平的长期落后，城、乡以及工、农之间的二元经济结构极大地限制了经济增长。因此，许多发展中国家认为发达国家经济增长经验的适用性非常有限，无益于快速的经济赶超，客观上促成了欠发达地区在追求经济增长时另起炉灶，导致经济发展理论与经济增长理论逐渐分道扬镳。于是，许多欠发达国家开始通过积极的国家力量动员向发达国家的主导产业结构转型。

在这场轰轰烈烈的追求从发展中国家向发达国家收敛甚至全面转型的运动当中，各种赶超战略大多强调通过国家力量全面复制发达国家的经济增长模式和产业发展结构，以此实现经济体系的迅速转变。结果大多不尽如人意，或者是短暂的增长，或者是更加严重的衰退和危机。在国际经济组织的主导下，一些发展中国家尝试了私有化、市场化和自由化的经济转型，但结果非常糟糕，一些国家（如前苏联国家）的现状甚至还不如转型之前。事实证明，仅仅通过复制自由的市场经济体制并不能从根本上修正结构主义思潮下扭曲的价格体系，这种转型路径并不能使发展中国家复制西方发达国家自由市场经济的神话。

在后发地区追赶先行地区的过程中，首先面临的问题是资本短缺和劳动力过剩的矛盾，许多学者认为后发地区经济增长的核心问题在于资本积累，资本甚至成为制约后发地区经济增长的唯一因素。

例如，刘易斯认为经济增长与投资存在一定的比例关系，一旦估计出这个比例，就可以计算出达到目标增长率所需的投资水平。[①] 考虑到发展中国家广泛存在的人口问题，投资还必须快于人口增长速度。资本投入在东亚国家的经济赶超过程中就发挥了重要作用，进一步强化了这种观点。

不过结果依然不尽如人意：接受了西方国家大量援助的撒哈拉非洲地区几乎没有实现经济增长；拉丁美洲和中东一度出现增长，但在 20 世纪 80~90 年代重新陷入了增长陷阱；南亚的贫困人口与日俱增；一度令人鼓舞的东亚尽管取得了非凡的增长成就，但近年来也纷纷陷入持续增长的泥潭，只有少数国家出现了复苏迹象。可见，发展中国家的经济转型并不顺利。从长期的增长结果来看，资本的确在增长过程中扮演了重要角色，但越来越多的研究表明，国家之间的人均经济增长率差异中只有极少部分能够由人均资本的增长率差异来解释，多马（Domar）甚至推翻了自己关于生产能力和资本存量保持固定比例的理论假设，宣称其研究的最初目的只在于就经济周期发表一些看法，而非解释现实中的经济增长现象。[②]

如果说资本要素绝非发展中国家实现转型的充分条件，那么又应当如何解释那些看起来比较成功的后发地区，如日本、新加坡等东亚国家经济持续增长过程中不断的资本积累事实？是什么因素扭转了这些国家资本回报率递减的倾向？先行地区的增长经验表明了增长的关键因素在于技术进步以及知识、人力资本的积累，然而东亚经济体的增长经验并不支持这一点，技术进步等全要素生产率对增长的贡献率并不高。[③] 相反，1960~1987 年，非洲一些国家的人力资本增长极为迅速，如安哥拉、莫桑比克、加纳、

①　〔英〕阿瑟·刘易斯：《经济增长理论》，周师铭、沈丙杰、沈伯根译，商务印书馆，1996。

②　Domar, E. D., "Depreciation, Replacement and Growth—And Fluctuations", *The Economic Journal*, 1957, 67 (268), pp. 655-658.

③　〔美〕保罗·克鲁格曼：《萧条经济学的回归》，刘波译，中信出版社，2012。

赞比亚、马达加斯加、苏丹等国家的人力资本增长速度显著快于新加坡、韩国、中国和印度尼西亚等国家，但前者的经济增长速度则显著低于后者。可见，即使存在显著的技术进步和人力资本，但如果不能正确运用它们，这些技术也是没有用的。因此，对于发展中国家而言，具有一套适应性的制度来激励技术进步和对技术的应用也是必要的。

（二）发展中国家持续增长的制度瓶颈

接下来的问题是，发展中国家的经济增长一旦启动，其追赶速度为何通常总是显著快于发达国家？一个解释是先行者为后发者提供了模仿的机会，避免了漫长的演化和积累时间。本书认为发展中国家另外一个重要的起飞条件在于是否成功利用了先行者提供的市场，并且在此基础上转化形成自我发展的内在动力。融入世界市场是发展中国家迅速实现经济起飞的关键因素，全球化日益深入，开放的世界和日益增长的国际联系，包括产品和服务的贸易、资本的大量流动、知识和科技的快速传播，都为发展中国家的高速增长提供了条件。这种高速增长体现为投资的快速增长甚至局部地区（行业）的过度投资，资本存量迅速提高。但是，在根本上决定经济增长质量及其是否可持续的不是投资的增长率，而是投资的效率，是劳动生产率的提高。因此，克服资本的边际收益递减规律，至少要将这一递减过程尽量延迟。根据伍晓鹰的测算，一个经济体从增长初期到基本完成工业化，其资本-产出比大致会从 1 上升到 3 左右或更高的水平，即生产同样一个单位的产出，需要越来越多的资本投入。[①] 对于后发地区而言，在高速追赶的同时还需注意增长的效率，通过不断的技术和制度创新尽量延缓资本-产出比的上升速度。

---

① 伍晓鹰：《测算和解读中国工业的全要素生产率》，《比较》2013 年第 6 期。

不过，一个显著的事实是，并非每一个发展中国家都实现了成功的模仿和追赶，能够完成超越的国家就更少了。发展中国家在寻求经济增长时，既可以选择单纯复制发达国家的先进技术和管理模式，也可以选择学习发达国家的先进制度经验，甚至在此基础上加以改良，以更好地适应本国资源禀赋。做出何种选择取决于特定的环境条件，甚至一些偶然性因素也会发挥重要作用。

例如，苏联通过模仿发达国家的工业化模式和技术迅速实现了对发达国家的赶超，但落后的政治和法制基础导致这种增长只能是短暂而不稳定的，甚至损害长期的可持续发展；南美国家基于优越的资源条件，通过引进发达国家先进的技术和管理模式，经济也实现了大幅增长，但无法通过持续增长跨越中等收入陷阱；东亚许多国家同样如此，尽管实现了成功的追赶，然而要进一步超越欧美发达国家却不断遭遇制度瓶颈，进一步提升劳动生产率和技术水平变得非常困难，高速增长很难持续下去，这是许多发展中国家在追赶过程中不得不面临的困境——后发劣势（Curse to the Late Comer）。

四 发展中国家增长失败的原因

本书并非主张简单的历史决定论，而是综合考虑经济基础和上层建筑，并将其置于一个开放的国际背景下，考虑在不同阶段经济增长方式的合理性以及现实可行的增长路径。以中国为例，随着发展阶段的变化，"人民日益增长的物质文化需要同落后的社会生产之间的矛盾"逐渐转化为"人民日益增长的美好生活需要和不平衡不充分的发展之间的矛盾"，传统的发展方式必然要相应地进行转换，包括发展理念、发展动力、发展策略等，都要求进行深刻的反思和适应性调整。这种发展阶段和社会主要矛盾的变化，是关系全局的历史性变化。一方面，中国仍然处于并将长期处于社会主义初级阶段，中国也依然是世界最大的发展中国家。另一方面，随着世界地缘格局的深度变化，国内外发展环境出现了重大变化。所谓继往开来，为了进一步实现可持续的发展，就要充分吸取经验教训，避免经济增长过程中的种种错误观念。

（一）经济增长失败的原因

如前文所述，为了实现持续的经济增长，就要根据发展环境和发展阶段的变化不断调整增长方式，但是转型并不容易实现。首先，增长失败的原因之一在于转型路径被人为割断，导致不能根据发展阶段和发展环境变化相应地调整增长方式。其次，增长失败的另一个原因在于试图超越特定资源禀赋和国际环境，简单复制理想的增长方式。但是历史通常不能飞跃，必须依据当前的资源禀赋条件和国际环境寻求可行的转型路径，逐渐完成经济转型。增长并非没有代价，如果不考虑自身的现实条件，盲目推动转型，不但无法实现预期的增长模式，反而可能导致深层次的社会动荡和失序。许多国家试图通过暴风骤雨式的改革迅速实现转型，结果反而比改革之前更加糟糕。最后，短期调整政策掩盖了结构性矛盾，增加了转型难度。当遭遇经济危机时，各国政府"头痛医头"的应对政策大多是短视的，局限在应付危机本身，忽略了危机给经济转型带来的机遇，因而是以牺牲长期增长为代价的。短期的调整不仅无法实现彻底的转型，甚至增大了未来转型的难度。无论如何，短期的需求结构归根到底是由长期的生产结构决定的，所以不能总在调整短期经济政策的圈子里打转，而要把主要的注意力放到解决长期增长中的问题上，解决消费需求不足问题的根本仍然在于生产和供给层面。①

（二）经济持续增长的要求

从长时段的历史来看，可持续的增长意味着通过转型实现不同

---

① 吴敬琏：《中国经济转型的关键及发展走势》，《小康》2011 年第 3 期。

阶段的增长方式转换，以适应不断变化的国内外环境。从一种增长方式逐渐转变到另一种增长方式，是一个不断优化经济结构、提高经济质量的过程。从国际视野来看，转型则是包含一系列"转变"的集合，包括由粗放型向集约型转变、由数量型向质量型转变、由投资拉动型向消费推动型转变、由资源消耗型向资源节约型转变、由高碳经济向低碳经济转变、由低级经济结构向高级经济结构转变等。① 总而言之，可持续增长的内涵包括要素结构、产业结构以及需求结构三个方面，但能够在各个方面都完成转型的经济体并不多，能够在短期完成转型的几乎不可能。本书认为，转型并非从此岸到彼岸的一次性转变，而是一个长期的、不断累积的缓慢转变过程。不同经济体在不同发展阶段面临的转型任务是不一样的，合理的转型方向需要根据各自的资源禀赋和国际环境加以选择，并不存在一个统一的转型标准。

1. 要素结构

随着经济发展到一定程度，增长对要素投入的依赖程度逐渐下降，要素投入对产出增长率的贡献越来越小，全要素生产率的贡献越来越大，甚至超过了要素投入的贡献。一般来说，前者被认为是粗放的、资源损耗型增长，因而是不可持续的；而后者则被认为是集约的、环境友好型增长，因而是可持续的。

但是，要素结构的转变必须依据不同发展阶段进行合理选择。例如，对于大多数发展中国家而言，在经济起飞阶段进行大量投入可能是必要的，这是发展中国家迅速缩小与发达国家差距以取得竞争优势的前提。另外，提高全要素生产率的方式包括很多种，提高全要素生产率这一"余值"的贡献率的方式也包括很多种，它并不简单地意味着减少投入，不同经济体、不同阶段的路径选择也可能

---

① 中共浙江省委宣传部课题组：《经济发展方式转变的国际趋势与启示》，浙江在线，2010年5月11日，https://zjnews.zjol.com.cn/05zjnews/system/2010/05/11/016593553.shtml。

存在较大的差异。现有文献并没有指出这些国家提高全要素生产率的贡献方式是否相同，但这一点对于寻找更为清晰的转型路径是非常必要的。

2. 产业结构

从产业结构的角度来看，经济转型一般表现为从以轻工业为主导转向以重工业为主导，再转向以高技术加工产业为主导；从劳动密集型产业为主导转向以资本密集型产业为主导，再转向以知识、技术密集型产业为主导。特别地，经济转型还表现为三次产业结构的变化，第一产业产值比重和就业比重随着经济发展程度的提高会迅速下降，第二产业和第三产业产值比重则会逐渐提高，吸纳的劳动力数量逐渐增加，特别是在发达国家，第三产业产值比重和就业比重甚至会超过第一产业和第二产业的总和。

例如，当前美国第三产业的占比在80%左右，日本第三产业的占比也在70%以上。随着经济发展水平的提高，一个国家的主导产业从最初的纺织工业逐渐转向钢铁工业、汽车工业，进而转向计算机等电子信息产业和生物产业，产业附加值不断提高，表现为微笑曲线的变化形式。但是，不同国家由于不同的增长起点，产业发展过程未必严格遵循这一顺序。例如，在印度，率先实现突破的是以软件开发为主的信息产业，其未来转型路径自然与其他国家有所不同。总之，产业转型必须兼顾产业的合理化和高级化，一味地追求产业高级化未必能够带来整个经济的良性发展。

3. 需求结构

从需求结构的角度来看，一般认为可持续的增长意味着消费的增加，作为三驾马车（投资、消费和出口）之一的消费应当成为拉动经济增长的主要动力，显然这是基于中国语境的看法。不同国家由于经济结构的差异，可持续增长的重点也存在差异。本书认为，可持续的关键首先是实现三驾马车的均衡，避免经济体系的过大波动；其次，由于不同国家的资源禀赋不同，面临的国际环境也是不断变化的，因而应当因地、因时而异，而不是简单模仿发达国家的需求结构。另外，从长期来看，决定经济增长的是供给结构而非需求结构，需求结构更多的是作为一种结果或者增长的表现，这一点也决定了本书主要是从供给或生产的角度进行分析的。

当然，从绝对值的变化角度来看，随着我国经济的发展和人均收入水平的逐渐提高，消费水平也会大幅提高。如前文所述，尽管我国居民消费率显著低于发达国家，提高居民消费水平的确非常必要，但是也不能盲目地减少投资数量。对于任何国家的长期增长而言，投资都是必不可少的。此外，还应注意到投资在区域之间的差异，区域之间的资本再配置可能比简单地减少投资更为可取。以美国为例，长期过度消费的增长模式如今也不得不面临转型和再平衡的境遇，出口方面的情况与此类似。因此，处于不同发展阶段的国家和地区，经济增长方式的转变或调整应当因地制宜。

五　小结

发展中国家往往具有与发达国家完全不同的增长方式，而不是像人们通常认为的那样：后发地区的经济扩张道路将遵循先进的工业化地区的历史轨迹，尽管本书并不否认"工业较发达的国家向工业欠发达的国家展示了后者未来的图景"这一点的广义有效性[①]，但这一点并不绝对。事实上，发展中国家面临与发达国家完全不同的发展环境，恰恰因为其落后，发展中国家的增长可能在许多方面显

---

① 〔美〕亚历山大·格申克龙：《经济落后的历史透视》，张凤林译，商务印书馆，2012。

示出与发达国家根本不同的倾向。①

更为重要的是，任何经济体的扩张都发生在真实的历史情境当中，发达国家与发展中国家同属世界经济体系的一部分，那么发达国家将构成发展中国家经济扩张的重要前提和背景。结果是发展中国家的增长过程也将呈现与发达国家非常不同的特征，这种不同既体现在增长的速度上，也体现在从增长过程中产生的生产结构和组织结构等技术体系上，还体现在经济扩张过程中直接模仿或借鉴的各种制度性手段上，而以上这些工具在已经实现工业化的发达国家则很少或者根本就没有类似的存在。②

由此可见，发展中国家完全没有必要重新尝试发达国家走过的旧的增长道路，政府一方面可以尽快扫除增长过程中的制度性障碍，依据自身资源禀赋制定相应的增长战略；另一方面可以积极引导鼓励从发达国家引进吸收新的技术，迅速实现经济起飞。当然，这在很大程度上导致了发展中国家政府强力干预经济增长的特征，同时也为部分发展中国家经济的可持续增长埋下了隐患。可持续的增长能够根据资源禀赋和环境变化自发调整增长方式，以获得持续高效的增长。为了实现发展方式的顺利转换，经济转型过程中还要注意避免社会动荡和失序，社会稳定是经济增长的基本前提。真正的可持续发展不应该仅仅限于经济领域，它还是一个政治稳定和社会和谐的增长，是一个经济、社会和政治体制相互协调的增长。

---

① 格申克龙（Gerschenkron）曾指出，并不存在一种统一不变的工业化发展模式。从这个角度来看，先前的一些学者以英国工业革命为原型所做的一般理论概括（包括有关工业化发展前提的所谓原始资本积累的概念）并不具有普遍意义，而罗斯托（Rostow）关于经济发展一律遵循类似于五音阶的五个阶段（其实包括六个阶段，即传统社会阶段、起飞准备阶段、起飞进入自我持续增长的阶段、成熟阶段、高额群众消费阶段和追求生活质量阶段，笔者注）的模式也是难以成立的。我们不能根据不同地区的落后程度依次排列，并认为这些地区将依次通过一条共同的道路，最终到达一个完全的终点，历史和现实的多样性也不止一次地印证了这一点。当然，落后地区的问题也绝不仅仅是它们自己的问题，这同样是发达地区的问题。详见〔美〕亚历山大·格申克龙《经济落后的历史透视》，张凤林译，商务印书馆，2012。

② 〔美〕亚历山大·格申克龙：《经济落后的历史透视》，张凤林译，商务印书馆，2012。

第三章 发展型国家：
一种新的增长模式

如前文所述，主流的经济学理论大多局限于经济领域讨论经济增长问题，忽略了经济问题的政治经济学本质，忽略了国家的异质性讨论，政治学理论虽然对国家进行了分类，但多是根据政治组织原则将国家分为民主型国家和非民主型国家，或是根据经济组织原则将国家分为市场型国家和计划型国家。在这个过程中，西方新古典主义经济学牢牢地占据主流话语体系，因而常常将西方发达国家作为理想的国家和政府类型，在事实上忽略了其他类型国家存在的合理性，忽略了其他类型经济增长方式的合理性。但是由于历史传统、初始条件、发展阶段等方面存在的广泛差异，本书认为不能简单地假定发展中国家存在一个完全与发达国家相同的经济增长理论。本书希望超越传统的二分法，一是突破以往关于"大市场，小政府"的理念之争，将重点放在政府应当如何发挥作用而不是政府是否应当发挥作用的无止境纷争上；二是借鉴发展型国家理论，为发展中国家的经济发展和政府治理提出新的思路与解释。

一 发展中国家的失败尝试

如前文所述，经过近 200 年的累积之后，发达经济体和发展中经济体的发展鸿沟愈加深刻。尽管发展中国家的追赶步伐从未停止，但是成功者毕竟只是少数，且局限于东亚少数几个国家，世界多数国家还处在发展的初级阶段。

（一）发展中国家追求现代化的尝试

二战以来，现代民族国家纷纷独立，但是由于长期遭受西方殖民主义和半殖民主义的经济剥削与政治奴役，广大发展中国家的各项事业都是极其落后的。以非洲为例，直到 20 世纪 60 年代，许多非洲国家才纷纷摆脱殖民统治。"自主发展，联合自强"随即成为许多非洲人民的心声，在 2001 年发布的"非洲发展新伙伴计划"中，53 个非洲国家郑重宣布：我们不能再受外部环境和条件的束缚，我们要决定自己的命运。[①] 在具体的实践行动中，发展中国家进行了许多尝试，如在政治建设上大规模移植复制了西方民主制度，在经济发展上实施了以进口替代为主的工业化路径，为了提升国际地位和扩大市场需求，还大力推进区域整合及一体化进程。与此同时，西方发达国家和国际组织也给予了发展中国家大量发展援助与经济指导。从结果来看，广大发展中国家虽然取得了一定程度的发展，但总体效果并不理想。由此看来，西方国家的发展道路并不适合多数发展中国家。那么，制约发展中国家发展的真正原因何在？究竟何种发展道路才是真正适合发展中国家的呢？

事实上，短暂的经济起飞并不困难，难就难在持续的经济增长，许多发展中国家的症结都在于此。近半个世纪以来，发展中国家的整体经济增长率虽然持续上升，投资回报率全球领先，但是各国增长的可持续性较差，导致整体的工业化和现代化水平并不高。基于传统的工业化阶段理论、国家竞争发展阶段理论以及新结构经济学理论，一些学者对发展中国家的发展情况进行了客观评价。结果表明，无论依据何种标准，多数发展中国家仍然处于工业化初期甚至

---

① 舒运国：《非洲永远失去工业化的机会吗？》，《西亚非洲》2016 年第 4 期。

前工业化阶段。[①] 究其原因，处在全球价值链外围或低端位置导致发展中国家的分工地位较低、收入分配条件较差，只能被动接受发达国家需求和偏好结构的变化，难以主动对本国产业结构进行升级转型，这也意味着发展中国家承担了更高的全球发展成本和不确定性风险。少数追赶成功的发展中国家，究其发展原因也不是建基于工业化和城市化，而是得益于石油、钻石等矿产资源的简单出口，其对上下游产业发展和劳动力就业的带动能力很低，无法从根本上支撑现代经济体系的形成，经济、社会和政治体系的稳定性都较差，一些国家甚至陷入了"资源诅咒"。

（二）发展中国家现代化尝试失败的原因

事实上，许多发展中国家也意识到了制造业和工业化的重要性，意识到了没有制造业的经济增长是脆弱的、不可持续的。仍以最不发达的非洲经济体为例，近年来，联合国非洲经济委员会、非洲联盟等国际和区域组织先后发布了《2063 年议程：我们想要的非洲》《转型中的非洲工业政策》《非洲制造：埃塞俄比亚的产业政策》《非洲制造：学会在工业中竞争》《非洲加速工业发展行动计划》《南共体工业化战略和路线图》等针对非洲的工业发展规划，试图使非洲摆脱资源依赖症，促进产业多元化发展。[②] 但是在实施过程中，全球经济的固有分工结构使得非洲生产规模化要求和市场分散化现实的矛盾难以调和，通过推进非洲一体化，构建立足非洲自身市场的产业布局就成为非洲的必然出路。[③] 然而，泛非主义思潮主导下的非洲一体化进展并不顺利，"联合自强，自主发展"的目标没有实现，当前非洲多数国家非但不能推动本国经济持续发展，反而无力应对种族竞争和地方民族主义的分裂挑战。

---

① 郝睿、许蔓：《当前非洲经济发展阶段研判》，《西亚非洲》2013 年第 5 期。
② 李智彪：《非洲工业化战略与中非工业化合作战略思考》，《西亚非洲》2016 年第 5 期。
③ 李智彪：《非洲经济增长动力探析》，《西亚非洲》2013 年第 5 期。

可见，尽管付出了很多努力，欧美发达国家和国际组织也给予了发展中国家大量发展援助与各类指导，但是发展中国家整体落后的局面依然没有改观。原因就在于发展中国家面临的多是系统性问题，结构性缺陷牢牢束缚住了它们的各种发展尝试，包括社会经济结构与民主政治发展模式的冲突、欠发达的商品经济与部族主义的冲突、本土主义思潮与世界分工体系的冲突等都没有得到很好的解决，甚至这些冲突还在不断加剧。从精英主体角度来看，许多发展中国家的政府构建自身合法性的能力普遍较弱，中央政府缺乏与地方经济、社会的有机联结。在这种情形下，政府的存续不得不依赖外部势力。巴亚特使用"外翻"概念概括了发展中国家对外国及国际体系的依附特征：后殖民时期的许多发展中国家主要从国外寻求必要的合法性资源、经济资源及安全保证①，支撑这些国家的政府的主要力量来自外国以及国际体系，源自社会内部的支持和经济基础严重不足。这意味着许多落后地区的政府从骨子里就缺乏发展的动力，政府只是代表了少数精英群体的私人利益。竞争对手的潜在威胁使得执政党无意提高经济组织的生产效率进而增加总租金的制度安排，毕竟未来的收益分配充满了不确定性，短期的非生产性寻租也就成为他们的最优选择策略。

萨米尔·阿明进一步通过"依附理论"阐述了发展中国家的结构性缺陷，认为资本主义生产体系的世界性扩张导致了发展中国家对发达国家的依附，资本主义越是扩张，发展中国家的灾难就越深。② 此外，也有学者从欧美国家对发展中国家的不恰当干预③、殖

---

① 闫健：《外翻性与国家失效：试论非洲国家失效浪潮背后的若干结构性因素》，《国际观察》2016 年第 3 期。
② 〔埃及〕萨米尔·阿明：《世界规模的积累：不平等理论批判》，杨明柱、杨光、李宝源译，社会科学文献出版社，2008。
③ MacFarlane, S. N., Thielking, C. J., Weiss, T. G., "The Responsibility to Protect: Is Anyone Interested in Humanitarian Intervention?" *Third World Quarterly*, 2004, 25 (5), pp. 977-992.

民主主义遗产[1]、恩庇主义[2]、部族主义[3]以及错误的进口替代发展模式等角度阐述了发展中国家落后衰败的原因。综合各种观点，这种结构性缺陷导致发展中国家经济上的落后与政治上的缺陷长期交织在一起，无论是政治民主主义还是地方民族主义思潮，多数发展中国家并没有找到一条适合本国国情的发展道路，摆在多数发展中国家面前的难题至少有三个。

（1）政治社会结构和经济发展事实之间存在明显的裂痕，欠发达的商品经济难以为政治民主架构提供稳定的基础，导致政府行为"脱嵌"于经济体系，过于超前的政治发展反而面临居高不下的政治维护成本。

（2）西方发达国家的发展援助和过多干涉极易强化发展中国家的对外依附特征，弱化了穷国政府追求自主发展、探索适合本国发展道路的动力，增加了经济增长和政府治理的难度。

（3）世界经济走势的不确定性等外部环境因素为推动发展中国家工业化和产业多元化进程蒙上了一层阴影，这对发展中国家政府的资源动员和整合能力提出了更高的要求。

二 发展型国家的路径探索

许多发展中国家追求现代化的失败经历表明，国家之间存在差异，认为某种制度、某种发展方式优于所有其他制度、增长方式是一种错误观念。正如丹尼·罗德里克所言，在促进发展的问题上指

---

① Englebert, P., "Pre-Colonial Institutions, Post-Colonial States, and Economic Development in Tropical Africa", *Political Research Quarterly*, 2000, 53 (1), pp. 7-36.

② Hansen, K. F., "The Politics of Personal Relations: Beyond Neopatrimonial Practices in Northern Nameroon", *Africa*, 2003, 73 (2), pp. 202-225.

③ Akindola, R. B., Ehinomen, C. O., "Military Incursion, Tribalism and Poor Governance: The Consequences for Development in Nigeria", *Mediterranean Journal of Social Sciences*, 2017, 8 (5), pp. 151-157.

望所有国家遵循某一种"良好的经济行为"模式是一种不切实际的想法，多数国家也不会接受……归根结底，所有成功的国家都会探索出具有自己民族特色的发展模式。① 二战以来，东亚国家在经济发展上之所以能够取得成功，与它们基于本国国情探索适应性发展道路的做法不无关系，这些国家逐渐探索出了一种新的经济增长模式，本书将东亚这些赶超成功的经济体统称为发展型国家，以区分它们与欧美发达国家以及非洲、拉美等地区的发展中国家。

所谓发展型国家，是一种起源于日本、韩国等东亚国家的政府类型，中国更是将发展型国家推向了一个新的高度，其核心特征在于将经济发展作为整个国家发展的优先目标。② 青木昌彦在讨论市场交换的第三方实施机制时，根据政府和市场主体之间的关系将国家形态划分为三种大的类型（元类型）：民主型国家、勾结型国家和发展型国家。③ 与民主型国家和勾结型国家相比，发展型国家所追求的并非政府自身的短期利益，而是通过选择性干预以提高国内经济的国际竞争力，它们寻求的是创造竞争优势，而不是接受在世界上根据比较优势形成的预定地位④，这就为后发国家赶超发达国家提供了可能，同时表明经济发展的路径是多样化的。

（一）发展型国家的概念与起源

发展型国家的概念最早来自查默斯·约翰逊。基于对 20 世纪日本通产省在经济奇迹中的作用的考察，查默斯·约翰逊提出了一种既非苏联社会主义类型（高度计划，国家掌控一切）又非英美国家自

---

① 〔美〕丹尼·罗德里克：《新全球经济与发展中国家：让开放起作用》，王勇译，世界知识出版社，2004。
② 〔美〕查默斯·约翰逊：《通产省与日本奇迹——产业政策的成长（1925~1975）》，金毅、许鸿艳、唐吉洪译，吉林出版集团，2010。
③ 〔日〕青木昌彦：《比较制度分析》，周黎安译，上海远东出版社，2001。
④ T. J. 潘佩尔：《变化世界经济中的发展型体制》，载〔美〕禹贞恩编《发展型国家》，曹海军译，吉林出版集团，2008。

由市场主义类型（没有计划，完全由私人控制）的第三种国家类型，即发展型国家。[①] 简言之，发展型国家优先考虑的事项是经济发展。与此同时，发展型国家并非以政府取代市场，而是强调通过政府干预塑造市场激励机构，从而实现经济发展目标。[②] 张夏准肯定了发展型国家存在的必要性，认为发展型国家是把经济增长和结构变迁树立为国家整体目标，并且为之建立一整套规制、引导和持续支持工业化的政治经济关系，同时通过经济管理、政策调适、制度创新等手段减少变迁过程中的各种冲突。[③] 典型的发展型国家包括韩国、日本、法国以及中国台湾地区，这些国家和地区的成功经验表明，结构变革通常需要以高度政治化的方式完成，尤其是在需要大范围和快速变革的经济危机时刻。[④] 最终，当国家对高速增长的追求与企业家对利润最大化的需求重合时，发展型国家也就形成了。

（二）识别发展型国家的关键

研究表明，判断一个国家是否属于发展型国家的关键不在于它有无政府干预，而在于政府干预的方式。发展型国家和威权政体有相似的一面，如两者都表现为政府对经济的强力干预，但是两者又不是干预程度的差别，而是两种完全不同的分类。事实上，政府干预本身并非发展型国家的本质，查默斯·约翰逊曾指出美国同样是一个政府管制非常严重的国家，但美国政府关心的是经济竞争的形

---

① 〔美〕查默斯·约翰逊：《通产省与日本奇迹——产业政策的成长（1925～1975）》，金毅、许鸿艳、唐吉洪译，吉林出版集团，2010。

② 查默斯·约翰逊：《发展型国家：概念的探索》，载〔美〕禹贞恩编《发展型国家》，曹海军译，吉林出版集团，2008。

③ Ha-Joon Chang, *The Political Economy of Industrial Policy*, New York: St. Martin's Press, 1994, p. 167.

④ 张夏准：《发展型国家的政治经济学理论》，载〔美〕禹贞恩编《发展型国家》，曹海军译，吉林出版集团，2008。

式和规则，而不是经济本身。① 反观发展型国家，它的政府干预并非市场替代物，而是通过有意的干预改变市场激励，同时提供创新观念、竞争观念，以及降低市场风险和进行冲突管理，从而影响生产者、消费者、投资者的行为，最终实现国家发展目标。在这个过程中，政府更像是一个"催化"机构，市场主体对政府构建的激励做出回应。②

（三）发展型国家的发展机制

首先，发展型国家在发展过程中会建立一个紧密的政商合作关系，也就是说，发展型国家的政府不是一个凌驾于社会之上的专横机构，而是一个在工业转型中寻求成为商业部门紧密合作伙伴的机构，双方在相互有利的关系中实现了国家发展目标和企业生存壮大目标。③ 其次，发展型国家通常会实施有选择的产业政策，如在发展初期对工业、大企业和出口的重视，对城市消费群体、农村消费群体和低收入民众的歧视性对待，以及产业发展到一定程度后对更为先进、更具战略意义的高科技部门的扶持。为了做到这一点，发展型国家使用了非常相似的政策工具，包括投资资助、强制结汇、价格控制、信贷配额、人为保持低水平利率等。④ 可见，发展型国家产业政策的内容和形式是随着发展阶段、历史环境、国际政治经济形势的变化而不断调整的，这反映了发展型国家在嵌入经济和社会的

---

① 〔美〕查默斯·约翰逊：《通产省与日本奇迹——产业政策的成长（1925～1975）》，金毅、许鸿艳、唐吉洪译，吉林出版集团，2010。
② 查默斯·约翰逊：《发展型国家：概念的探索》，载〔美〕禹贞恩编《发展型国家》，曹海军译，吉林出版集团，2008。
③ 查默斯·约翰逊：《发展型国家：概念的探索》，载〔美〕禹贞恩编《发展型国家》，曹海军译，吉林出版集团，2008。
④ 迈克尔·罗瑞奥克斯：《法国的发展型国家：神话与道德抱负》，载〔美〕禹贞恩编《发展型国家》，曹海军译，吉林出版集团，2008。

同时还保持了极强的自主性。[①] Evans 称之为"嵌入自主性"[②]
（Embedded Autonomy），它不仅指国家（政府）和商业集团的紧密
合作，而且指官僚精英拥有独立性，从而将腐败以及国家被私人利
益俘获的可能性降到最低。[③] 此外，发展型国家的政府扶持并非无条
件的，如日本政府对补贴的接受者施加了纪律和业绩标准，这决定
了未来继续获得政府资助的资格。因此，企业面临的激励就不仅是
投资新工厂，更重要的是与政府合作，不断进行更有效率的生产以
及生产在国际市场上更有竞争力的产品。[④] 韩国的情形与此类似，韩
国政府利用起诉的威胁将财阀由寻租者变为世界一流的制造商。在
韩国政府创造的有效竞争环境下，韩国的幼稚产业不被允许躲在保
护墙的后面安享尊荣，而是必须参与竞争和改善绩效。[⑤]

（四）发展型国家的成立条件

戴维·瓦尔德纳在对土耳其、叙利亚和韩国进行比较的基础上
强调了国家构建路径的差异对形成发展型国家的重要性。一些国家
在建构国家政权和制度框架时，所有的阶层都得到了同步吸纳，如
土耳其、叙利亚等国家；而在另外一些国家，不同阶层进入权力架

[①] 马克思认为国家的自主性在于自身与社会的分立，并逐渐成为凌驾于其上的力量。与之
对应的是，波拉尼从欧洲文明的巨变中看到经济关系从社会关系中游离出来（脱嵌），并
且成为凌驾于社会和国家之上的力量，这种脱嵌和自由市场的意识形态逐渐成为工业利
益团体的仆佣，因而呼吁政府积极参与介入经济。详见〔英〕卡尔·波兰尼《巨变：当
代政治与经济的起源》，黄树民译，社会科学文献出版社，2017。

[②] Evans，P. B.，*Embedded Autonomy：States and Industrial Transformation*，Princeton：Princeton
University Press，1995，p. 19.

[③] 当然，这种嵌入自主性并非在所有国家都能一以贯之，一些利益部门在这种嵌入过程中
形成了寡头垄断，甚至导致了"裙带资本主义"和深刻的结构性腐败，如印度尼西亚的
苏哈托集团。详见〔美〕阿图尔·科利《国家引导的发展：全球边缘地区的政治权力与工
业化》，朱天飚、黄琪轩、刘骥译，吉林出版集团，2007。

[④] 〔美〕戴维·瓦尔德纳：《国家构建与后发展》，刘娟凤、包刚升译，吉林出版集团，
2011。

[⑤] 〔美〕戴维·瓦尔德纳：《国家构建与后发展》，刘娟凤、包刚升译，吉林出版集团，
2011。

构是有所区分的、非同步的，如韩国。结果是后者更容易塑造以经济发展为目标的制度导向，前者则易陷入无尽的分配争端旋涡，直接制约了基本的经济起飞。[①] 事实表明，土耳其和叙利亚最后形成了一种所谓的"早熟的凯恩斯主义国家"（Precocious Keynesian States）。导致这种差异的原因不在于两者对经济发展的偏好或者发展意愿上的差别，而是结构性环境（Structural Context）施加的约束不同。这种结构性环境集中体现为精英冲突的强度（Levels of Elite Conflict），高强度的精英内部冲突导致了广泛的跨阶级联盟构建和过早的平民吸纳，这些阶层反过来要求在国家构建过程中回应他们的利益需求，从而诱发这些国家朝着分配型国家[②]的方向迈进，诱发政治精英在进行经济决策时的政治化，经济现代化反过来又加剧了精英之间的冲突和分化。[③] 基于日本、韩国、中国台湾的经验对比，潘佩尔指出发展型国家取得成功的三个因素：一是这些国家和地区都成功地进行了土地改革，因此消除了工业化进程中的主要障碍；二是通过出口带动而不是进口替代方式做大了国内的经济蛋糕，从而降低了有关分配和再分配问题的压力；三是相对开放的精英职位以及对潜在挑战者的吸纳缓解了国内政治紧张的极端状况。[④]

三　发展型国家的增长逻辑

　　本书将中国与韩国、日本、新加坡、泰国、马来西亚等较为成功的东亚经济体均称为发展型国家，尽管这些国家的发展模式并不

---

① 苏琦：《反腐、精英共治与公民社会》，《华夏时报》2012年12月21日，第1版。

② 分配型国家也被称为食利国家，官僚机构以分配为导向，这些国家强调从外部资源而非内部资源获取收入，强调消费而非发展。详见〔美〕戴维·瓦尔德纳《国家构建与后发展》，刘娟凤、包刚升译，吉林出版集团，2011。

③ 〔美〕戴维·瓦尔德纳：《国家构建与后发展》，刘娟凤、包刚升译，吉林出版集团，2011。

④ T. J. 潘佩尔：《变化世界经济中的发展型体制》，载〔美〕禹贞恩编《发展型国家》，曹海军译，吉林出版集团，2008。

完全相同，但是这种模式均鲜明地区别于华盛顿共识下的经济自由化和政治民主化浪潮，而且伴随东亚新兴经济体的成功实践和继续发展，发展型国家的理论内涵仍在不断完善。这里的发展型国家既不同于经典的民主型国家，也有别于专制独裁的掠夺性国家，其中政府在发展过程中突出的、积极的作用得到了认可，它在推进政府扩张的同时实现了市场增进和社会进步。也就是说，政府和市场并非绝对对立的存在，两者存在相互转化的可能，发展型国家的发展经历为此提供了很好的案例，发展型国家的发展经验表明经济体的类型是多元化的，发展的模式也不是非此即彼的，并不存在一种放之四海而皆准的理想模式。在发展型国家的发展过程中，政府、市场、社会各个领域的主体在相当程度上实现了共赢。①

中国等发展型国家的实践经验表明，在市场在资源配置中发挥决定性作用的前提下，可以正确地履行政府职能、更好地发挥政府在经济发展中的作用，这为如何更好地处理政府与市场、政府与社会的关系提供了参考。在现实的经济发展过程中，产业发展对规模经济的要求以及较高的进入成本，导致发展中国家很难与先行一步的发达国家竞争。因此，为了实现宏观经济增进、国民生产总值增长以及生活水平提高，通过政府干预将资源优先集中于少量生产率快速增长的产业，而不是均匀地将经济中的总体生产率增长摊薄在众多产业上具有合理性。这种模式的优势在于防止了进入主导产业所需资源的分散，避免了每个产业都得到少量的资源，从而每个产业都不能获得足够的资源以克服产业发展中的成本障碍。政府采取的措施可以是税收优惠，也可以是对特定产业优先提供基础设施，这在中国的城镇偏向性政策、大型企业偏向性政策以及外资偏向性政策中都得到了体现。例如，新中国成立以来长期实施的重工业优先发展战略和工农业产品价格"剪刀差"就是典型的发展型国家做

---

① 当前"亲市场"和"亲政府"学者之间的分歧愈演愈烈，发展型国家的经验为调和学术界的分歧提供了可能。

法。重工业优先的发展战略是新中国建立自主产业体系的关键举措，但是正如林毅夫等所指出的那样，以资本密集为主要特征的重工业并不符合我国的比较优势，重工业产品的生产需要投入大量资金和工业设备，发展周期一般较长，因此对于当时的中国来说，只能通过压低农产品价格和提高工业品价格，以此榨取农业剩余来补贴工业发展，这种违背比较优势的做法是我国经济长期停滞的原因。[1] 但是如果从更长的时段来考察中国经济，上述做法恰恰为改革开放后的经济发展奠定了坚实的基础，也是我国迅速获得竞争优势的关键所在，这一点得到了越来越多的经验支持。

静态地看，发展型国家实施的偏向性政策并不会提高国民总收入，而仅仅是将一个群体的收入转移给了另一个群体。但是实际上，由于部门和主体之间存在通过建立前后向联系实现协作的可能性，这就充分激发了社会整体的生产性努力，遏制了大规模的社会分化，从长远来看，这也是发展中国家的核心产业达到最优生产率和获得竞争优势的必要条件，而不是被动地根据比较优势长期处于跟随者地位。最终结果表明，政府扩张与市场增进并不冲突，相反，发展型国家还在追求经济增长过程中实现了社会整体利益的最大化结果。在经济增长的同时，政府的自身利益也得以实现。

由此可见，为了实现宏观经济增进、国民生产总值增长以及生活水平提高，发展型国家通常要执行特殊的经济战略，如利用大量的出口和投资补贴导向特定目标产业，一些特殊部门的利益会得到增进，另一些部门则会受损，农民、消费者、工人和小企业等在很大程度上是被忽视的。[2] 不过在现实中，尽管发展型国家实施了大量

---

① 林毅夫、蔡昉、李周：《中国的奇迹：发展战略与经济改革》，上海三联书店、上海人民出版社，1994，转引自张超、罗必良《产权管制与贫困：来自改革开放前中国农村的经验证据》，《东岳论丛》2018 年第 6 期。

② T. J. 潘佩尔：《变化世界经济中的发展型体制》，载〔美〕禹贞恩编《发展型国家》，曹海军译，吉林出版集团，2008。

的偏向性政策，但是政府政策是动态调整的，且设置了竞争激励机制，如成功的偏向性政策要求必须制定明确的成功和失败的判定标准以及预设的终止条款，获得偏向性政策支持的部门必须具有提供外溢和示范效应的潜力，且制定和执行偏向性政策的部门必须接受监督与评价，等等。[①] 值得注意的是，成功的偏向性政策的支持对象往往是某种活动或某个领域，如提供新技术、新产品的活动，而非某个确定的企业。最终，发展型国家的偏向性政策并没有产生大规模的社会分化，事实也表明，日本、韩国、中国台湾等发展型国家和地区的经济增长伴随相对高水平的社会平等，基尼系数一直较低。这种发展模式使得发展中国家得以凝聚优势资源，率先推动某些核心产业领域或者战略性部门取得突破，同时为发展中国家摆脱既有的静态比较优势、主动获取新的国际竞争优势、实现经济赶超创造了条件。

四 发展型国家的政治意蕴

东亚发展型国家的成功经验表明，实现经济发展就是最大的政治进步。众所周知，"自主发展，联合自强"是第三世界人民的夙愿，但是长期以来，广大发展中国家的经济社会结构无法适应民主政治发展的要求，落后的商品经济严重制约了发展中国家的政治发展。[②] 因此，从这个意义上来讲，发展型国家的道路探索，对发展中国家的经济发展和政治进步都将产生深刻影响，这也正是发展型国家深层次的政治意蕴。

（一）以经济增长促进发展中国家政治的实质性进步

传统经济增长理论认为，稳定、平衡的政治和社会结构是经济

---

① 〔土耳其〕丹尼·罗德里克：《一种经济学，多种药方：全球化、制度建设和经济增长》，张军扩、候永志等译，中信出版集团，2016。

② 沈晓雷：《透视非洲民主化进程中的"第三任期"现象》，《西亚非洲》2018年第2期。

增长的基本前提。大多数文献关注的重点在于政府对经济增长的促进或抑制作用，甚至盲目倡导西方国家以竞争性政党为核心的民主模式，但是对政治进步的内在原因关注不够，政府因素多是作为外生变量进入现代经济增长理论体系中。事实上并没有充分的证据表明民主政治能够带来经济发展。对于多数贫穷落后的国家而言，降低暴力（或者潜在的暴力）威胁才是当前的第一要务，为了打破暴力循环，通过持续的经济增长向公民提供安全、公正和就业是至关重要的。[①]

在诺思等人的有限准入秩序框架中，政府通过特定的政治体系操纵经济利益，进而通过创造共同利益的方式抑制暴力组织的暴力潜能，合作因而成为主要暴力组织的占优策略。[②] 与强行灌输的西方自由民主理念相比，有限准入秩序显然更加务实，它强调稳定与有效增长之间的权衡。也就是说，在低收入国家，简单地消灭租金带来的未必是竞争性市场，反而可能是社会失序。换言之，（通过偏向性政策）创造租金在低收入国家中首先是社会稳定的手段。在多数发展中国家，潜在的暴力冲突从未完全消除，不同族群之间的文化、利益冲突是长期存在的。因此，保证政治和社会稳定是经济增长的基本条件。在一定时期内，有限准入秩序能够很好地平衡国内不同族群的政治诉求，从而规避了大规模的族群冲突、社会暴力问题，稳定的国内政治社会环境也为发展中国家的经济持续发展奠定了良好基础。

当然，有限准入在一定时期内必然限制不具备暴力潜能的组织或个人自由获得经济利益的机会，也会在一定程度上限制市场竞争和经济效率，但是这与旷日持久的暴力抗争相比已是巨大进步。随着有限准入秩序的不断成熟和精英权利的逐渐非人格化，创造租金

---

① 世界银行：《2011 年世界发展报告：冲突、安全与发展》，清华大学出版社，2012。
② 〔美〕道格拉斯·诺思、约翰·沃利斯、史蒂文·韦布、巴里·温加斯特编著《暴力的阴影：政治、经济与发展问题》，刘波译，中信出版集团，2018。

的权利向更广泛的社会群体延伸就成为可能。随着有限准入秩序的不断成熟稳定，落后国家的发展道路有可能实现从掠夺型国家向发展型国家转变。发展型国家的经验表明，人们需要对发展概念有更加务实的理解，人们需要意识到发展型国家与政府追求自身利益并不冲突。在这个过程中，政府和精英组织首先构成了经济增长的主导力量。在经济发展和市场增进的同时，政府的自身利益得以实现。与连年不断的国内冲突相比，发展型国家构建了稳定的分利联盟，从而有力地控制了全国的政治社会局势，得以成为一个足够安全的国家。一个稳定的政治环境对于外来投资者而言恰恰是首要考虑的因素，通过经济发展创造更多租金也就成为国内精英群体的共识，持续的经济发展因而获得了内在动力，政治社会结构与经济发展之间的平衡得以建立，发展中国家政治的实质性进步才真正成为可能。

（二）以自主发展消除发展中国家对西方大国的长期依附

在传统的国际政治和国际关系理论看来，许多发展中国家由于缺乏足够的安全能力和影响力，在发展过程中要么扈从于大国，要么通过与他国结盟来逐渐强化自身的经济资源和防卫能力。[①] 以非洲为例，非洲虽然已经独立，但是长期以来殖民主义的影响以新的形式继续存在，非洲始终未能摆脱对西方发达国家的高度依附。当前，非洲许多国家接受的海外发展援助占其国民生产总值的比重超过了 10%，过度依附其他国家使得非洲的发展极易遭受外部压力和国际市场波动风险。一些学者甚至指出，非洲国家这些年来的发展，本质上不过是通过精英群体代表将原来的殖民主义内部化，非洲对西方发达国家的实质性依附从未改变，最终产生了一种依靠自然资源租金的"有增长无发展""无工业化的增长"

---

① 罗金义、秦伟乐：《老挝的地缘政治学：扈从还是避险》，香港城市大学出版社，2017。

的数量型扩张。在数量型扩张过程中，非洲国家精英只能顺从外部指令，他们继续把本国的自然资源和人力资源置于一种新的不平等贸易的循环模式中。①

进入 21 世纪以来，世界经济和政治格局发生了重大变化，长期受惠于全球化的欧美发达国家内部问题不断累积，欧美发达国家自顾不暇，世界经济增长持续乏力，社会分裂、金融风险、政治冲突、地区发展不平衡等问题日益突出。在欧美发达国家主导的全球化步伐减缓甚至收缩的同时，以中国、俄罗斯、南非等新兴经济体为代表的国家日渐崛起，并且成为维持世界经济增长的主要来源，客观上使得第三世界国家与新兴经济体的政治、经济和文化交流不断升温。仍以非洲国家为例，许多非洲国家与中国的合作虽然以基础设施为重点，但是双方合作并不局限于基础设施建设。共建基础设施成为双方合作的起点，随后逐步扩展到更广泛的领域，涵盖城市建设、产业发展、制度建构、文化交流、社会治理等多个方面，带来的是这些国家的发展需求更加多样化。这就意味着，在新的国际政治和经济环境下，广大发展中国家有了更多的选择空间。在第三世界国家的经济起飞时，中国等新兴国家虽然发挥了重要作用，但是中国与这些国家的合作绝非某些西方舆论所说的"新殖民主义"和"新恩庇主义"②，广大发展中国家并没有"一边倒"地转向中国或者进行站队，反而是在与新兴经济体合作发展过程中，第三世界国家的作用和重要性不断

---

① 〔吉布提〕阿里·穆萨·以耶：《泛非主义与非洲复兴：21世纪会成为非洲的时代吗?》，李臻编译，《西亚非洲》2017 年第 1 期。

② 例如，英国时任外交大臣杰克·斯特劳（Jack Straw）在 2006 年访问尼日利亚期间声称："中国在非洲所做的事情，多数是 150 年前我们（英国）在非洲时已经做过的。"详见《西方担心在非洲利益受损　恶炒中国新殖民主义》，新浪网，2006 年 3 月 13 日，http://news.sina.com.cn/w/2006-03-13/09558429664s.shtml。类似的论调还有很多，但是最有发言权的非洲人民和领导人驳斥了这一观点，中非合作的发展成果，以及诸多有力的事实支撑着人们对一个团结繁荣非洲的渴望，胜过了这些西方媒体的谎言。详见《中国在非洲"搞新殖民主义"?　非洲领导人和外媒这样反驳》，海外网，2018 年 9 月 5 日，http://news.haiwainet.cn/n/2018/0905/c3541093-31390295.html。

上升，自主发展的空间逐渐增大，也更有利于消除对西方大国的依附。

（三）以经济增长强化发展中国家的国家能力

当前的世界经济形势发生了很大变化，欧美发达国家作为全球市场提供者的发展模式逐渐走到尽头，国际消费和出口市场迅速萎缩，发达工业国家继续进行产业转移的空间不断萎缩，世界传统的分工格局难以为继，发展中国家通过承接产业转移和制定积极宽松的产业政策来推进工业化的效率不断降低，非洲国家很难再像20世纪的亚洲国家那样快速融入全球分工体系实现经济腾飞，继续依附强国的传统做法不再有效。因此，发展中国家不得不依赖自主发展和区域合作，构建立足自身的产业布局和市场空间。① 也就是说，自强是当今发展中国家的唯一选择。

但是长期以来，自主发展更多地体现在口号和倡议层面。从政治一体化的角度来看，许多发展中国家从一开始就是殖民地从外部强加的，中心和边缘之间缺少有效融合，中央和地方之间、族群之间的权力分配碎片化，导致国家结构极不稳定，中央权力缺少足够合法性。② 最终，许多发展中国家根本无力应对种族竞争和地方民族主义的挑战，自主发展的目标沦为空谈。很难想象，在碎片化的主权环境下，一个国家如何能够真正推进自主发展？究其根源，还是在于国家能力的欠缺，特别是缺乏从内部建构自身合法性的能力，这种合法性首先是创造经济利益的能力。因此，必须通过国家整合凝聚资源力量。为了做到这一点，发展中国家必须在政治力量和经济力量之间建立基本的互惠关系，实现国家对国内经济、社会的嵌入。这在短时期内当然也会将国家与市场对立起来，将国家利益与

---

① 刘鸿武、杨惠：《非洲一体化历史进程之百年审视及其理论辨析》，《西亚非洲》2015年第2期。

② 李鹏涛、黄金宽：《非洲研究中的"新恩庇主义"》，《西亚非洲》2014年第4期。

社会利益对立起来，但并不意味着这是一种零和游戏。相反，在既定的国内外环境条件下，通过政府引导实现经济发展才能构筑国家整体的利益基础。在这个过程中，合作主体日益多元化，各个主体之间相互作用、相互依赖，对外部的开放性是非常强的。在经济利益的驱动下，各类主体建立了共同的利益基础，国家的凝聚力得以增强。

五　发展型国家面临的挑战

当然，发展型国家在实践过程中也存在一些不足之处。首先，不同国家能否实现发展型国家与其初始条件和历史环境密切相关，现实中的政府总是处于一个与市场主体和社会主体密切互动的动态体系中，而不仅仅是一个外在的、静态的政治组织，那么发展型国家在不同国家的适用性如何以及适用条件怎样就是一个有待检验的问题。像美国这样的发达国家难以通过类似的干预获得竞争优势，部分原因在于政治压力，成熟的民主政治往往驱使发达国家政府更加热衷于扶持"夕阳"产业。另一部分原因在于在大部分时间内，发达国家的经济规模已经较为庞大且成熟。例如，美国的钢铁产业在发展壮大过程中就没有任何强大的外部威胁，因为对于同样发达的欧洲国家来说，由于距离遥远，向美国出口钢铁并不是切实可行的选择①，这在客观上使得美国政府无须采取发展型国家的模式或制定特殊的产业政策。

其次，发展型国家既要有发展的意愿（Will to Develop），又要有发展的能力（Capacity to Develop）。迈克尔·罗瑞奥克斯认为发展

---

① 〔美〕拉尔夫·戈莫里、威廉·鲍莫尔：《全球贸易和国家利益冲突》，文爽、乔羽译，中信出版集团，2018。

型国家首先必须具有发展的道德抱负①，东亚特殊的文化习俗和世界观恰好提供了发展型国家成长的土壤，如卡尔·魏特夫就从东亚的治水文化中发现了一种极权主义的天然倾向。② 查默斯·约翰逊则认为日本的发展意愿来自民族主义，确切地说是脱胎于战争和帝国主义的民族主义刺激了日本的发展意愿，政府干预经济以及发展决定的合法性在日本得到了广泛理解和接受，日本人因而普遍将经济发展视为克服衰退、战备、开战、战后重建以及摆脱美国援助的良方。③ 除日本之外，中国、韩国、新加坡、朝鲜，以及欧洲后发展的法国、德国等国家的发展意愿皆来自于此，尽管不同国家的民族主义呈现多样化特征。在发展型国家中，人们的行为和思维在民族主义和赶超先发国家的牵引下得以重塑，约翰逊甚至怀疑发展型国家的经济发展可能仅仅是经济民族主义追求所带来的一种附带效应。④ 潘佩尔则认为发展型国家本质上是经济民族主义和新重商主义的德国历史学派的继承者。⑤ 当然，具备发展意愿并不代表一定能够取得类似东亚国家的经济成就，许多国家虽然展示了发展的雄心壮志，但是由于发展能力差异等因素，它们选择了截然不同的发展道路，最终成为失败的发展型国家案例。所谓发展能力，最主要的是要有一个高度自主、专业化的官僚机构，许多国家之所以失败，一个重要的原因在于流动且虚弱的官僚制传统，导致它们无法建立一个可预期的、能够获得连贯性利益的、强有力的社会集团，最终沦为捐

① 迈克尔·罗瑞奥克斯：《法国的发展型国家：神化与道德抱负》，载〔美〕禹贞恩编《发展型国家》，曹海军译，吉林出版集团，2008。

② Wittfogel, K. A., *Oriental Despotism: A Comparative Study of Total Power*, New Haven: Yale University Press, 1957.

③ 查默斯·约翰逊：《发展型国家：概念的探索》，载〔美〕禹贞恩编《发展型国家》，曹海军译，吉林出版集团，2008。

④ 禹贞恩：《导论：查默斯·约翰逊暨民族主义和发展政治学》，载〔美〕禹贞恩编《发展型国家》，曹海军译，吉林出版集团，2008。

⑤ T. J. 潘佩尔：《变化世界经济中的发展型体制》，载〔美〕禹贞恩编《发展型国家》，曹海军译，吉林出版集团，2008。

客、生意人和思想的兜售者。①

最后，随着经济活动走向全国和国际市场，国家需要供应更多的公共物品来回应经济发展的需求，这势必要求建立新的机构和征收新税种，这又会导致激烈的分配冲突。此外，农业精英和工业精英之间的冲突也会成为一个新的原则性问题，即经济现代化究竟应以农业为基础还是以工业为基础，是以参与全球市场为基础还是以内向型战略为基础？② 最终导致零和博弈。激烈的冲突迫使政治领导者不得不依靠更高水平的平民吸纳和转移支付来维持统治与政治稳定。此时，向工人、农民等平民阶层的转移支付实际上提高了工业家的要素成本，从而阻碍了其产品在国际上的竞争力。反观东亚许多较为成功的发展型国家，战争和土地改革改变了社会结构，尤其是消灭了农业精英（地主阶级），使其无法限制政府或在发展战略上进行过多抗争，多数人口被排除在精英联盟之外，平民阶层获得的转移支付也被有意地最小化，从而使这些国家成功地创造了出口导向型发展战略所需的低成本劳动力。③ 事实正是如此，东亚发展型国家的工资上涨率长期低于生产效率增长率，即便是在劳动力市场紧缺的情况下。与此同时，农业、农民、农村的发展长期让位于工业和城市的发展。当然，这种结构形态并非一成不变，政府的干预方式和偏向性政策始终处于一个动态的演变过程中。当发展型国家经济发展到一定程度后，该模式的适应性尚需进一步检验。

---

① 禹贞恩：《导论：查默斯·约翰逊暨民族主义和发展政治学》，载〔美〕禹贞恩编《发展型国家》，曹海军译，吉林出版集团，2008。

② 〔美〕戴维·瓦尔德纳：《国家构建与后发展》，刘娟凤、包刚升译，吉林出版集团，2011。

③ 以韩国为例，从20世纪60年代初直到1975年，韩国的工资水平都被刻意压低。20世纪70年代，随着韩国开始转向资本密集型产业，韩国政府才开始通过新村运动等方式补贴农民和支持农村发展，以此赢得农村的政治支持，国内市场此时也得以扩大。详见〔美〕戴维·瓦尔德纳《国家构建与后发展》，刘娟凤、包刚升译，吉林出版集团，2011。

六 小结

经济增长的可持续难题长期困扰发展中国家，其根源在于广大发展中国家的结构性缺陷，尤其是对西方发达国家的过度依附（经济依附和政治依附）导致经济增长的内源性动力不足。以东亚国家为代表的发展型国家的经济增长模式与自由的市场经济模式存在根本性差异，这种模式已经取得了阶段性成功，它超越了发展中国家传统的资源型经济发展模式，改变了以往"有增长，无发展"的数量型经济扩张。发展型国家之所以能够取得显著成效，关键在于其自主、开放、合作、务实、渐进的经济增长道路转向，它强调通过自主发展，构建完善的自主产业经济体系；它强调通过对外开放，充分利用外部资源优势；它强调多元合作，充分发挥政府引导和市场主导的作用；它强调灵活务实的发展原则，以及渐进拓展的稳妥路径。尽管发展型国家道路还有待更长时间的检验，但是对广大发展中国家的现代化进程已经产生了重要启示，优先发展经济能够巩固发展中国家的合法性基础和提升治理能力，使得政治社会结构与经济发展之间的平衡得以重建，进而为发展中国家消除外部依附提供了内在动力，因此是一条真正能够促进发展中国家自主、自强的道路。

长期以来，许多发展中国家内部的政治生态支离破碎，根本无法以一个统一的整体来推动区域一体化和工业化。也就是说，发展中国家的传统发展模式具有一种"跨越式、直接过渡"的取向特征，它是在现代主权国家还没有普遍建立、现代主权国家内部一体化进程远未展开和完成的情势下，试图跨过现代主权国家建构与发展这一历史阶段而直接过渡到建立现代民族国家的阶段，其难度可想而知。从外部环境来看，西方发达国家不断强化民主价值观对发展中国家的影响，并且将发展援助与政治民主制挂钩。在现实中，对于拒绝实行民主制的国家，西方国家要么威胁取消援助，要么以武力推翻现行政权。[①] 但是，西方民主政治对于发展中国家而言毕竟是一个舶来物，这种外来的制度移植很少考虑发展中国家的独特性和发展阶段要求。建立在西方价值基础上的政治民主与良治国家，其目的是要捍卫自由主义价值观，但是这种实践并没有成功，它颠倒了人权和主权的关系，忽视了发展中国家松散多样的部族和文化结构，反而造成了更大的人道主义灾难。[②]

因此，广大发展中国家实现发展的关键在于重建政治社会结构与经济增长之间的平衡。自主、开放、合作、务实、渐进的发展型国家为此提供了新的选择，对发展中国家探索自主发展道路，实现政治、经济、社会的统筹协调发展产生了深远影响。当然，发展型国家虽然在中国等东亚国家取得了很大成效，但是其在其他国家的适用性仍然有待检验和完善。与此同时，发展型国家的道路也是一条渐进的、非均衡的道路，在发展过程中如何构建跨区域、跨行业和跨部门的协作机制，平衡多元主体的利益需求，平衡短期利益和长期发展的关系，也是横亘在广大发展型国家面前的一道现实难题，发展型国家未来的道路探索依然漫长。

---

① 张忠祥：《构建中非命运共同体：挑战与应对》，《探索与争鸣》2017 年第 12 期。
② 刘青建、王勇：《当前西方大国对非洲干预的新变化：理论争鸣与实证分析》，《西亚非洲》2014 年第 4 期。

第四章　发展型国家理论在
中国的实践经验

　　中国改革开放以来的发展道路鲜明地体现出市场增进取向，中国的发展成就与市场化改革密不可分，但是市场增进并不意味着简单的"国退民进"或者"去国家化"。如果说改革开放以来中国的政府-市场关系仅仅是市场的作用多一点、政府的作用少一点，那么中国发展道路顶多也就是欧美自由市场经济体制的渐进实现版本，中国特色社会主义的独特内涵也就无从体现。本书认为，改革开放以来的中国道路最为核心的是体现了经济优先的导向，"一切以经济建设为中心"是全党、全国长期坚持的基本路线，坚持以发展导向增进人民福祉成为我国处理各类事务的基本主张。[①] 在具体的市场化改革实践中，政府发挥了重要作用，而且在特定的历史时期，政府还通过大量偏向性政策强化发展导向，因此中国的经济发展经验在很大程度上契合了发展型国家理论的内在要求。但是，目前从发展型国家视角研究中国发展问题的文献尚不算多，正如一些学者所指出的那样，中国经验尚没有在发展型国家研究中得到应有的地位，

---

① 中国国家领导人王岐山在 2019 年世界达沃斯论坛致辞中也提出，我们只能在做大蛋糕的过程上寻求更好的切分蛋糕的办法，坚持发展是第一要务，推动全方位对外开放，促进"一带一路"国际合作，构建更高层次的开放型世界经济，建设相互尊重、公平正义、合作共赢的新型国际关系。详见《王岐山出席达沃斯世界经济论坛 2019 年年会并致辞》，人民网，2019 年 1 月 25 日，http: //politics. people. com. cn/n1/2019/0125/c1001 - 30589892. html。

国内学者对发展型国家经验的观照也不足。① 事实上，中国的政府-市场关系在发展型国家理论场景中呈现另一番景象，这为理解中国发展道路提供了新的参考。

一　中国经济增长与政府扩张的事实描述

（一）经济增长事实

改革开放后，中国正式确立了以经济建设为中心的战略方针，经济开始步入快车道，经济增长率长期维持在较高水平，从一个农业国迅速成长演变为现代化工业强国，取得了显著的发展成就。1978 年，中国的 GDP 为 3678.7 亿元，居世界第 15 位，占世界的比重为 1.8%，人均 GDP 仅为 385 元。2022 年，中国 GDP 突破 120 万亿元，人均 GDP 达到 12741 美元，可谓发生了翻天覆地的变化。

分地区②来看，东部和东北地区人均 GDP 长期以来都要高于全国平均水平，尤其是东部沿海地区人均 GDP 水平在 21 世纪之前甚至接近全国平均水平的两倍。21 世纪以来，随着全国整体发展水平的提高，东部地区人均 GDP 与全国人均 GDP 之比逐渐下降到 2020 年的 1.41。东北地区人均 GDP 长期以来虽然高于全国平均水平，但是自改革开放以来，这种相对优势实际上在逐渐减小，2015 年之后，东北地区人均 GDP 水平开始下降到全国平均水平之下，不断趋近于中部和西部地区。与此同时，中部六省和西部地区的人均 GDP 水平长期以来都非常接近，两者在 21 世纪之前长期停留在全国平均水平以下，20 世纪 90 年代甚至出现"塌陷"迹象，21 世

---

① 张振华：《发展型国家视野下的中国道路：比较与启示》，《学海》2018 年第 6 期。
② 根据国家统计局分类标准，东部地区包括北京、天津、河北、上海、江苏、浙江、福建、山东、广东和海南；中部地区包括山西、安徽、江西、河南、湖北和湖南；西部地区包括内蒙古、广西、重庆、四川、贵州、云南、西藏、陕西、甘肃、青海、宁夏和新疆；东北地区包括辽宁、吉林和黑龙江。

纪以来有所恢复，但仍不及全国平均水平，与东部地区的发展差距逐渐拉大（见表4-1、图4-1）。

表4-1　1980~2020年全国各地区人均GDP情况

地区	1980年	1990年	2000年	2010年	2020年
人均GDP（元）					
东部	922	2867	15309	53557	101400
中部	364	1284	5420	24249	60600
东北	650	2157	8941	33677	50769
西部	357	1286	5201	23488	55373
全国	468	1663	7942	30808	72000
以全国平均数据为基准					
东部	1.97	1.72	1.93	1.74	1.41
中部	0.78	0.77	0.68	0.79	0.84
东北	1.39	1.30	1.13	1.09	0.71
西部	0.76	0.77	0.65	0.76	0.77
全国	1.00	1.00	1.00	1.00	1.00

资料来源：相关年份《中国统计年鉴》，下同。

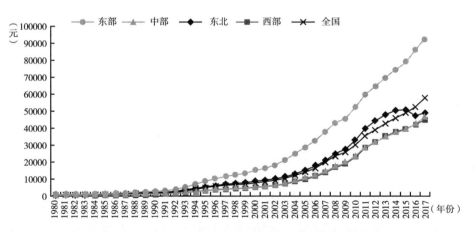

图4-1　1980~2017年全国各地区人均GDP变化趋势

从地均 GDP 来看，全国整体地均 GDP 水平有了大幅提升，从 1980 年的 4.59 万元/公里² 增加到 2017 年的 884.81 万元/公里²（见表 4-2）。与此同时，相比人均 GDP，全国各地区地均 GDP 水平分化程度更加严重，东部地区显示出了更高的集聚水平，与全国平均水平之比长期维持在 4.5 以上。21 世纪以来，这种分化趋势继续加剧，地均 GDP 达到全国平均水平的 5.5 倍左右。值得一提的是，中部地区的地均 GDP 仅次于东部地区，西部地区则由于地域辽阔、人口较为稀少，地均 GDP 水平较低，长期以来维持在全国平均水平的 0.29 倍左右。东北地区的"塌陷"情况非常明显（见表4-2、图4-2）。

表 4-2　1980~2017 年全国各地区地均 GDP 情况

地区	1980 年	1990 年	2000 年	2010 年	2017 年
地均 GDP(万元/公里²)					
东部	20.79	91.85	552.00	2513.57	4846.14
中部	9.56	39.14	192.74	838.62	1718.80
东北	7.49	27.48	121.55	467.73	676.85
西部	1.33	5.65	25.14	122.20	253.29
全国	4.59	19.30	101.53	456.47	884.81
以全国平均数据为基准					
东部	4.53	4.76	5.44	5.51	5.48
中部	2.08	2.03	1.90	1.84	1.94
东北	1.63	1.42	1.20	1.02	0.76
西部	0.29	0.29	0.25	0.27	0.29
全国	1.00	1.00	1.00	1.00	1.00

由此来看，在改革开放 40 多年高速增长的基础上，我国目前整体已跻身中高收入国家行列，各地经济发展均取得了显著进步，整体发展动能也逐渐由效率驱动向创新驱动转换，东部沿海一些发达城市的人均 GDP 甚至超过了 2 万美元，创新开始成为引领中国经济尤其是沿

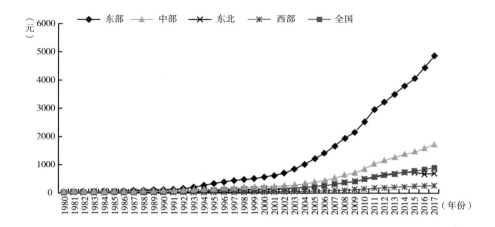

图 4-2　1980~2017 年全国各地区地均 GDP 变化趋势

海地区高质量发展的第一动力。与此同时，东部地区引领全国发展的
态势非常明显，区域分化现象在 21 世纪以来也在不断加剧。

（二）政府扩张事实

从政府规模（财政支出占 GDP 比重）来看，改革开放以来，全
国各地区都经历了一个平稳下降到迅速上升的过程。整体来看，这
一拐点大致出现在 1993 年，即分税制改革前后。其中，东部地区的
政府规模显著小于全国及其他地区，其次是中部地区和东北地区，
政府规模最大的是西部地区。仅从这一趋势来看，似乎政府规模越
小的地区，经济发展水平越高，这印证了"小政府"理念的正确性。
但是进一步的比较显示，1980~2000 年，中部地区和东部地区的政
府规模基本相当，但两地的发展水平存在很大差距。在 21 世纪之
前，中部地区的政府规模小于东北地区，但发展水平远不及东北地
区（见表 4-3、图 4-3）。长期以来，中部地区的政府规模也小于西
部地区，但人均 GDP 水平与西部地区相当。这些证据表明，单从政
府规模大小判断经济能否取得良好成效是不充分的，两者之间的关
系还存在很多不确定性。

表 4-3　1980~2020 年全国各地区政府规模
——财政支出占 GDP 比重

单位：%

地区	1980 年	1990 年	2000 年	2010 年	2020 年
东部	11.13	10.29	10.16	13.84	19.55
中部	13.60	10.77	10.37	18.26	22.11
东北	13.79	13.77	12.38	19.89	32.42
西部	24.59	19.70	19.73	35.96	33.86
全国	17.28	14.66	14.43	24.56	26.99

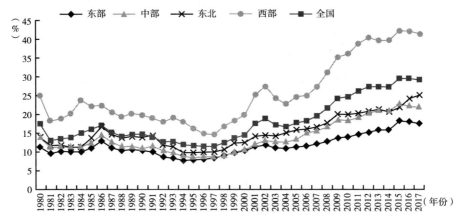

图 4-3　1980~2017 年全国各地区政府规模变化趋势
——财政支出占 GDP 比重

此外，如果采用其他指标来衡量政府规模的话，如政府消费占GDP 比重，则全国各地区政府规模总体呈现稳步上升的趋势，即随着经济发展水平的提高，政府规模也不断扩大，但是最终维持在15% 左右的水平，其中西部地区的政府规模略大，达到 20% 左右。从各个地区的比较情况可知，总体来看，20 世纪 90 年代之前，东部地区的政府规模最大，大于全国平均水平和其他地区，而东部地区的经济发展水平同样是最高的；21 世纪以来，中部地区的政府规模最小，但是经济发展水平显著落后于东部地区（见表 4-4、图 4-4）。由此可见，政府规模与经济增长之间的关系并非"政府规模越小，经济发展水平越高"这么简单。

表 4-4　1980~2017 年全国各地区政府规模
——政府消费占 GDP 比重

单位：%

地区	1980 年	1990 年	2000 年	2010 年	2017 年
东部	11.16	13.59	13.43	13.35	12.84
中部	8.05	12.45	13.90	11.86	12.55
东北	8.88	10.81	14.65	14.86	14.15
西部	10.83	15.56	17.46	18.18	20.22
全国	10.16	13.87	15.33	15.23	16.00

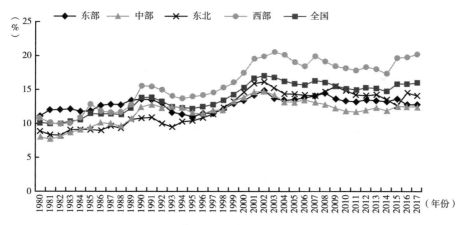

图 4-4　1980~2017 年全国各地区政府规模变化趋势
——政府消费占 GDP 比重

从各省份经济发展水平与政府规模的对应情况来看，经济增长与政府规模之间的关系同样存在很大的不确定性。除了少数较为发达省份的政府规模较小之外，许多省份的政府规模和经济发展水平之间并不存在严格的正相关关系，如河南、安徽、湖北、湖南、河北等中部省份的政府规模虽然在很长一段时期内都维持在较低水平，但人均 GDP 从未排到全国前列（见表 4-5）。这一事实提示我们要进一步区分不同地区、不同发展阶段，在此基础上讨论经济增长与政府规模之间深层次的因果关联。

表 4-5　1980~2017 年各省份经济发展水平与政府规模对应情况

排序	1980 年		1990 年		2000 年		2010 年		2017 年	
	人均 GDP	政府规模	人均 GDP	政府规模	人均 GDP	政府规模	人均 GDP	政府规模	人均 GDP	政府规模
1	上海	上海	上海	江苏	上海	江苏	上海	山东	北京	江苏
2	北京	重庆	北京	山东	北京	浙江	北京	福建	上海	山东
3	天津	江苏	天津	浙江	天津	山东	天津	浙江	天津	浙江
4	辽宁	浙江	辽宁	安徽	浙江	河北	江苏	广东	江苏	福建
5	黑龙江	广东	广东	河南	广东	福建	浙江	江苏	浙江	广东
6	江苏	山东	浙江	广东	江苏	湖北	内蒙古	河北	福建	天津
7	广东	北京	江苏	上海	福建	河南	广东	河南	广东	河南
8	青海	海南	黑龙江	河北	辽宁	湖南	辽宁	天津	山东	湖北
9	浙江	黑龙江	山东	湖北	山东	安徽	山东	湖北	内蒙古	河北
10	西藏	河南	新疆	湖南	黑龙江	辽宁	福建	湖南	重庆	湖南

注：人均 GDP 按照从高到低排序，政府规模按照从小到大排序。

政府扩张的基础在于拥有强有力的财政汲取能力，改革开放初期，我国多数地区（西部地区是个例外）的财政支出与财政收入之比维持在 1.0 以下，即根据量入为出原则大致维持了财政平衡（见图 4-5）。1994 年分税制改革之后，全国各地区财政支出与财政收入之比迅速上升，2017 年，全国平均值已达到 2.5，其中西部地区和东北地区的这一数值更是接近 3.0，东部地区的政府规模相对平稳，但是也达到了 1.5 左右。当然，这并不一定意味着东部地区的政府没有扩张，主要原因在于东部地区的财政收入在政府扩张的同时也实现了较大幅度的增长，即获得了较强的财政汲取能力。数据表明，在这个过程中，城镇地区以及大中型企业、民营企业等类型的主体

贡献了主要的财政收入。以民营企业为例，全国各地区的民营企业
与国有企业纳税之比不断上升，2017 年，全国的民营企业纳税总额
已经超过了国有企业，东部地区的民营企业发展情况更是遥遥领先
于全国其他地区（见图 4-6）。

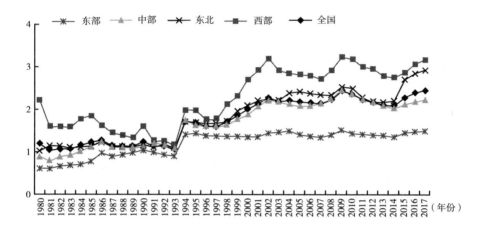

图 4-5　1980~2017 年全国各地区财政支出与财政收入之比

注：西部地区剔除了西藏这一异常值，下同。

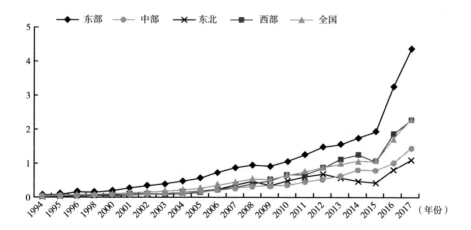

图 4-6　1994~2017 年全国各地区民营企业与国有企业纳税之比

注：1997 年和 1999 年数据缺失。

二 中国经济增长与政府扩张的理论构建

通过上述描述性分析可以发现，财政手段越来越成为一种重要的经济发展工具，但是财政扩张以充分的财政汲取能力为前提，这就需要持续的经济增长作为基础，可见政府扩张和经济增长存在相互促进的循环累积关系。前文提到发展型国家为了实现经济增长，通常要执行一些特殊的经济政策，如通过大量的出口和投资补贴、税收优惠等方式导向特定目标产业①，一些特殊部门、地区的利益得到增进，另一些部门则会受损。随着经济发展程度的提高，生产活动不断走向全国和国际市场，国家因而需要供应更多的公共物品来回应这种需求，偏向性政策要求势必建立新的机构或征收新税种，这又会加剧分配冲突。因此，在许多发展型国家，不同利益群体之间的冲突成为国家政治中的一个原则性问题，如经济现代化究竟应该以农业为基础还是以工业为基础？是以参与全球市场为基础还是以内向型战略为基础？② 如果发展型国家不得不依靠更高水平的平民吸纳和过早的转移支付来维持政治稳定，此时向工人、农民等阶层的转移支付又会增加工业家的要素成本，进而阻碍工业产品的国际竞争力。但是在现实中，尽管发展型国家实施了大量的偏向性政策，成功地创造了经济发展尤其是出口导向型战略所需的低成本劳动力，但是没有产生大规模的社会分化，这种悖论如何解释？本书认为，其中的关键就是认识到市场主体利用政府偏向性政策进行生产性努力的可能，认识到主体或部门之间协作的可能。在现实的经济体系中，部门和行业之间在某一产业链上存在建立前后向关系的

---

① T.J. 潘佩尔：《变化世界经济中的发展型体制》，载〔美〕禹贞恩编《发展型国家》，曹海军译，吉林出版集团，2008。

② 〔美〕戴维·瓦尔德纳：《国家构建与后发展》，刘娟凤、包刚升译，吉林出版集团，2011。

可能，这意味着一个部门的经济活动会对另一个部门产生正面的溢出效应。

为简化分析，这里假设一个国家由政府和两部类市场主体（A和B）构成。政府和市场主体的博弈矩阵见表4-6，每行中的三个数列依次代表政府、A和B的收益。其中，市场主体通过生产活动和分工协作追求自身利益，政府垄断暴利并对市场主体征税，以此交换对生产、交易以及财产安全的保护性承诺。

表4-6　政府扩张的博弈矩阵

政府扩张	政府不扩张	
	市场主体 B：抵制	市场主体 B：默许
市场主体 A：抵制	$\tau\overline{w}-C, w_A-c, w_B-c$	$\tau\overline{w}+a, w_A-a-c-\Delta, w_B-\Delta$
市场主体 A：默许	$\tau\overline{w}+b, w_A-\Delta, w_B-b-c-\Delta$	$\tau\overline{w}+a, w_A-a-\Delta, w_B-b-\Delta$

资料来源：根据政治交换博弈理论（详见〔日〕青木昌彦《比较制度分析》，周黎安译，上海远东出版社，2001）修订自制。

如果政府坚守"看不见的手"原则，此时的政府保持最小规模，其作用限定为保护市场主体的正常生产和交易活动，获得税收 $\tau\overline{w}$（τ 为税率，$\overline{w}$ 为平均收入）。A和B分别获得生产性收入 w_A 和 w_B，同时承担固定比例的税收 τw_A 和 τw_B。这样的政府即理想中的"守夜人"政府。但是，现实中的政府是由追求利益最大化的"经济人"构成的，它不可避免地具有扩张冲动，集中表现为扩张性财政支出，这又以提高税率、剥夺市场主体的财产权或其他合法权益、增加货币发行等为前提。假设政府扩张分别会给A和B造成直接损失 a 和 b，以及间接的市场效率损失 Δ。当政府扩张时，当且仅当所有市场主体联合抵制（抵制成本假定为 c）时，政府扩张行为才无法"得逞"，此时政府遭受损失 C。单个市场主体的抵制既无法阻止政府的扩张行为，也不会因为默许政府扩张而不承担市场效率损失 Δ。

当 $\Delta \leq c$ 时，在一次性博弈中，假设政府扩张的直接利益受损者是 A，那么 B 就没有动力与 A 进行联合抵制，因为 B 付出的抵制成本比间接的效率损失还要大，显然得不偿失。A 预期到这一点，也会默许政府扩张，从而避免更多损失。同理，假设政府扩张的直接利益受损者是 B，A 对政府扩张也会选择默许。因此，一次性博弈的纳什均衡解就是｛政府扩张，默许，默许｝。如果政府扩张的直接受损者总是 A 或者 B，那么即使该博弈重复发生，上述均衡结果依然不变。最终的结果就是政府不断扩张，某类市场主体总是成为最大的利益受损者，另外一类市场主体则不断遭受间接的市场效率损失。

当 $\Delta > c$ 时，在一次性博弈中，假设政府扩张的直接利益受损者还是 A，此时 B 与 A 进行联合抵制就是符合自身利益的，因为抵制成功后的间接受益大于抵制成本。不过，如果 $\Delta - c < a$，则政府可以对 B 实施"拉拢"，如给予 B 一定的补偿 v，使得 $\Delta \leq c + v < a$。这里的"拉拢"包括税收、信贷、市场进入、私下交易等各种偏向性政策。此时，政府和 B 的收益都得以增加，B 就不会再与 A 合作，A 也只能放弃抵制。因此，一次性博弈的纳什均衡解仍是｛政府扩张，默许，默许｝，但是政府和 B 的收益都发生了变化。该项结果在重复均衡中仍然不变，最终结果就是政府不断扩张，某类市场主体总是成为利益受损者。从长远来看，单纯基于财富转移和再分配的政府扩张基础终将瓦解，最终表现为新一轮的政府上台和新的分利联盟出现，许多欠发达国家就陷入了这种低水平陷阱。

在上述博弈中，本书假设政府扩张的直接受损者总是 A 或者 B，也就是说政府每次扩张的直接利益受损者是固定的，政府可以轻易辨识不同类型的市场主体，从而能够对某一类市场主体实施"拉拢"，以维持其对政府扩张的支持。当政府扩张的直接受损者不固定时，遭受直接损失的既可能是 A 也可能是 B，A 和 B 遭受直接损失的概率都是 50%。此时，市场主体就具有了"报复性"策略的可能，即市场主体的当期策略取决于另一类市场主体在前一期的行为。在前期博弈中，假设 A 是政府扩张的直接受损者，如果 B 选择了默许，那么在 B 成为政府扩张的直接利益受损者时，A 也将选择默许。否则，A 和 B 将总是联合抵制政府扩张。因此，如果 A 在博弈中选择默许，未来损失的现值为 $\delta(a+2\Delta)/2(1+\delta)$，在当期选择抵制的成本为 $c-\Delta$。当 $\delta(a+2\Delta)/2(1+\delta)>c-\Delta$ 时，A 的最优策略是选择抵制，此时有 $\delta>2(c-\Delta)/(a+2c)$，其中 δ 为贴现因子。同理，当 $\delta>2(c-\Delta)/(b+2c)$ 时，B 的最优策略也总是抵制，政府扩张将变得难以实现。由此可见，非人格化的市场能够在很大程度上抑制政府扩张。此外，如果两类市场主体之间的界限是模糊的，且可以自由流动，也会进一步增加市场主体的区分难度，从而抑制政府扩张。但是，现实中的报酬矩阵在各类市场主体之间往往是不对称的，尤其是在欠发达国家，市场体系还很不成熟，非人格化假设常常难以满足。例如，农业部门和工业部门之间、农村和城市之间、贸易部门和非贸易部门之间、沿海城市和内陆城市之间，甚至各个行业之间的报酬矩阵都是很不对称的。

那么，这是否意味着世界上多数穷国只能陷入低水平陷阱的悲观结果？本书认为，上述分析忽略了获得政府"拉拢"一方进行生产性努力的可能性。例如，在获得政府补偿后，B 有可能将这部分补偿用于生产性努力，而不是简单消费掉，这就为穷国走出低水平陷阱提供了可能。假设政府扩张的直接受损者仍是 A，同时政府给予 B 补偿 v，B 获得 v 后可以选择挥霍消费掉，也可以将其作为资本投入生产，以获得更高产出。政府自然是希望 B 能够将补偿用于生产性努力，从而可以对增加的产出部分征税，进一步扩大收益。但是额外的生产性努力对于 B 而言意味着付出努力和时间成本，因此 B 的生产性努力会低于最优水平。为了激发 B 的生产性努力，政府对 B 的"拉拢"可以采取一种更为灵活的、有条件的补偿方式，如承诺每期都会给 B 以补偿，但条件是 B 承诺每期缴纳特定数量的税收①，该税收额度恰好对应 B 最优努力水平时的纳税额。一旦 B 偏离最优努力水平，政府则扶持新的市场主体以取代 B。也就是说，当满足上述条件时，B 的生产性努力就能得到持续激发，经济增长和政府扩张得以同时实现。

对于发展型国家而言，发展初期的生产要素尤其是资本是极度短缺的，政府财政资源同样非常有限。在这种条件下，若要取得经济增长，就不得不牺牲一些部门的利益，甚至主动创造一些非均衡的、偏向性的发展环境，为战略性部门创造优先发展空间，以迅速突破资源约束。但是，为了保持战略性部门的生产性努力，部门之间的竞争必不可少。因此，偏向性政策扶持的对象应是特定类型的行业，而非特定企业或个体。在偏向性政策的作用下，一些特殊部门的利益得到增进，另一些部门则会受损，如农民、消费者、工人和小企业家等，动态累积的偏向性政策势必加剧分配冲突。但在现实中，以东亚为代表的发展型国家并没有出现大规模社会分化，它们成功创造了经济发展尤其是出口导向型战略所需的低成本劳动力。原因就在于，发展型国家在实施偏向性政策的同时施加了纪律和业绩标准，这决定了未来继续获得政府"拉拢"的资格，从而激发市场主体利用偏向性政策进行生产性努力。此外，在现实的经济体系中，部门和行业之间在某一产业链上还存在建立前后向联系的可能，这意味着战略性部门的率先发展会对其他部门产生正向的经济溢出。

据此，在发展型国家理论场景下，偏向性政策—经济增长—政府扩张的逻辑链条得以建立。第一，在有限资源约束条件下，政府通过偏向性政策优先扶持战略性部门发展，迅速在个别部门、地区突破要素锁定和制度锁定，避免共同贫穷。第二，部门之间的前后

---

① 笔者在实地调研时发现，地方政府的招商引资出现了一些新的变化。与传统的承诺各种优惠政策相比，政府优先引进技术水平和附加值较高的企业，但是在给予各种优惠政策时会与这些企业签订激励条款，要求企业承诺未来数年内年均纳税额达到一定额度。否则，地方政府将在奖励或其他优惠中予以相应扣除，甚至在合同到期后予以"驱逐"，这正是本书所描述的"拉拢"条件的体现。

向联系使得战略性部门和非战略性部门之间的相互协作、经济溢出成为可能，两类部门都获得帕累托改进，从而激发所有部门的生产性努力。第三，随着经济的发展，政府也会将一部分收益以某种方式返还给受损部门，一方面缓解或降低冲突成本，另一方面也为其步入战略性部门奠定基础。在这个过程中，政府扩张伴随经济增长同步实现，政府与市场之间的良性互动得以实现。为了对该逻辑链条进行检验，本书提出以下假说。

假说1：在发展型国家，政府规模伴随经济增长相应地扩张。

假说2：在发展型国家，政府扩张的合理性前提在于通过偏向性政策促进经济增长，实现整体效用的最大化。

从动态视角来看，偏向性政策发生作用的前提在于部门间的相互协作，通过协作建立的前后向联系刺激战略性部门向其他部门的经济溢出，从而激发整个社会的生产性努力，避免大规模的社会分化。但是，随着经济发展到一定程度，一方面，发展顺利的部门不会一而再，再而三地主动要求政府扶持；另一方面，部门之间的溢出效应逐渐减少，政府扩张与经济增长原有的互动基础就会发生变化。这意味着享受偏向性政策的部门不能是固定不变的。同样地，偏向性政策的内容也不应是僵化固定的，发展型国家必须注重因势利导，根据不同发展阶段选择主导部门进行重点扶持，在动态演变中实现经济增长与政府扩张的良性循环。据此，本书进一步提出以下假说。

假说3：在不同发展阶段，支撑发展型国家经济增长和政府扩张的偏向性政策内容存在差异。

三 中国经济增长与政府扩张的实证检验

(一) 计量模型的设定

由于经济增长与政府扩张存在双向互动关系，本书借鉴邓慧慧和杨露鑫[1]、陈诗一和陈登科[2]的做法，构建一个基于工具变量的最小二乘回归模型（IV-2SLS），以缓解两者互为因果产生的内生性问题。其中，第一阶段的工具变量回归将偏向性政策产生的经济增长分离出来，第二阶段的工具变量回归将第一阶段分离出来的偏向性政策引致的经济增长作为核心解释变量，分析其对政府扩张产生的影响。基本模型设定如下：

$$\ln Pgdp_{it} = \beta_0 + \beta_i Biapol_{ijt} + \sum X_{imt} + Stage_{it} + \varepsilon_{it} \qquad (4-1)$$

$$Govsize_{it} = \alpha_0 + \alpha_i \ln Pgdp_{it} + \sum \alpha_m X_{imt} + Stage_{it} + \varepsilon_{it} \qquad (4-2)$$

其中，$\ln Pgdp_{it}$ 表示省份 i（$i = 1$，…，31）在第 t（$t = 1980$，…，2017）年的人均 GDP。为使数据更加平稳并减少异方差问题，本书对其进行对数化处理。核心解释变量 $Biapol_{ijt}$ 表示偏向性政策，本书重点考察经济增长中的城镇偏向性政策、大型企业偏向性政策和外资偏向性政策（下标 $j=1$，2，3）；X_{imt} 表示第 m（$m=1$，2，3，4）个控制变量，依次为城市化水平、人口规模、人口密度、老幼人口抚养比；$Govsize_{it}$ 表示政府规模；$Stage_{it}$ 为所处发展阶段的虚拟变量；ε_{it} 为随机干扰项。

（二）指标与数据来源

1. 人均 GDP

为消除价格变动因素的影响，各省份数据均以 1980 年为基期进行价格指数平减，得到按不变价格计算的人均 GDP。

2. 政府规模

参考多数文献的做法，本书使用财政支出占 GDP 比重衡量政府规模。

---

① 邓慧慧、杨露鑫：《雾霾治理、地方竞争与工业绿色转型》，《中国工业经济》2019 年第 10 期。
② 陈诗一、陈登科：《雾霾污染、政府治理与经济高质量发展》，《经济研究》2018 年第 2 期。

3. 偏向性政策

本书从城镇偏向性政策（$Biapol_1$）、大型企业偏向性政策（$Biapol_2$）、外资偏向性政策（$Biapol_3$）三个方面考察偏向性政策，分别使用城镇人均固定资产投资与农村人均固定资产投资的比值（预计回归系数为正）、大型工业企业单位产值税负（增值税）与其他规模类型工业企业单位产值税负（增值税）的比值（预计回归系数为负）以及外商投资工业企业单位产值税负（企业所得税）与其他所有制类型工业企业单位产值税负（企业所得税）的比值（预计回归系数为负）来衡量。其中，1997年之后由于统计口径变更，使用规模以上工业企业近似替代工业企业。

4. 控制变量

参考毛捷等[①]的做法，分别控制城市化水平、人口规模、人口密度和老幼人口抚养比等因素对政府规模的影响，分别使用城镇人口比重、常住人口数量、每平方公里人口数量以及0~14岁和65岁及以上人口占15~64岁人口的比重进行衡量。

5. 虚拟变量

为控制不同地区所处发展阶段的影响，本书引入发展阶段虚拟变量，将31个省份分为东部、中部、西部地区，若该省份属于东部地区，则 $Stage_1 = 1$，$Stage_2 = 0$；若该省份属于中部地区，则 $Stage_1 = 0$，$Stage_2 = 1$；若该省份属于西部地区，则 $Stage_1 = Stage_2 = 0$。

以上指标数据来源于历年《中国统计年鉴》《中国财政年鉴》

---

① 毛捷、管汉晖、林智贤：《经济开放与政府规模——来自历史的新发现（1850~2009）》，《经济研究》2015年第7期。

《中国工业经济年鉴》，部分缺失数据由各省份统计年鉴和《新中国六十年统计资料汇编》补齐。

（三）检验结果

作为参照系，本书首先对方程（4-2）进行 OLS 回归，回归结果见表4-7模型（1）和模型（2），分别为包含人均 GDP 和不包含人均 GDP 的估计。由于经济增长与政府规模之间存在双向因果关系，本书将偏向性政策作为经济增长的工具变量进行 2SLS 回归，同时使用稳健标准误，回归结果见表 4-7 模型（3）。豪斯曼（Hausman）检验结果表明，$Chi^2(1) = 33.10$（P 值为 0.0000），可以在 1%的显著性水平下拒绝"解释变量为外生"的原假设，表明人均 GDP 确为内生变量。过度识别检验结果表明 P 值为 0.128，故可接受"工具变量满足外生性"的原假设，认为偏向性政策为外生变量，与扰动项不相关。F 检验再次证实了这一点。考虑到 2SLS 回归可能带来显著性水平扭曲问题，再次进行弱工具变量检验，结果表明不存在弱工具变量。为稳健起见，本书还使用了对弱工具变量更不敏感的有限信息最大似然法（LIML）进行回归，回归结果见表 4-7 模型（4），结果与 2SLS 的回归结果非常相似。考虑到数据可能存在的异方差问题，进一步使用效率更高的 GMM 方法和迭代 GMM 方法（IGMM）进行回归，结果分别见表 4-7 模型（5）和模型（6）。

表 4-7　中国政府扩张与经济增长的关系检验

变量	（1）	（2）	（3）	（4）	（5）	（6）
	OLS	OLS	2SLS	LIML	GMM	IGMM
城市化水平	0.110 *** (8.15)	−0.153 *** (−5.28)	−0.166 *** (−5.63)	−0.166 *** (−5.63)	−0.152 *** (−5.41)	−0.149 *** (−5.33)
人口规模	−0.048 *** (−10.92)	−0.057 *** (−12.52)	−0.063 *** (−12.21)	−0.063 *** (−12.21)	−0.060 *** (−12.27)	−0.060 *** (−12.21)
人口密度	−0.051 *** (−9.26)	−0.045 *** (−10.11)	−0.042 *** (−8.80)	−0.042 *** (−8.80)	−0.039 *** (−8.57)	−0.039 *** (−8.49)

续表

变量	（1）	（2）	（3）	（4）	（5）	（6）
	OLS	OLS	2SLS	LIML	GMM	IGMM
$Stage_1$	-0.032*** (-3.97)	-0.057*** (-8.90)	-0.068*** (-9.34)	-0.068*** (-9.34)	-0.071*** (-10.13)	-0.071*** (-10.24)
$Stage_2$	-0.019*** (-2.98)	-0.026*** (-4.86)	-0.033*** (-5.70)	-0.033*** (-5.70)	-0.036*** (-6.42)	-0.036*** (-6.50)
人均GDP		0.061*** (10.81)	0.061*** (12.02)	0.061*** (12.02)	0.057*** (12.12)	0.057*** (12.04)
内生性检验			33.10 (0.000)			
过度识别检验			4.115 (0.128)	2.787 (0.248)	4.115 (0.128)	4.034 (0.133)
F检验			557.99 (0.000)	737.98 (0.000)	557.99 (0.000)	557.99 (0.000)
弱识别检验			737.99 (12.83)	737.99 (12.83)	737.99 (12.83)	737.99 (12.83)
N	1128	1128	947	947	947	947
R^2	0.531	0.638	0.644	0.644	0.642	0.641

第一阶段检验结果

$Biapol_1$			2.605*** (12.78)	2.605*** (12.78)	2.605*** (12.78)	
$Biapol_2$			-5.072*** (-16.15)	-5.072*** (-16.15)	-5.072*** (-16.15)	
$Biapol_3$			-2.059*** (-21.92)	-2.059*** (-21.92)	-2.059*** (-21.92)	

注：括号内的值为 t 检验值（内生性检验、过度识别检验、F 检验中括号内的值为 P 值），***、**、* 分别表示在 1%、5%、10% 的水平下显著；限于篇幅，仅汇报关键变量的回归结果。下同。

资料来源：根据计量结果整理。

综合上述检验，可以得出以下结论。

（1）中国政府规模与经济增长之间具有显著的正相关性，经济发展程度越高，政府规模越大。其中，人均 GDP 每增加 1%，政府规模相应增加 6.1%，而且采用不同方法得出的结果高度相似，假说 1 得到证实。

（2）偏向性政策对中国经济增长具有非常显著的作用，城镇偏向性政策、大型企业偏向性政策和外资偏向性政策对人均 GDP 均具有显著的正向解释力。其中，城镇偏向性政策每提高 1 个单位（对应的是投资增加），人均 GDP 能够提高 2.6%；大型企业偏向性政策每提高 1 个单位（对应的是减轻税负），人均 GDP 能够提高 5.1%；外资偏向性政策每提高 1 个单位（对应的是减轻税负），人均 GDP 能够提高 2.1%。假说 2 得到证实。

（四）分区域检验结果

上述回归结果中的虚拟变量系数存在较大差异，表明不同发展阶段的政府扩张与经济增长之间的关系存在较大差异。事实上，中国腹地辽阔，各地发展差异极大，偏向性政策进一步加剧了区域发展不均衡现象，将中国作为一个整体进行计量回归可能会产生一定的合成谬误问题。因此，本书分别对东部、中部和西部地区进行 2SLS 回归，回归结果见表 4-8 至表 4-10。

表 4-8　东部地区政府扩张与经济增长的关系检验

变量	（1）	（2）	（3）	（4）	（5）	（6）
	OLS	OLS	2SLS	LIML	GMM	IGMM
人均 GDP		0.045 *** (11.23)	0.079 *** (9.41)	0.080 *** (9.41)	0.080 *** (9.87)	0.080 *** (9.87)
人口规模	-0.029 *** (-8.09)	-0.028 *** (-9.81)	-0.032 *** (-9.98)	-0.032 *** (-9.98)	-0.032 *** (-10.55)	-0.032 *** (-10.55)

续表

变量	（1）	（2）	（3）	（4）	（5）	（6）
	OLS	OLS	2SLS	LIML	GMM	IGMM
人口密度	−0.011**	−0.023***	−0.036***	−0.036***	−0.037***	−0.037***
	（−2.05）	（−5.13）	（−6.73）	（−6.74）	（−7.70）	（−7.69）
老幼人口抚养比	−0.237***	0.050*	0.247***	0.248***	0.252***	0.251***
	（−9.25）	（1.87）	（4.82）	（4.83）	（4.96）	（4.95）
内生性检验			52.85			
			（0.000）			
过度识别检验			0.427	0.550	0.427	0.422
			（0.808）	（0.760）	（0.808）	（0.810）
F 检验			94.522	90.339	90.339	94.522
			（0.000）	（0.000）	（0.000）	（0.000）
弱识别检验			90.339	90.339	90.339	90.339
			（12.83）	（12.83）	（12.83）	（12.83）
N	308	308	283	283	283	283
R^2	0.360	0.576	0.478	0.477	0.472	0.473

第一阶段检验结果

$Biapol_1$			0.003***	0.003***	0.003***	
			（3.20）	（11.55）	（11.55）	
$Biapol_2$			−5.032***	−5.032***	−5.032***	
			（−11.55）	（−11.55）	（−11.55）	
$Biapol_3$			−1.401***	−1.401***	−1.401***	
			（−7.02）	（−7.02）	（−7.02）	

资料来源：根据计量结果整理。

表 4-9　中部地区政府扩张与经济增长的关系检验

变量	（1）	（2）	（3）	（4）	（5）	（6）
	OLS	OLS	2SLS	LIML	GMM	IGMM
人均 GDP		0.063 ***	0.064 ***	0.064 ***	0.064 ***	0.064 ***
		（17.89）	（17.30）	（17.30）	（17.71）	（17.71）
人口规模	-0.051 ***	-0.050 ***	-0.047 ***	-0.047 ***	-0.047 ***	-0.047 ***
	（-4.41）	（-6.94）	（-6.75）	（-6.75）	（-6.81）	（-6.81）
人口密度	0.041 ***	0.001	-0.001	-0.001	-0.001	-0.001
	（4.43）	（0.15）	（-0.19）	（-0.19）	（-0.18）	（-0.18）
老幼人口 抚养比	-0.410 ***	0.176 ***	0.200 ***	0.200 ***	0.200 ***	0.200 ***
	（-14.14）	（4.92）	（5.20）	（5.20）	（5.26）	（5.26）
内生性检验			33.03			
			（0.000）			
过度识别 检验			0.008	0.008	0.008	0.008
			（0.996）	（0.996）	（0.996）	（0.996）
F 检验			132.573	151.002	132.573	132.573
			（0.000）	（0.000）	（0.000）	（0.000）
弱识别检验			151.002	151.002	151.002	151.002
			（12.83）	（12.83）	（12.83）	（12.83）
N	224	224	197	197	197	197
R^2	0.409	0.771	0.791	0.791	0.791	0.791

第一阶段检验结果

$Biapol_1$			0.023 ***	0.023 ***	0.023 ***	
			（8.32）	（8.32）	（8.32）	
$Biapol_2$			-2.233 ***	-2.233 ***	-2.233 ***	
			（-5.36）	（-5.36）	（-5.36）	
$Biapol_3$			-1.365 ***	-1.365 ***	-1.365 ***	
			（-6.98）	（-6.98）	（-6.98）	

资料来源：根据计量结果整理。

表 4-10　西部地区政府扩张与经济增长的关系检验

变量	（1）	（2）	（3）	（4）	（5）	（6）
	OLS	OLS	2SLS	LIML	GMM	IGMM
人均 GDP		0.077 ***	0.058 ***	0.058 ***	0.057 ***	0.057 ***
		（7.31）	（7.14）	（7.13）	（7.38）	（7.38）
人口规模	−0.092 ***	−0.093 ***	−0.085 ***	−0.085 ***	−0.086 ***	−0.086 ***
	（−7.25）	（−7.69）	（−7.93）	（−7.93）	（−8.27）	（−8.27）
人口密度	−0.043 ***	−0.038 ***	−0.027 ***	−0.027 ***	−0.026 ***	−0.026 ***
	（−4.75）	（−4.56）	（−3.85）	（−3.85）	（−3.75）	（−3.75）
老幼人口抚养比	0.002 ***	0.001	0.002 ***	0.002 ***	0.002 ***	0.002 ***
	（3.32）	（0.87）	（3.29）	（3.29）	（3.47）	（3.46）
内生性检验			109.28			
			（0.000）			
过度识别检验			2.278	1.638	2.278	2.272
			（0.320）	（0.441）	（0.320）	（0.321）
F 检验			281.465	318.96	281.465	281.465
			（0.000）	（0.000）	（0.000）	（0.000）
弱识别检验			318.96	318.96	318.96	318.96
			（12.83）	（12.83）	（12.83）	（12.83）
N	311	311	270	270	270	270
R^2	0.474	0.565	0.568	0.568	0.568	0.568

第一阶段检验结果

$Biapol_1$			0.012 ***	0.012 ***	0.012 ***	
			（10.03）	（10.03）	（10.03）	
$Biapol_2$			−5.859 ***	−5.859 ***	−5.859 ***	
			（−13.70）	（−13.70）	（−13.70）	
$Biapol_3$			−1.880 ***	−1.880 ***	−1.880 ***	
			（−13.84）	（−13.84）	（−13.84）	

资料来源：根据计量结果整理。

结果如下。

（1）经济增长与政府扩张之间的正向关系依然显著，但是两者的相关系数在不同区域具有差异。东部、中部、西部地区的人均GDP与政府扩张的相关系数依次为 0.079、0.064 和 0.058，进一步证实了我国经济增长与政府扩张之间的正向互动关系，经济越是发达的地区，对政府的需求也越大，从而证实了瓦格纳假说。

（2）城镇偏向性政策与人均 GDP 的相关系数在东部、中部、西部地区存在差异（依次为 0.003、0.023 和 0.012），表明在经济发展程度较高的东部地区，通过城镇偏向性政策促进经济增长的方式逐渐式微，这可能是由于东部地区城乡一体化进程已经达到相当程度，继续在城乡之间实施差别化政策的空间越来越小。未来，通过城镇偏向性政策推进城镇化的"主战场"在于中西部地区。值得一提的是，中部地区实施城镇偏向性政策促进经济增长的空间要比西部地区更大。

（3）大型企业偏向性政策与人均 GDP 的相关系数在东部、中部、西部地区存在差异（依次为 -5.032、-2.233 和 -5.859），特别是中部地区系数的绝对值明显小于东部和西部地区，表明针对中部地区大型企业的偏向性政策带来的发展效应弱于东部和西部地区，东部和西部地区通过大型企业偏向性政策促进经济增长的空间相对更大。

（4）外资偏向性政策与人均 GDP 的相关系数在东部、中部、西部地区的差异较小（依次为 -1.401、-1.365 和 -1.880），表明对于中国整体而言，当前进一步加大对外开放力度、积极引进外资、完善市场竞争体系，仍然能促进经济增长。

（5）当前，东部、中部和西部地区通过偏向性政策促进经济增长的重点并不完全一致，假说 3 得到证实。随着经济发展程度的提高，东部地区继续实施城镇偏向性政策的空间已经越来越小，中部地区实施城镇偏向性政策促进经济增长的空间相对较大；东部和西部地区通过强化大型企业的发展，构建以大型企业为核心的产业关联和协同发展则是未来经济增长的关键；无论是东部地区，还是中西部地区，进一步深化对外开放、加强外资引进和国际合作仍是经济增长的必要条件。

四 小结

发展型国家理论在中国的实践表明，经济增长与政府扩张存在相互促进的可能。政府扩张与市场增进并不冲突，相反，如果战略正确、政策得当，政府就可以在追求经济增长的过程中实现社会整体利益的最大化结果。伴随这个过程，政府扩张作为一种结果而出现。对于穷国而言，发展型国家的优势在于突破了经济增长对规模经济的要求和高昂的进入成本约束，避免了经济增长所需资源要素的分散化，避免了共同贫穷。在这个过程中，市场和政府成为利益共同体，政府扩张因而具有内在的合理性。静态地看，偏向性政策支持并不会提高国民总收入，而仅仅是将一个群体的收入转移给了另一个群体。但是，由于部门和主体之间存在通过建立前后向联系实现协作的可能性，这就充分激发了社会整体的生产性努力，遏制了大规模的社会分化。从长远来看，偏向性政策也是穷国的优势产业达到最优生产率和获得竞争优势的必要条件，而不是被动地根据比较优势长期处于跟随者地位。由此来看，以偏向性政策为核心的发展型国家的确有助于帮助穷国快速实现经济赶超。

值得注意的是，当获得偏向性政策支持的市场主体发展到一定程度以至于很难被竞争对手代替时，原有均衡将不再稳定，政府继续扩张的经济基础不得不进行改变。这就意味着，随着经济发展程度的提高，必须对偏向性政策进行相应的动态调整，避免偏向性政策造成利益集团固化，以及产生过大的社会分化。那么问题是，当发展型国家逐渐接近生产可能性前沿时，偏向性政策动态调整的方向和动力何在？这有待进一步的研究。此外，现实中的政府总是处于一个与市场和社会主体密切互动的动态体系中，在经济动因之外，政府扩张还受到许多其他因素的影响。尤其是当经济增长和政府扩张达到一定规模后，基于偏向性政策的政府－市场互动机制是否会发生变化，这些都有待进一步的研究，也是完善发展型国家理论的方向。

第五章 发展型国家的经济效率
与资源错配问题

前面章节从宏观层面论述了发展型国家的政府-市场互动机制，结果表明，对于广大发展中国家而言，通过偏向性政策激励某些区域、行业和部门先行发展具有现实性、必要性，获得偏向性政策支持的先行部门在道路探索和制度试验的同时也在不断向全国其他区域和部门推广，因而具有合理性。在这个过程中，市场主体产生了对政府的内在需求，政府规模的扩张伴随增长作为一种结果而出现。与此同时，随着发展阶段的变化，偏向性政策也须进行相应的动态调整，这提示我们要关注发展的长期过程。在这个过程中，由于政府和市场之间的双向作用关系，在政府扩张的同时又会对经济体系产生何种影响呢？这构成了本章的研究内容。

新古典经济学理论围绕市场竞争构建了以价格机制为核心的均衡体系，认为只要把价格搞对，资源即可通过自由流动实现帕累托最优配置，经济持续增长也会自然实现。与此同时，政府干预则会扭曲价格，导致资源错配。那么，不断扩张的政府是否如新古典经济学理论所说的那样扭曲了价格，进而影响资源配置效率？换言之，通过政府干预实现的经济增长是否以牺牲效率为代价？本书认为这一问题在根本上决定着经济增长的可持续性。一些研究指出了中国企业间的资源错配问题，如陈永伟和胡伟民的研究表明，要素价格扭曲导致的行业之间资源错配使中国制造业的实际产出降低了 15%~20%[1]；Hsieh 和 Klenow 基于中国 1998~2005 年的数据测算发现，劳动和资本优化再配置可以使中国的全要素生产率提升 25%~40%。[2] 不过，针对这一问题的争议仍然很大，如聂辉华和贾瑞雪基于中国国有及规模以上制造业企业的数据分析表明，中国的资源配置趋于优化[3]；涂正革和肖耿基于 1995~2002 年中国大中型工业企业的生产率变化分解表明，资源配置效率对全要素生产率的增长几乎没有贡献。[4] 本书认为，上述分歧与样本、时间阶段、代理变量选择有很大关系，然而更重要的是，政府-市场关系随着发展阶段、经济结构、国内外环境的变化而变化，政府扩张的资源配置效应因而发生动态变化。因此，本章尝试基于中国改革开放以来的整体发展情境，分别从资本和劳动两个方面审视政府扩张的资源配置效应。

一 中国经济效率的测算与分解

随着我国经济由高速度增长转向高质量发展，经济发展动力、方式都需要相应转变，衡量这一转变的重要标准就是全要素生产率（Total Factor Productivity，TFP）。所谓全要素生产率，是指要素投入促进经济增长的综合效能，从理论推导公式来看，它属于经济增长过程中的"余值"，其衡量的是增长中不能被（物质）资本和劳动力等生产要素解释的部分[5]，包括技术效率（资源配置效率、规模效

① 陈永伟、胡伟民：《价格扭曲、要素错配和效率损失：理论和应用》，《经济学》（季刊）2011 年第 4 期。
② Hsieh, C. T., Klenow, P. J., "Misallocation and Manufacturing TFP in China and India" *Quarterly Journal of Economics*, 2009, 124 (4), pp. 1403-1448.
③ 聂辉华、贾瑞雪：《中国制造业企业生产率与资源误置》，《世界经济》2011 年第 7 期。
④ 涂正革、肖耿：《非参数成本前沿模型与中国工业增长模式研究》，《经济学》（季刊）2007 年第 1 期。
⑤ Solow, R. M., "Technical Change and the Aggregate Production Function", *The Review of Economics and Statistics*, 1957, 39 (3), pp. 312-320.

率等）和技术进步（技术研发、创新等）两部分。学界对此已有非常翔实的研究①，如 Zhang②、单豪杰③、颜鹏飞和王兵④、郭庆旺和贾俊雪⑤等的研究，经合组织（OECD）更是专门发布了《生产率测算手册》。本书直接应用该成熟理论和测度方法，进一步将数据延展到 2018 年。

（一）测算方法

作为基础参照，本书参考张军⑥的做法，以柯布-道格拉斯函数表征我国经济增长过程：

$$Y_t = A_0 e^{\alpha_t t} K_t^{\beta_K} L_t^{\gamma_L} \tag{5-1}$$

对式（5-1）两边取对数得：

$$\ln Y_t = \ln A_0 + \alpha_t t + \beta_K \ln K_t + \gamma_L \ln L_t \tag{5-2}$$

当规模报酬不变时，有 $\beta_K + \gamma_L = 1$，式（5-2）可变换为：

$$\ln(Y_t/L_t) = \ln A_0 + \alpha_t t + \beta_K \ln(K_t/L_t) \tag{5-3}$$

当规模报酬可变时，$\beta_K + \gamma_L \neq 1$，但可以进行标准化换算，得到新的资本和劳动产出弹性：

$$\beta = \beta_K/(\beta_K + \gamma_L) \tag{5-4}$$

$$\gamma = \gamma_L/(\beta_K + \gamma_L) \tag{5-5}$$

---

① 笔者在此之前也有较为充分的分析。

② Zhang, J., "Estimation of China's Provincial Capital Stock (1952-2004) with Applications", *Journal of Chinese Economic and Business Studies*, 2008, 6 (2), pp. 177-196.

③ 单豪杰：《中国资本存量 K 的再估算：1952~2006 年》，《数量经济技术经济研究》2008 年第 10 期。

④ 颜鹏飞、王兵：《技术效率、技术进步与生产率增长：基于 DEA 的实证分析》，《经济研究》2004 年第 12 期。

⑤ 郭庆旺、贾俊雪：《中国全要素生产率的估算：1979~2004》，《经济研究》2005 年第 6 期。

⑥ 张军：《改革、转型与增长：观察与解释》，北京师范大学出版社，2010。

其中，$\beta + \gamma = 1$。

显然，柯布-道格拉斯函数默认经济体在不同时期的产出弹性是相同的，这一假定过于严格且不符合实际，因此可以扩展为更一般的超越对数函数：

$$\ln Y_t = \ln A_0 + \alpha_t t + \beta_K \ln K_t + \gamma_L \ln L_t + \frac{1}{2}\beta_{KK}\ln^2 K_t +$$

$$\frac{1}{2}\gamma_{LL}\ln^2 L_t + \varphi_{KL}\ln K_t \ln L_t \qquad (5-6)$$

资本和劳动的产出弹性则可以表示为随期变动的形式：

$$S_{Kt} = \beta_K + \beta_{KK}\ln K_t + \varphi_{KL}\ln L_t \qquad (5-7)$$

$$S_{Lt} = \gamma_L + \gamma_{LL}\ln L_t + \varphi_{KL}\ln K_t \qquad (5-8)$$

同上，也可以得出标准化的产出弹性：

$$\beta = S_{Kt}/(S_{Kt} + S_{Lt}) \qquad (5-9)$$

$$\gamma = S_{Lt}/(S_{Kt} + S_{Lt}) \qquad (5-10)$$

但是，无论是柯布-道格拉斯函数还是超越对数函数，它们均假设企业在完全效率水平上进行生产，即达到了生产可能性边界，现实中的多数企业则是在生产可能性边界以内进行生产，无效或低效生产是客观存在的，因此有随机前沿生产函数：

$$\ln Y_i(t) = A_0 + \alpha_t t + \beta_K \ln K_i(t) + \gamma_L \ln L_i(t) + u_i(t) \qquad (5-11)$$

其中，$u_i(t) \leq 0$，表示企业 i 的非效率水平。特别地，当 $u_i(t) = 0$ 时，表示企业处在完全效率水平的生产前沿上。

根据残差计算方法，全要素生产率增长率可以表示为加权的资本和劳动要素增长率之外的余值：

$$TFP_t^{growth} = \alpha_t = \frac{\mathrm{d}Y}{Y} - \beta_K \frac{\mathrm{d}K}{K} - \gamma_L \frac{\mathrm{d}L}{L} \qquad (5-12)$$

各类形式的生产函数均可以在标准化系数之后代入式（5-12）计算全要素生产率增长率，在随机前沿生产函数情况下，还可以将全要素生产率增长率表示为技术进步增长率和技术效率增长率之和。上述方程中，Y、K、L 分别表示经济产出、资本要素投入、劳动要素投入；$t = 1979$，1980，$\cdots$，2018，表示 $1979 \sim 2018$ 年；A_0 为常数项，α、β、γ、φ 分别表示相应变量的弹性系数。在具体测算时通常采用参数方法和非参数方法，其中参数方法大多适用于时间序列数据，而我国 31 个省份改革开放 40 多年的增长数据属于面板数据，因此应采用非参数方法估计，本书使用 DEAP 软件和 Malmquist（马奎斯特）指数方法对随机前沿生产函数形式的经济增长进行了测算。

（二）数据来源

1. 经济产出

经济产出（Y）使用按可比价格计算的 GDP 衡量，数据来源于历年《中国统计年鉴》，其中 2018 年 GDP 采用国家统计局对我国 31 个省份开展的第四次全国经济普查结果进行修订核实后的数据。由于《中国统计年鉴》公布的 GDP 数据为按当年价格计算的数据，本书首先根据《中国统计年鉴》公布的 GDP 指数（上年 = 100）计算 GDP 平减指数，在此基础上以 1978 年为基期，将各省份、各年份数据换算成按可比价格计算的数据。

2. 资本要素投入

资本要素投入（K）一般使用资本存量表示，由于我国并未公开发布此类数据，许多学者从不同角度对我国资本存量进行了估算。目前，最为常用的方法是永续盘存法，国家和省级层面自新中国成立以来的资本存量已经得到反复估算，这为本书的研究奠定了基础。

本书以 1978 年为基期，根据永续盘存法计算我国 31 个省份的资本存量，计算公式为：$K_{it} = K_{it-1}(1-\delta) + I_{it}$。其中，$\delta$ 表示资本折旧率，统一设定为 0.096；I_{it} 表示地区 i 第 t 年的固定资本形成总额。数据来源于《中国统计年鉴》，缺失数据由《新中国六十年统计资料汇编》补齐。同样地，固定资本形成总额数据也是按当年价格计算，因此需要进行价格平减，依然按照 1978 年为基期进行平减。其中，1996~2018 年的固定资本形成总额指数数据来源于《中国统计年鉴》，1977~1995 年的固定资本形成总额指数数据则来源于国家统计局发布的《中国国内生产总值核算历史资料（1952~1995）》。但是个别省份的数据依然缺失，其中海南 1977~1990 年、重庆 1977~1990 年、天津 1977~1988 年、广东 1977~1978 年和 1996~2000 年的数据缺失，本书采用商品零售价格指数代替；西藏则是除 1993~1995 年之外缺失所有相关数据，也未提供商品零售价格指数，本书采用 GDP 缩减指数代替，由于西藏总量较小，因此预计不会对总体样本造成太大误差。

3. 劳动要素投入

劳动要素投入（L）使用各省份历年就业人员总数表示，数据来源于 EPS（Easy Professional Superior）数据平台。其中，重庆 1978~1984 年的数据缺失，本书根据 1985~1990 年的就业数据计算年均增长率，按照该值向前倒推计算缺失值；新疆、西藏、宁夏 2015~2018 年的数据缺失，本书根据各省份发布的统计公报查询补齐。

（三）结果讨论

根据估算结果，本书分别绘制了我国总体的全要素生产率及其构成部分的变化趋势。同时，为便于比较，还分别绘制了我国东部、中部、西部和东北地区的生产效率变化趋势。

1. 总体情况

改革开放以来，我国经济活力大幅增强。1979～2018 年，全要素生产率年均增长 3.31%，整体经济效率明显提高。但是在不同发展阶段，我国经济效率存在很大差异。在 21 世纪之前，我国全要素生产率波动非常明显，但总体呈现稳步上升趋势（见图 5-1）。1979～2000 年，我国全要素生产率年均增长 3.40%，其中 1979～1989 年年均增长 3.70%，1990～2000 年年均增长 3.11%。21 世纪以来，全要素生产率则稳步下滑，2000～2018 年年均增长率降至 2.95%，其中 2000～2010 年年均增长率只有 0.45%。直到 2013 年，我国全要素生产率的下降趋势才得以逆转，2010～2018 年年均增长率提升至 6.05%。这说明，改革开放后的前 20 年，我国经济效率虽然波动较大，但是总体来看是稳步提升的，全国各省份的全要素生产率指数稳步上升（见图 5-2），改革开放释放了巨大的红利，为我国经济起飞奠定了坚实基础。但是在 21 世纪的第一个 10 年当中，我国经济虽然维持了较高增速，但是经济效率并不高，这意味着增长更多地依赖要素投入，增长方式不够集约。

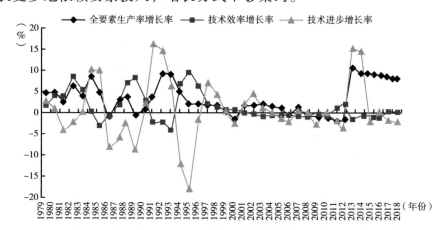

图 5-1　1979～2018 年我国全要素生产率增长率
变化趋势及其构成情况

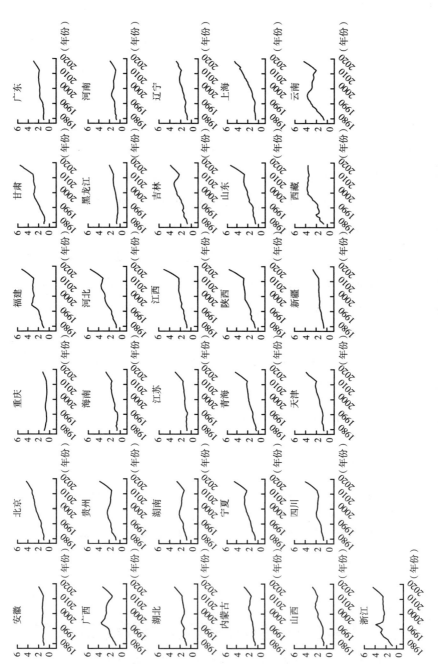

图5-2 1980~2020年我国各省份全要素生产率指数变化趋势

2. 分解情况

进一步地，对全要素生产率进行分解可知，我国的技术进步增长率和技术效率增长率在 21 世纪之前均是剧烈波动的，但是总体呈现增长趋势，其中技术进步增长率的波动幅度要比技术效率增长率更大（见图 5-3 和图 5-4），同时也是拉升全要素生产率的主要动力，特别是自 2013 年以来，技术进步因素显著提高了我国全要素生产率增长率，意味着我国在新一代技术创新领域取得了较大突破。

3. 区域比较

我国各省份在全要素生产率、技术进步和技术效率等各个方面的变化趋势较为一致，尤其是技术进步的变化率在我国各省份的重合度非常高。分区域来看，与全国整体一致，各地区增长率在 21 世纪之前剧烈波动，但是全要素生产率指数稳步提高（见图 5-5），表明我国经济效率总体呈现向好发展态势，但也存在优化改善的空间。其中，在 21 世纪之前，全要素生产率指数最高的是西部地区，最低的是东北地区，但是总体而言各地区之间的差距并不大。进入 21 世纪之后，中部地区的全要素生产率指数显著落后于其他地区，东部地区的全要素生产率指数则迅速提高，逐渐超越其他地区。2013 年以来，东北地区全要素生产率增长率下降趋势明显，全要素生产率指数逐渐被中部地区追平。

二　政府扩张与经济效率的关系

前文对我国经济效率情况进行了描述性分析，接下来的问题是，影响经济效率的因素是什么？结合本章研究主题，本书尝试对前文提出的政府扩张影响经济效率的论断进行检验。

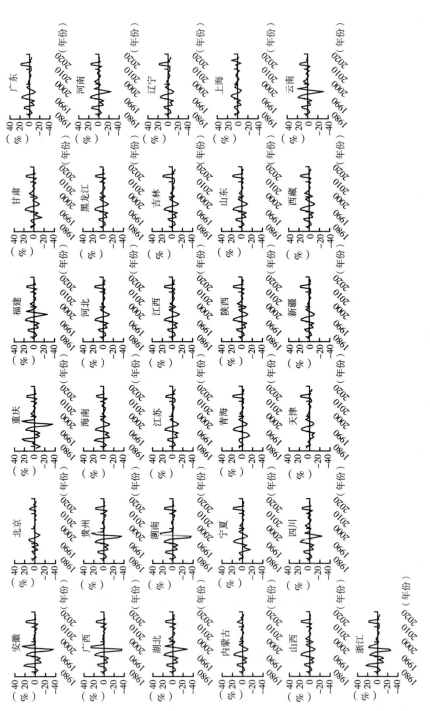

图 5-3　1980～2020 年我国各省份技术进步增长率变化趋势

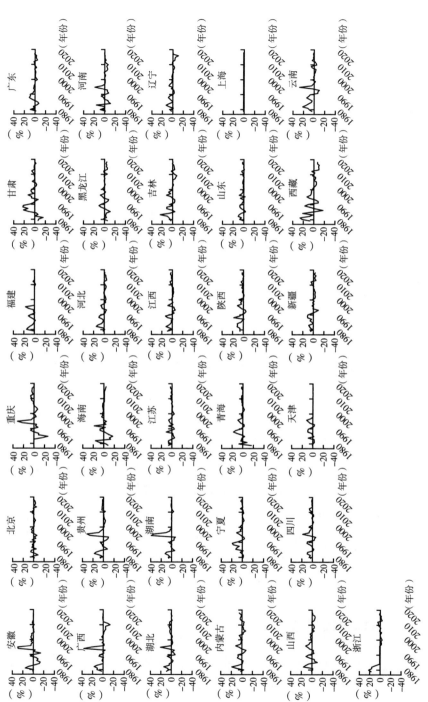

图 5-4　1980~2020 年我国各省份技术效率增长率变化趋势

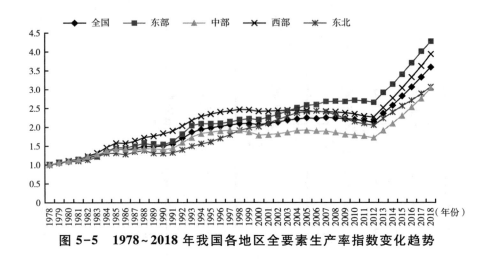

图 5-5 1978~2018 年我国各地区全要素生产率指数变化趋势

（一）计量模型

将基本模型设定为：

$$EFF_{it} = c + \mu_i Govsize_{it} + \sum \mu_m X_{mt} + \mu_{im} Govsize_{it} \times \ln Inv_{it} + D_j + \varepsilon_{it}$$

$$(5-13)$$

其中，EFF_{it} 表示第 i（$i=1$，2，…，31）个省份第 t（$t=1$，2，…，40）年的经济效率；c 为常数项；$Govsize$ 表示政府规模，由财政支出占 GDP 比重表征。此外，本书还加入了政府规模与投资规模的交互项 $Govsize_{it} \times \ln Inv_{it}$，$\ln Inv$ 表示投资规模的对数化，以此检验政府对投资的干预是否影响经济效率。为了避免其他因素的影响，本书设定了 m（$m=1$，2，…，6）个控制变量 $\sum X_{mt}$，分别包括工业化、非国有化、企业规模、外资比重、人力资本、投资规模。D_j 表示虚拟变量，$j=1$，2，…，6。

（二）指标和数据来源

1. 经济效率

经济效率使用全要素生产率指数表示，全要素生产率增长率根

据式（5-12）计算得出，在此基础上以 1978 年为基期，其值设为
1，进一步可计算构造 1979~2018 年的指数序列。为了考察政府扩张
对经济效率的影响机制，本书进一步将全要素生产率分解为技术进
步和技术效率，数据构造方法同全要素生产率。

2. 政府规模

参考多数文献的做法，本书使用政府财政支出占 GDP 比重衡量
政府规模。其中，各省份的 GDP 数据来源于《中国统计年鉴》，部
分省份缺失数据由各省份统计年鉴补齐。各省份的财政支出数据来
源于《中国统计年鉴》，部分省份缺失数据由各省份统计年鉴和
《中国财政年鉴》补齐。

3. 控制变量

工业化代表我国经济运行载体，即产业的转型升级进程，使用
工业增加值占 GDP 比重衡量，数据均来源于历年《中国统计年鉴》。
非国有化代表我国经济运行中的主体多样化程度，使用规模以上企
业产值中的非国有企业产值比重衡量。企业规模代表我国经济运行
中的主体组织程度，使用规模以上企业产值中的大中型企业产值比
重衡量。非国有化和企业规模指标数据均来源于历年《中国工业经
济统计年鉴》。外资比重代表我国经济运行中的国外主体参与情况，
使用实际利用外商直接投资占固定资本投资总额的比重衡量。投资
规模代表经济运行中的物质资本投入情况，使用固定资本投资总额
衡量。外资比重和投资规模指标数据来源于 Wind 数据库及各省份统
计年鉴。人力资本代表经济主体的知识技能水平，使用平均受教育年
限衡量，计算公式为：平均受教育年限 =（小学学历人口数量×6+初
中学历人口数量×9+高中学历人口数量×12+大专及以上学历人口数量×
16）÷总数量。人力资本指标数据来源于《中国统计年鉴》，缺失省份
数据由《中国劳动统计年鉴》《中国人口统计年鉴》补齐。

4. 虚拟变量

在回归方程中设置了 5 个年份的虚拟变量 D_j，以消除国内外重大事件和政策环境变化可能产生的波动性影响，依次包括 *Dummy* 1984（农业改革与工业改革的分水岭）、*Dummy* 1994（分税制改革）、*Dummy* 1997~1998（亚洲金融危机）、*Dummy* 2001（我国正式加入 WTO）、*Dummy* 2008（国际金融危机）。

综上，主要变量的描述性统计见表 5-1。

表 5-1　主要变量的描述性统计 1

变量	含义	均值	标准差	最小值	最大值
TFP	全要素生产率指数	2.091	0.911	0.483	5.584
Tech	技术进步指数	1.043	0.112	0.566	1.403
Te	技术效率指数	1.646	0.663	0.478	3,903
Govsize	政府规模(%)	18.599	14.620	4.917	137.916
gongye	工业化(%)	36.969	10.656	5.966	75.628
n-state	非国有化(%)	43.295	20.392	6.088	90.586
guimo	企业规模(%)	56.587	18.980	4.071	117.22
fdi	外资比重(%)	5.958	7.894	0.002	59.371
pedu	人力资本(年)	7.519	1.606	1.789	12.555
inv	投资规模(亿元)	3712.67	6831.90	1.22	57466

（三）检验结果

根据上述计量模型，分别将全要素生产率指数、技术进步指数和技术效率指数作为被解释变量进行回归。作为一个参照系，首先对方程（5-13）进行 OLS 回归，回归结果见表 5-2 的模型（1）。模型（2）和模型（3）使用固定效应回归以控制个体效应，模型（2）

表 5-2　我国经济效率与政府规模的相关性回归结果

变量	全要素生产率指数			技术进步指数			技术效率指数		
	(1)	(2)	(3)	(1)	(2)	(3)	(1)	(2)	(3)
政府规模	-0.016*** (-4.57)	-0.003 (-0.27)	-0.008*** (-3.27)	0.0003 (0.68)	0.012*** (4.59)	0.005** (2.23)	-0.020*** (-6.64)	-0.001 (-0.08)	-0.004*** (-2.94)
工业化		-0.016*** (-5.71)	-0.016*** (-5.88)		-0.002** (-2.70)	-0.001* (-1.74)		0.008*** (4.15)	0.008*** (4.35)
非国有化		0.003** (2.08)	0.003* (1.81)		-0.001** (-2.19)	-0.002*** (-4.44)		0.003*** (-3.15)	0.003*** (-2.80)
企业规模		-0.003*** (-2.92)	-0.003*** (-2.62)		0.001** (2.47)			-0.002*** (-2.63)	-0.003*** (-3.74)
外资比重		0.005** (1.99)	0.005** (2.03)		0.004*** (6.36)	0.002*** (3.70)		0.001 (0.35)	
人力资本		0.106** (2.06)	0.108** (2.10)		-0.018 (-1.46)			0.007 (0.21)	
投资规模		-0.355*** (-6.35)	-0.353*** (-6.95)		-0.023* (-1.77)			-0.119*** (-3.19)	-0.153*** (-4.56)
政府规模×投资规模		-0.002 (-1.17)			0.001*** (3.93)	0.001** (1.95)		0.001 (1.11)	

续表

变量	全要素生产率指数			技术进步指数			技术效率指数		
	(1)	(2)	(3)	(1)	(2)	(3)	(1)	(2)	(3)
Dummy 1984	-0.202** (-2.25)	-0.200 (-1.23)		-0.053*** (-4.41)	-0.180*** (-4.74)	-0.045** (-2.04)	0.154* (1.95)	0.443*** (4.11)	0.219*** (5.93)
Dummy 1994	-0.266*** (-2.78)	-0.191*** (-3.22)	-0.146*** (-2.06)	-0.257*** (-20.01)	-0.304*** (-21.87)	-0.272*** (-11.02)	0.309*** (3.67)	0.393*** (10.00)	0.361*** (8.98)
Dummy 1997~1998	0.108 (1.06)	0.092 (1.28)		0.031** (2.30)	0.029* (1.72)	0.031*** (3.42)	0.057 (0.63)	0.021 (0.44)	
Dummy 2001	-0.498*** (-5.57)	-0.270*** (-4.69)	-0.280*** (-5.08)	-0.030** (-2.51)	-0.052*** (-3.82)	-0.006 (-0.62)	-0.156** (-1.99)	-0.026 (-0.69)	
Dummy 2008	-0.428*** (-4.73)	-0.216*** (-3.70)	-0.228*** (-4.11)	-0.067*** (-5.50)	-0.111*** (-8.08)	-0.061*** (-6.81)	-0.306*** (-3.84)	-0.123*** (-3.17)	-0.147*** (-3.93)
时间固定效应	YES	YES	YES	YES	YES	YES	YES	YES	YES
个体固定效应	NO	YES	YES	NO	YES	YES	NO	NO	YES
观测值	1239	901	1239	1239	901	1069	1239	985	1239
R²	0.46	0.62	0.62	0.35	0.51	0.42	0.21	0.40	0.49

注：括号内的值为 t 检验值，*、**、*** 分别表示在10%、5%、1%的水平下显著。下同。

中包含所有的控制变量，模型（3）剔除了不显著的解释变量。此外，本书还通过缩尾检验和剔除异常样本等方法对上述回归进行了稳健性检验。

根据上述检验，可以得出以下结论。

（1）政府扩张对全要素生产率具有显著的负向影响。在现实的经济活动中，在改革开放40多年的整体经济增长过程中，政府扩张对经济效率产生了负向影响，政府规模每提高1个百分点，全要素生产率指数下降0.02。

（2）从全要素生产率的分解情况来看，政府规模与技术进步指数呈正相关，与技术效率指数呈负相关。这说明，政府扩张有利于推动技术进步，但是降低了技术效率。

（3）从政府规模与投资规模的交互项来看，其对全要素生产率指数和技术效率指数的影响均不显著，但是对技术进步指数具有显著的正向影响，表明政府对资本要素的干预有利于提高经济效率，这在某种程度上印证了政府在经济运行中具有一定的正面作用，如通过招商引资引导资本向高生产率行业流动，这对提高技术水平是有利的。

（4）工业化对全要素生产率和技术进步具有显著的负向影响，但是对技术效率具有显著的正向影响。考虑到改革开放以来我国第一产业比重是不断下降的，工业比重下降则意味着第三产业比重上升，因此可以判断，整体经济效率的提高以产业结构的转型升级为前提，提升经济效率也是一个产业高级化的过程，需要工业的转型升级。不过目前来看，工业化的推进对提升我国技术效率依然具有重要作用，特别是在我国技术效率长期表现不够理想的情况下，需要在产业结构调整过程中兼顾技术高度和技术效率，从而为我国经济持续发展奠定更为坚实的基础。

（5）从经济主体来看，首先，非国有经济的发展对提高技术效率具有重要作用，但是对技术进步具有显著的负向影响，表明我国非国有企业（以民营企业为主）在发展过程中强化了市场竞争，从整体上提升了经济效率，但是通过技术创新拓展生产可能性边界的能力和积极性还有所欠缺。其次，外资对全要素生产率也具有显著的正向影响，表明国外市场主体的引入对我国整体经济效率的提升非常重要，特别是带来了更为先进的生产要素，提高了技术水平，但是外资对技术效率的提升作用还不够显著，这可能与外资企业享受的较高水平的偏向性政策有关，导致其主动参与市场竞争的程度还不够高，在一定程度上限制了技术效率的提高。再次，企业规模对全要素生产率具有显著的负向影响，表明较大的企业规模不利于提升经济效率，但是较大的企业规模对技术进步是有促进作用的。最后，加大教育投入、增加劳动力受教育年限和提高人力资本水平有助于整体经济效率的提升，但是对技术进步和技术效率的增进作用并不显著。

（6）投资规模对经济效率具有显著的负向影响，表明我国经济增长长期以来主要依赖要素投入，导致许多行业逐渐产生投资过度和产能过剩问题，从而影响了经济效率。

（7）从几个关键的时间节点来看，1984年的工业改革大幅提升了技术效率，但是不利于技术进步和全要素生产率水平的提高。1994年的分税制改革促进了地方政府竞争，技术效率大幅提升，但是对技术进步和全要素生产率则产生了负向影响。1997~1998年的亚洲金融危机对我国经济效率并未产生太大影响，对全要素生产率和技术效率的作用都不显著，但是显著促进了技术进步。值得注意的是，2001年我国正式加入WTO之后，全要素生产率水平进一步下降，这体现在进入21世纪之后我国整体经济效率的下滑。原因可能是，我国加入WTO后国际市场规模进一步扩大，为我国经济发展创造了良好的外部环境，从而在很大程度上强化了既有的外延式增长方式，导致整体经济在增长的同时，提升效率的动力不足。2008年国际金融危机则对我国经济效率产生了较大的负面冲击。

三　中国经济效率的区域差异性

我国地域辽阔，各地区发展差异较大，发展阶段不一，尽管前文的描述性分析结果显示，各个区域的经济效率变化趋势总体较为一致，但是也存在一些细微的差异，特别是在技术效率方面。此外，各地区的政府规模也有很大不同，因此本书尝试通过分区域、分样本，进一步检验在不同区域政府扩张对经济效率的影响是否存在差异。检验步骤同前文，检验结果分别见表5-3、表5-4和表5-5。

结果如下。

（1）从整体经济效率来看，东部和中部地区的政府规模与全要素生产率指数的相关系数均为负。但是，西部地区的政府规模与全要素生产率指数的相关系数为正，政府规模扩大1%，全要素生产率指数能够提升0.037。这种差异在一定程度上表明，在经济落后的西部地区，政府扩张的合理性和必要性依然存在。

（2）从全要素生产率的分解情况来看，与全国总体的检验结果是一致的。各地区的政府规模与技术进步指数都呈正相关关系，与技术效率指数则都呈负相关关系。值得注意的是，从政府规模与技术进步指数的相关系数来看，经济越落后的地区，该系数明显越大。这表明，政府干预对落后地区的技术进步具有更为明显的增进作用。随着经济发展程度的提高，如东部地区一些发达省份的技术水平已经接近世界前沿，此时的政府干预作用相对来说没有那么明显。

综上所述，尽管政府在宏观经济增长方面具有重要作用，特别是对于发展程度较低的地区来说，政府的作用不可或缺，但是也不能忽视政府扩张在微观层面的负面影响，其对经济效率的负面影响客观存在。改革开放以来，我国经济增长最主要的体现是要素驱动

表5-3 东部地区经济效率与政府规模的相关性回归结果

变量	全要素生产率指数			技术进步指数			技术效率指数		
	(1)	(2)	(3)	(1)	(2)	(3)	(1)	(2)	(3)
政府规模	-0.029 (-1.15)	-0.121*** (-3.66)	-0.136*** (-4.38)	0.007** (2.06)	0.028*** (3.14)	0.031*** (4.93)	-0.088*** (-5.61)	-0.104*** (-7.32)	-0.108*** (-8.00)
工业化		-0.006 (-1.31)	-0.010** (-2.53)		-0.002 (-1.58)			0.009*** (5.02)	0.009*** (5.00)
非国有化		-0.003 (-1.22)			-0.001 (-1.04)			0.002** (2.09)	0.002* (1.74)
企业规模		-0.000 (-0.13)			0.001** (2.43)	0.001*** (3.23)		0.002** (2.18)	0.002** (2.22)
外资比重		0.011*** (3.95)	0.008*** (2.90)		0.002** (2.72)	0.003*** (3.54)		0.002* (1.73)	0.002* (1.86)
人力资本		0.135* (1.74)	0.188** (2.40)		0.021 (1.10)	0.035** (2.06)		0.066** (1.98)	0.056* (1.76)
投资规模		-0.516*** (-7.51)	-0.475*** (-7.11)		0.021 (1.18)			-0.197*** (-6.66)	-0.196*** (-6.68)
政府规模×投资规模		0.016*** (3.53)	0.017*** (4.30)		0.004*** (3.50)	0.005*** (5.62)		-0.005** (-2.48)	-0.005* (-2.87)

续表

变量	全要素生产率指数			技术进步指数			技术效率指数		
	(1)	(2)	(3)	(1)	(2)	(3)	(1)	(2)	(3)
Dummy 1984	0.457*** (4.38)	-0.44*** (-2.62)	-0.633** (-3.79)	0.044** (-2.34)	-0.106** (-2.36)	-0.096** (-2.28)	0.189*** (2.93)	0.289*** (4.00)	0.305*** (4.48)
Dummy 1994	0.473*** (4.27)	-0.089 (-1.04)	-0.164* (-1.96)	-0.180*** (-9.03)	-0.197*** (-8.49)	-0.198*** (-9.35)	0.194*** (2.85)	0.136*** (3.69)	0.147*** (4.34)
Dummy 1997~1998	-0.031 (-0.19)	0.026 (0.26)		0.005 (0.22)	0.010 (0.35)		-0.016 (-0.15)	0.051 (1.18)	
Dummy 2001	0.441*** (3.71)	-0.039 (-0.46)	-0.137* (-1.70)	-0.055*** (-2.90)	-0.042* (-1.83)	-0.048** (-2.33)	0.164** (2.23)	-0.017 (-0.47)	
Dummy 2008	0.742*** (7.03)	-0.265*** (-3.18)	-0.336*** (-4.00)	-0.077*** (-4.02)	-0.109*** (-4.72)	-0.099*** (-4.44)	0.236*** (3.62)	0.007 (0.20)	
时间固定效应	NO	YES	YES	YES	NO	NO	NO	YES	YES
个体固定效应	NO	YES	YES	NO	YES	YES	NO	YES	YES
观测值	440	331	357	440	331	334	440	331	331
R^2	0.53	0.82	0.82	0.30	0.40	0.38	0.31	0.56	0.55

表 5-4 中部地区经济效率与政府规模的相关性回归结果

变量	全要素生产率指数			技术进步指数			技术效率指数		
	(1)	(2)	(3)	(1)	(2)	(3)	(1)	(2)	(3)
政府规模	-0.056 (-1.37)	-0.354*** (-8.83)	-0.311*** (-11.06)	0.016** (2.13)	0.059*** (4.75)	0.036*** (4.21)	-0.166*** (-5.79)	-0.054*** (-4.26)	-0.047*** (-2.63)
工业化		-0.004 (-0.93)			0.001 (0.48)			-0.006* (-1.71)	-0.005** (-1.99)
非国有化		0.008*** (3.03)	0.008*** (3.45)		-0.002** (-2.35)	-0.003** (-4.14)		0.001 (0.48)	
企业规模		-0.005*** (-3.32)	-0.004*** (-3.11)		0.001 (1.17)			0.001 (0.88)	
外资比重		-0.023*** (-3.45)	-0.019*** (-3.12)		0.007*** (3.21)	0.005*** (2.68)		0.005 (1.07)	
人力资本		0.112 (1.45)			-0.039 (-1.34)				
投资规模		-0.476*** (-4.13)	-0.558*** (-5.43)		-0.204*** (-4.90)	-0.080*** (-2.82)		0.091 (1.40)	
政府规模×投资规模		0.033*** (5.30)	0.026*** (5.66)		0.007*** (3.78)	0.005*** (4.11)		-0.004 (-1.12)	0.004*** (3.89)

续表

变量	全要素生产率指数			技术进步指数			技术效率指数		
	(1)	(2)	(3)	(1)	(2)	(3)	(1)	(2)	(3)
Dummy 1984	0.317*** (3.19)			0.095*** (5.17)			-0.035 (-0.37)		
Dummy 1994	0.437*** (4.07)	0.310*** (3.20)	0.255*** (3.00)	-0.166*** (-8.32)	-0.322*** (-10.73)	-0.281*** (-10.33)	0.296*** (2.88)	0.332*** (4.87)	0.323*** (7.00)
Dummy 1997~1998	0.068 (0.43)	0.063 (0.60)		0.034 (1.16)	0.030 (0.93)		0.114 (1.06)	0.067 (0.82)	
Dummy 2001	-0.002 (-0.01)	0.044 (0.50)		0.092*** (4.00)	0.010 (0.39)		-0.250** (-2.36)	-0.061 (-0.96)	
Dummy 2008	-0.281** (-2.29)	-0.663*** (-6.42)	-0.619*** (-6.59)	0.030 (1.32)	-0.076** (-2.34)	-0.067** (-2.16)	-0.235** (-2.25)	-0.136* (-1.74)	-0.188*** (-2.74)
时间固定效应	NO	NO	YES	NO	YES	YES	YES	NO	NO
个体固定效应	NO	YES	YES	NO	YES	YES	NO	YES	YES
观测值	320	240	262	320	240	278	320	262	320
R^2	0.39	0.67	0.70	0.33	0.63	0.52	0.33	0.52	0.53

表 5-5　西部地区经济效率与政府规模的相关性回归结果

变量	全要素生产率指数			技术进步指数			技术效率指数		
	(1)	(2)	(3)	(1)	(2)	(3)	(1)	(2)	(3)
政府规模	0.032*** (6.06)	0.030** (2.10)	0.037*** (2.95)	0.021** (2.07)	0.078** (2.29)	0.057** (3.24)	-0.015*** (-2.83)	-0.044*** (-4.05)	-0.023*** (-3.07)
工业化		-0.018*** (-3.04)	-0.024*** (-4.68)		-0.006*** (-4.55)	-0.003*** (-3.01)		0.016*** (3.59)	0.018*** (5.26)
非国有化		-0.004 (-1.33)			-0.001** (-2.18)	-0.001** (-2.30)		0.004* (1.91)	0.004** (2.47)
企业规模		-0.009*** (-4.40)	-0.009*** (-5.20)		0.001 (1.16)			-0.003** (-2.27)	
外资比重		0.063*** (5.93)	0.056*** (5.51)		0.001 (0.58)			0.008 (1.03)	0.013** (1.97)
人力资本		0.195** (2.35)	0.204** (2.46)		0.023* (1.22)	0.034** (1.97)		-0.018 (-0.28)	
投资规模		-0.104 (-0.86)			0.094*** (4.73)	-0.002 (-0.08)		0.022 (0.25)	
政府规模×投资规模		-0.003* (-1.76)	-0.005*** (-3.40)		0.001* (1.79)	0.001*** (2.62)		-0.006*** (-3.96)	-0.004*** (-4.64)

续表

变量	全要素生产率指数			技术进步指数			技术效率指数		
	(1)	(2)	(3)	(1)	(2)	(3)	(1)	(2)	(3)
Dummy 1984	0.732*** (6.49)	0.317 (0.82)		-0.071*** (-3.59)	-0.212** (-2.28)	-0.104*** (-3.38)	0.448*** (4.02)	0.485* (1.68)	0.250** (2.34)
Dummy 1994	0.592*** (5.01)	-0.154 (-1.47)		-0.293*** (-13.92)	-0.304*** (-12.46)	-0.289*** (-15.45)	0.649*** (5.55)	0.526*** (6.76)	0.440*** (7.10)
Dummy 1997~1998	0.113 (0.63)	0.049 (0.40)		0.049** (2.18)	0.025 (0.87)		0.031 (0.18)	0.008 (0.09)	
Dummy 2001	-0.157 (-1.25)	-0.364*** (-3.56)	-0.364*** (-4.02)	0.092*** (5.35)	-0.023 (-0.97)		-0.054 (-0.44)	-0.017 (-0.22)	
Dummy 2008	0.177* (1.64)	-0.297*** (-2.88)	-0.219** (-2.51)	-0.026 (-1.29)	-0.081*** (-3.27)	-0.088*** (-4.48)	-0.123 (-1.15)	-0.045 (-0.58)	
时间固定效应	NO	YES	YES	YES	NO	YES	NO	YES	YES
个体固定效应	NO	YES	YES	NO	YES	YES	NO	YES	YES
观测值	479	330	363	479	330	395	479	330	391
R²	0.42	0.57	0.56	0.40	0.51	0.54	0.24	0.56	0.59

型增长。在这个过程中，随着我国不断承接发达国家产业转移，引进国外资本，经济效率也在客观上得以不断提升，但是以市场竞争为基础的技术效率并不理想。那么，随着整体经济发展到一定程度，技术水平接近世界前沿，技术进步的难度越来越大，驱动经济增长的动力源也会趋于衰减，经济持续发展的难度就会越来越大。

新时代，我国整体经济发展由效率驱动向创新驱动转变，创新成为经济持续发展的核心动力，但是创新并不意味着不要效率，恰恰相反，创新必须以效率为基础。我国经济在长期发展过程中的效率根基（尤其是技术效率）构筑得并不牢固，而且效率的改善需要一个漫长的过程，这是我国在向创新型经济转变过程中必须面对的基本难题，即宏观层面的经济增长与微观层面的经济效率之间的取舍问题，这进一步体现为短期经济增长与长期持续发展之间的权衡。正如本书研究结果表明的那样，政府扩张对提升技术水平，也就是在推动经济向现有的生产可能性边界靠拢方面具有正向作用。但是政府对技术效率，也就是在现有生产可能性边界内部的资源优化配置作用并不显著，且常常会产生负面影响。那么，为了实现可持续的经济发展，必须进一步转变政府职能，优化政府-市场关系，我国在这方面的探索仍在进行当中。

四　中国经济增长的资源要素配置情况

根据 Hsieh 和 Klenow[1]、陈永伟和胡伟民[2]的方法，分别计算 1980~2020 年我国各地区的资本错配指数（见图 5-6）和劳动错配指数（见图 5-7）。结果显示，改革开放至 20 世纪 90 年代中期，我

---

[1] Hsieh, C. T., Klenow, P. J., "Misallocation and Manufacturing TFP in China and India", *Quarterly Journal of Economics*, 2009, 124 (4), pp. 1403-1448.

[2] 陈永伟、胡伟民：《价格扭曲、要素错配和效率损失：理论和应用》，《经济学》（季刊）2011 年第 4 期。

国的资本错配指数平稳下降，表明了我国资本配置效率逐步改善的事实，这种趋势在改革开放初期表现得尤其明显。但是，进入 21 世纪之后，资本错配指数开始上升，资本配置效率明显下降。分区域来看，西部地区的资本错配指数显著高于全国其他地区。东部地区的资本错配指数长期以来与全国平均水平高度接近，但是 2010 年之后，东部地区的资本错配指数迅速上升，并且取代西部地区成为全国资本错配最严重的地区。中部和东北地区的资本错配指数则长期低于全国平均水平，但是近年来上升趋势同样明显。劳动资源配置方面，21 世纪之前，全国整体的劳动错配指数较为平稳，略有上升，但在进入 21 世纪之后则稳步下降。其中，东部地区的劳动错配指数明显高于全国其他地区，中部和西部地区的劳动错配指数明显低于全国平均水平，尤其是中部地区的劳动配置效率一直表现较好。值得注意的是，近年来东北地区的劳动错配指数持续下降。

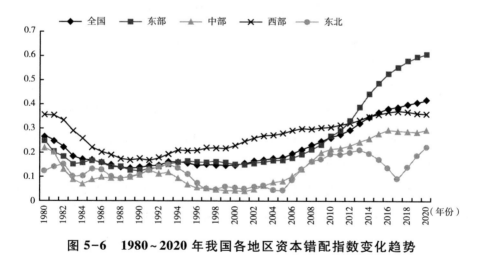

图 5-6　1980~2020 年我国各地区资本错配指数变化趋势

综合比较政府扩张和资源配置情况可知，21 世纪之前，随着经济的增长，我国政府规模和资本错配指数都表现得较为平稳。21 世纪以来，我国政府规模急剧扩张，资本错配指数明显提升，但是劳动错配指数则稳步下降。分区域来看，政府规模与资源配置效率之间的关系

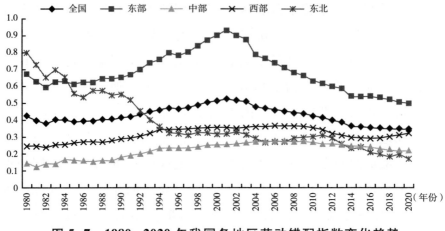

图 5-7　1980~2020 年我国各地区劳动错配指数变化趋势

也充满了不确定性，政府规模较小的东部地区的资本错配指数明显高于全国其他地区（劳动错配指数表现得尤其明显）；政府规模较大的西部地区的资本错配指数虽然明显高于全国其他地区，但是劳动错配指数既低于东部地区，也低于全国平均水平。本书进一步描绘了政府规模与资源错配指数的散点分布情况（见图5-8）。结果显示，政府规模与资本错配指数之间的关系明显存在拐点，在政府规模达到15%之前，随着政府扩张，资本错配指数的变化并不明显，劳动错配指数的变化则是不确定的。当政府规模超过15%后，随着政府扩张，资本错配指数显著提高。由此可见，政府扩张与资源配置效率并不存在简单的对应关系，在不同发展阶段和不同地区，政府扩张的资源配置效应存在差异，政府扩张的资本配置效应和劳动配置效应也存在差异。

五　政府扩张的资源错配效应理论模型

（一）政府干预和政府扩张的必要性

根据上述描述性分析，经济增长表现最好地区的资源配置效率

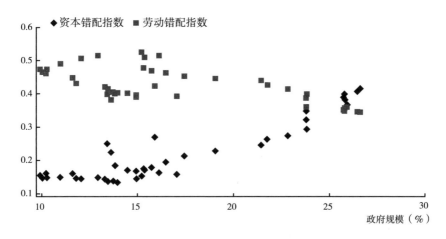

图 5-8　政府规模与资源错配指数的散点分布情况

往往不是最高的，小政府并不必然带来更高的资源配置效率。事实上，任何一个国家和地区的发展都要依次经历"要素驱动阶段"（人均 GDP<2000 美元）、"效率驱动阶段"（人均 GDP 介于 3000 美元和 8999 美元之间）和"创新驱动阶段"（人均 GDP>17000 美元）以及其间的两次转型阶段。对于多数国家（尤其是后发国家或地区）而言，经济发展初期的生产要素尤其是资本是极度短缺的，如何突破要素锁定是经济起飞的关键。面对要素稀缺难题，优先选择战略性部门进行偏向性政策扶持是必要且现实可行的。这就不得不牺牲一些部门的利益，甚至主动创造一些非均衡的、偏向性的发展环境，为战略性部门创造优先发展空间，以此迅速解决资源（资本）稀缺问题。例如，从农业部门抽取资源以实现工业部门的原始积累，从沿海地区渐次展开的开放开发策略，设立各种类型的"试验区"，等等，这些实际上都是偏向性政策的体现。与此同时，部门之间的前后向联系为偏向性部门和非偏向性部门之间的协作创造了条件，激发了社会整体的生产性努力。当然，对于政府而言，最理想的情况是获得扶持的主体能够最大化其努力，实现经济产出最大化。但是对于获得政府扶持的主体而言，将政府扶持投入生产性努力也是需要付出的，因此其付出会低于最优水平。为了激发主体的生产性努力，政府有必要采取一种更为灵活的、有条件的支付方式。一旦主体偏离最优努力水平，政府则扶持新的主体加以取代。这就意味着，政府扶持的对象应是特定类型的部门或行业，而非特定的企业或个体，后者势必造成一种狭隘的、短视的发展。在这个过程中，财政手段越来越成为一种重要的经济发展工具，财政扩张又以充分的财政汲取能力为前提，这就需要持续的经济增长作为基础。最终，政府的持续扩张与行业之间的竞争更替、转型升级、市场竞争相伴发生。随着上述过程的循环累积，获得偏向性政策支持的主体有可能发展到一定程度以至于很难被竞争对手替代，原有均衡将不再稳定，政府扩张的合理性条件也就丧失了，经济下行进一步加剧了这一点。

（二）政府扩张的资源错配效应

假如政府扩张难以避免，那么政府扩张将如何影响资源配置呢？为简化分析，本书参考刘瑞明和石磊[①]的做法，假设经济体系由两种类型的非对称市场主体（A 和 B）构成（如国有企业和民营企业、内资企业和外资企业、战略性产业和非战略性产业等）。首先将经济产出标准化为 1，其中 A 的产出比重为 m，B 的产出比重为 n，市场主体的产出函数设定如下：

$$y_i = \rho_i (g_i k_i)^{\alpha} (h_i l_i)^{\beta} \qquad (5-14)$$

其中，y_i 代表市场主体的产出；$i=1$，2，分别代表 A 和 B；ρ_i 代表市场主体的生产率，由技术水平和制度环境共同决定；k_i 和 l_i 分别代表资本和劳动两种生产要素；g_i 和 h_i 分别代表资本和劳动要素的质量，表示不同主体在吸纳资本生产力和劳动生产力方面的质量差异。一般来说，获得偏向性政策扶持的主体有望吸纳更高素质

---

① 刘瑞明、石磊：《中国城市化迟滞的所有制基础：理论与经验证据》，《经济研究》2015 年第 4 期。

的劳动力，即 $h_1 > h_2$。资本质量与企业面临的预算约束和内部治理水平高度相关，由于软预算约束，可以认为 $g_1 < g_2$；α 和 β 分别代表资本和劳动的弹性系数。资本和劳动的价格，即雇佣资本和劳动成本分别为 r_i 和 w_i，则市场主体面临的约束条件为：

$$\min C(k_i, l_i) = r_i k_i + w_i l_i \qquad (5-15)$$

构造相应的拉格朗日函数：

$$F(k, l, \lambda) = \rho_i (g_i k_i)^\alpha (h_i l_i)^\beta + \lambda (C - r_i k_i - w_i l_i) \qquad (5-16)$$

根据一阶条件：

$$\partial F / \partial k_i = \rho_i \alpha (g_i k_i)^{\alpha-1} (h_i l_i)^\beta + \lambda r_i = 0 \qquad (5-17)$$

$$\partial F / \partial l_i = \rho_i (g_i k_i)^\alpha \beta (h_i l_i)^{\beta-1} + \lambda w_i = 0 \qquad (5-18)$$

进一步计算整理可得：

$$k_i / l_i = (w_i / r_i)(h_i / g_i)(\alpha / \beta) \qquad (5-19)$$

式（5-19）描述了市场主体的要素配置方式，不同的配置方式代表了主体的行为选择。在完善的市场竞争体系中，资本和劳动的相对价格传递了经济体系的环境信息，包括技术、偏好和资源禀赋等，从而引导要素高效配置，实现对优势资源的充分利用。假如要素价格被人为扭曲，要素配置方式也就难以充分利用资源优势。相对而言，由于获得政府的偏向性政策扶持，主体 A 在资金的充裕性和资金获得的便利性方面具有主体 B 不可比拟的优势，这使得主体 A 的资本价格相对较低，因此有 $r_1 < r_2$。与此同时，劳动力亦可获得更优厚的报酬，因此有 $w_1 > w_2$。由此可得：

$$k_1 / l_1 > k_2 / l_2 \qquad (5-20)$$

上述结果意味着，在政府偏向性政策干预的环境下，市场主体将对资本密集型行业产生过度偏好，资源错配问题必然发生。

（三）政府扩张的惯性

如前文所述，如果没有政府的偏向性政策干预，经济起飞面临的资本稀缺问题将难以解决。考虑到国际竞争因素，后发展的国家还面临急迫的追赶任务。那么，经济现代化究竟应该以农业为基础还是以工业为基础？是以参与全球市场为基础还是以内向型战略为基础？[①] 如果发展中国家不得不依靠更高水平的平民吸纳和过早的转移支付来维持政治稳定，此时向工人、农民等阶层的转移支付又会增加工业家的要素成本，从而阻碍工业产品国际竞争力的提升。而当政府通过大量的出口和投资补贴、税收优惠等方式导向特定目标产业时，一些特殊部门、地区的利益得到增进，另一些部门则会受损，不同利益群体之间的冲突成为发展中国家政治中的一个原则性问题。[②] 因此，为了调和或缓解利益冲突，政府一方面会继续增加公共支出以满足社会的发展需求，另一方面也会将一部分收益返还给直接受损的市场主体，从而缓解或降低冲突成本，也为新的市场主体进入扶持范围奠定基础，政府规模于是进一步扩张，本书将这一现象称为"政府扩张的惯性"。不过在现实中，尽管一些国家实施了大量偏向性政策，成功地创造了经济发展尤其是出口导向型战略所需的低成本劳动力，但是既没有产生大规模的社会分化，也没有过分扭曲劳动力配置。原因在于发展初期，新的经济机会不断涌现，主体之间在某一产业链上存在建立前后向关系的可能，从而建立协作关系，这意味着一个部门的经济活动会对另一个部门产生正面的溢出效应。

综合上述分析，本书提出以下命题。

---

① 〔美〕戴维·瓦尔德纳：《国家构建与后发展》，刘娟凤、包刚升译，吉林出版集团，2011。

② T. J. 潘佩尔：《变化世界经济中的发展型体制》，载〔美〕禹贞恩编《发展型国家》，曹海军译，吉林出版集团，2008。

命题 1：对于广大发展中国家而言，宏观的经济增长更具第一性。为了实现经济起飞，政府通常实施偏向性政策干预，基于偏向性政策的政府扩张扭曲了要素价格，将会导致资源错配，最终呈现为牺牲效率的增长。但是随着经济发展程度的提高，初始的竞争优势不断累积甚至固化，资源错配问题将会变得更加严重。

命题 2：政府扩张尽管扭曲了要素价格，但是解决了发展中的要素稀缺问题，刺激了经济增长，产生了新的经济机会和溢出效应，因此有助于激发劳动力流动，提高劳动要素配置效率。

六 政府扩张的资源错配效应实证检验

（一）计量模型

根据前文的理论分析和事实描述，本书推测政府扩张与资源配置效率之间可能在不同发展阶段呈现非线性关系，表现为门槛效应。因此，本书尝试采用 Hansen 提出的面板门槛模型，探索不同发展阶段政府扩张和资源配置效率之间的关系。面板门槛模型如下：

$$Abstauk_{it} = \alpha_0 + \alpha_i \sum X_{it} + \alpha_2 Govsize_{it}(pgdp_{it} \leq \gamma) +$$
$$\alpha_3 Govsize_{it}(pgdp_{it} > \gamma) + \varepsilon_{it} \qquad (5-21)$$

$$Abstaul_{it} = \beta_0 + \beta_i \sum X_{it} + \beta_2 Govsize_{it}(pgdp_{it} \leq \gamma) +$$
$$\beta_3 Govsize_{it}(pgdp_{it} > \gamma) + \varepsilon_{it} \qquad (5-22)$$

其中，$Abstauk_{it}$ 和 $Abstaul_{it}$ 分别表示资本错配指数和劳动错配指数，$i = 1$，2，$\cdots$，30 表示 30 个省份（不含西藏），$t = 1980$，1981，$\cdots$，2020 表示年份；X_{it} 是对资源配置效率具有影响的控制变量，包括城市化水平、工业化水平、人口规模、人力资本水平、人均 GDP；$Govsize_{it}$ 代表政府规模；$pgdp_{it}$ 表示人均 GDP，是本书设定的门槛变量；γ 是特定的门槛值，ε_{it} 是随机干扰项。

（二）指标与数据来源

1. 资源配置变量

当前，测算资源配置效率的方法主要有三种——简单比例法、变量替代法、增长率分解法，其中增长率分解法应用得最为广泛。为保持研究的可比性，本书采用增长率分解法分别计算各地区历年来的资本错配指数和劳动错配指数，数据均来源于《中国统计年鉴》。

2. 政府规模

参考多数文献的做法，本书使用政府财政支出占 GDP 比重衡量政府规模。其中，各省份 GDP 数据来源于《中国统计年鉴》，部分缺失数据由各省份统计年鉴补齐。各省份政府财政支出数据来源于《中国统计年鉴》，部分缺失数据由各省份统计年鉴和《中国财政年鉴》补齐。

3. 人均 GDP

为消除价格变动因素影响，各省份数据均以 1980 年为基期进行价格指数平减，得出按不变价格计算的人均 GDP。人均 GDP 数据来源于历年《中国统计年鉴》，部分缺失数据由各省份统计年鉴补齐，1980~2008 年的人均 GDP 指数数据来源于《新中国六十年统计资料汇编》，2009~2020 年的人均 GDP 指数数据来源于《中国统计年鉴》。

4. 控制变量

参考现有文献的做法，本书控制城市化水平、工业化水平、人口规模、人力资本水平、经济发展阶段等因素对资源配置的影响，分别使用各省份城镇人口比重、工业增加值占 GDP 比重、常住人口数量、人均受教育年限以及人均 GDP 进行衡量，数据来源于《中国统计年鉴》，部分省份缺失数据由各省份统计年鉴补齐。

主要变量的描述性统计见表 5-6。

表 5-6　主要变量的描述性统计 2

变量	含义	均值	标准差	最小值	最大值
Abstauk	资本错配指数	0.2219	0.2568	0.0001	2.9543
Abstaul	劳动错配指数	0.4266	0.5680	0.0000	3.8813
Govsize	政府规模（%）	17.00	8.87	4.92	64.30
pgdp	人均 GDP（元）	9336.68	11236.57	543.06	79961.62
pop	人口规模（万人）	4087.01	2535.59	373.72	12601.25
edc	人力资本水平（年）	7.76	1.51	3.58	12.78
city	城市化水平（%）	42	19	8	90
ind	工业化水平（%）	37	9	10	74

（三）检验结果

根据式（5-21）和式（5-22），首先确定门槛值和门槛个数。本书假设门槛变量为人均 GDP，分别检验无门槛、单一门槛和双重门槛的条件，估计结果见表 5-7。结果显示，当被解释变量为资本错配指数时，单一门槛非常显著（门槛值为 44152.70，F 值为 262.10，P 值为 0.0000），双重门槛和三重门槛不显著，因此使用单一门槛模型进行回归。当被解释变量为劳动错配指数时，单一门槛、双重门槛和三重门槛都不显著，因此可以认为不存在门槛效应。

表 5-8 展示了资源错配指数单一门槛效应回归检验结果。列（1）和列（3）为基准回归，分别估计了不包含控制变量时资本错配指数、劳动错配指数与政府规模的相关性，列（2）和列（4）为加入控制变量后的面板门槛回归。

表5-7　门槛值检验1

	资本错配指数			劳动错配指数		
	人均 GDP			人均 GDP		
	门槛值	F 值	P 值	门槛值	F 值	P 值
单一门槛	44152.70	262.10	0.0000	2019.70	43.48	0.2300
双重门槛	44152.70	12.94	0.9700	2019.70	26.22	0.4233
双重门槛	27200.20	12.94	0.9700	44152.70	26.22	0.4233
三重门槛	12884.60	13.11	0.8733	19862.90	28.62	0.1967

表5-8　资源错配指数单一门槛效应回归检验结果

变量	(1)	(2)	(3)	(4)
政府规模 （人均 GDP ≤ 第一门槛值）	0.1949 ** (2.10)	0.3107 *** (3.20)	-0.9125 *** (-7.10)	-1.2061 *** (-8.76)
政府规模 （人均 GDP > 第一门槛值）	3.9363 *** (14.61)	3.4334 *** (11.98)	-0.3753 *** (-3.75)	-0.3595 *** (-3.52)
城市化水平		-0.1962 *** (-3.72)		0.2185 *** (4.00)
工业化水平		0.3977 *** (4.96)		0.6073 *** (7.18)
人口规模		0.2673 *** (4.16)		-0.3104 *** (-4.65)
人力资本水平		-0.0332 *** (-3.80)		-0.0338 *** (-2.97)
人均 GDP	5.22e-06 *** (7.27)	9.46e-06 *** (8.15)	2.54e-06 ** (2.27)	8.23e-06 *** (4.83)
常数项	0.1251 *** (9.24)	-1.9080 *** (-3.92)	0.5151 *** (32.81)	2.9057 *** (5.63)
固定效应	控制	控制	控制	控制
观测值	1230	1230	1230	1230
拟合优度	0.42	0.44	0.18	0.26

综合上述回归结果，可以得出以下结论。

（1）政府规模与资本错配指数之间的相关系数为正，表明政府扩张不利于资本的优化配置。但是，政府扩张对资本配置的影响具有明显的门槛效应，当人均GDP≤门槛值（44152.70元，1980年价格）时，政府扩张的资本错配效应相对较小；当人均GDP>门槛值时，政府扩张的资本错配效应急剧放大。

（2）政府规模与劳动错配指数之间的相关系数为负，表明政府扩张促进了劳动力的优化配置，但是这一作用并不存在显著的门槛效应。

（3）其他控制变量的结果显示，提高城市化水平和人力资本水平有助于改善资本错配问题，提高人力资本水平和扩大人口规模则有助于改善劳动错配问题。值得注意的是，提高人力资本水平能够同时改善资本配置效率和劳动配置效率，继续提高工业比重则会加剧资本错配和劳动错配问题。此外，城市化水平和人口规模在改善资本配置效率和劳动配置效率方面的作用并不统一，表明我们仍将面临优化资本配置还是优化劳动配置的两难选择。

（四）稳健性检验

为了增强实证检验的稳健性，首先，本书使用变量替代法，用政府消费支出占GDP比重衡量政府规模。与前文的做法一致，依次进行无门槛、单一门槛和双重门槛检验，在此基础上进行面板门槛回归，检验结果见表5-9和表5-10。结果表明，当被解释变量为资本错配指数时，单一门槛仍然显著（门槛值为19419.20，F值为64.55，P值为0.0800），双重门槛和三重门槛不显著。当被解释变量为劳动错配指数时，单一门槛、双重门槛和三重门槛均不显著。进一步的回归结果表明，当使用新的指标代替政府规模时，各个变量的系数符号均未发生变化。其次，本书分别采用剔除异常值、缩尾回归、分样本回归等方法，均通过了稳健性检验。

表 5-9　门槛值检验 2

	资本错配指数			劳动错配指数		
	人均 GDP			人均 GDP		
	门槛值	F 值	P 值	门槛值	F 值	P 值
单一门槛	19419.20	64.55	0.0800	2019.70	28.88	0.4800
双重门槛	21971.50	45.10	0.1367	2019.70	7.54	0.9600
双重门槛	8049.38	45.10	0.1367	30010.10	7.54	0.9600
三重门槛	14802.00	26.75	0.3800	5886.99	6.95	0.8800

表 5-10　资源错配指数单一门槛效应回归的稳健性检验结果

变量	（1）	（2）	（3）	（4）
政府规模 （人均 GDP ≤ 第一门槛值）	-0.0606 （-0.53）	0.1056 （0.87）	-0.9622*** （-7.68）	-1.2338*** （-9.04）
政府规模 （人均 GDP > 第一门槛值）	3.0933*** （9.26）	1.2052*** （5.91）	-0.5430*** （-5.26）	-0.5343*** （-5.01）
城市化水平		-0.2537*** （-5.15）		0.1348** （2.47）
工业化水平		0.3379*** （4.15）		0.5532*** （6.34）
人口规模		0.3715*** （5.98）		-0.2203*** （-2.99）
人力资本水平		-0.0685*** （-9.23）		-0.0300*** （-2.71）
人均 GDP	6.58e-06*** （10.03）	0.0002*** （18.92）	6.72e-06*** （5.06）	0.0001*** （5.84）
常数项	0.1548*** （9.58）	-2.4852*** （-5.25）	0.5155*** （33.24）	2.2166*** （3.89）
固定效应	控制	控制	控制	控制
观测值	1140	1140	1140	1140
拟合优度	0.31	0.36	0.18	0.23

七　小结

综上所述，改革开放以来，中国经济最主要的体现是要素驱动型增长，按照发展型国家理论的内在要求，政府通过偏向性政策率先在一些地区和行业领域激活了要素潜能，释放了增长活力。在经济发展的初期，为了实现宏观经济起飞和 GDP 增长，我国通过政府干预将资源集中于少量生产率快速增长的产业上，而不是均匀地将经济中的总体生产率增长摊薄在众多产业上，从而快速解决了要素稀缺问题，尤其是解决了资本稀缺难题，走上了经济发展的快车道。这种模式的优势在于防止了进入主导产业所需资源的分散，避免了每个产业都得到少量的资源，而不能获得足够的资源以克服产业发展中的成本障碍问题。在这个过程中，随着我国不断承接发达国家产业转移，引进国外资本，技术水平也在客观上得以不断提升，但是以市场竞争为基础的资源配置效率并不理想，不能忽视政府扩张在微观层面的负面影响，其对资源配置的负面作用客观存在。随着整体经济发展到一定程度，技术水平接近世界前沿，技术进步的难度越来越大，驱动经济增长的动力源也趋于衰减，经济持续发展的难度越来越大。

新时代，我国整体经济发展由效率驱动向创新驱动转变，创新成为经济持续发展的核心动力，但是创新并不意味着不要效率，恰恰相反，创新必须以效率为基础。但是我国经济在长期发展过程中的效率（尤其是技术效率）根基构筑得并不牢固，而且效率的改善多是一个漫长的过程，这是我国在向创新型经济转变过程中必须面对的基本难题，也是发展型国家理论面临的基本难题。结合本章和第四章的研究结论，本书认为，发展型国家理论存在一个深层次的理论冲突，即宏观层面经济增长和微观层面资源配置效率之间的取舍问题，这进一步体现为短期经济增长和长期持续发展之间的权衡。

第六章　经济特区：发展型国家理论的区域实践

　　前面章节从一般意义上分析了发展型国家的理论内涵，从宏观层面实证检验了发展型国家理论在中国的合理性和适应性，也从微观层面讨论了发展型国家存在的效率问题和资源错配问题。新时代，一方面，驱动经济增长的传统动力趋于衰减，可持续的经济发展亟待转向创新驱动，偏向性政策支持的重点也须相应地转向创新领域；另一方面，偏向性政策引致的政府扩张又会不断侵蚀经济效率，这是中国经济持续增长面临的两难问题。然而，单从数据分析上并不能发现调和上述两难的具体方向，因此本章从理论转向实践，进一步分析发展型国家理论在中国的实践逻辑和创新之处。作为发展型国家理论的核心工具，偏向性政策既体现在区域发展的优先次序上，也体现在城乡之间、不同所有制类型和不同规模的企业之间、不同属性的行业之间等多个维度，无论何种类型的偏向性政策，其实施的直接后果就是产生了各种类型的"经济特区"[①]。因此，本书以"经济特区"为例继续论证偏向性政策在中国的具体实践。

　　回顾我国改革开放 40 多年来的发展历程，政府主导下的资源动员和经济刺激特征为人所熟知。为了激励经济增长，中央和地方政府因地、因时出台了大量偏向性发展政策，在这个过程中形成了各种类型、规模不一的"经济特区"。例如，我国政府自 1980 年以来

[①] 本书的"经济特区"是指国家偏向性政策形成的各种特殊类型的区域，是一个广义的概念，并不局限于深圳、珠海、厦门、汕头、海南等经济特区。

逐渐设置了经济技术开发区、高新技术产业开发区、保税区、出口加工区、自由贸易区等多种类型的经济特区，这些经济特区在一定时期内排他性地享受政策支持，本书将经济特区视为中国偏向性政策的集中体现。[①] 传统的区域经济研究多是经济规律的具体应用，忽略了局部和整体的内在关联。事实上，如果仅仅从区域经济学视角来看，那么经济特区研究就是一个局限在个别区域的研究，但是一旦把经济特区研究上升到偏向性政策的高度，把经济特区看作中国整体发展的一个有机组成部分，或者说中国改革开放的一项特殊策略的话，经济特区研究就拔高到了中国整体发展的研究范畴，从而可以更好地认识中国发展道路，认识国家整体和局部区域的有机联系。

一 偏向性政策与经济特区

发展型国家理论在中国的实践充分体现在一个又一个享受特殊优惠政策的区域——经济特区的发展过程中。这里的经济特区是一个较为宽泛的概念，一方面，经济特区的功能、形式在不同地区、不同行业领域大不一样；另一方面，同一个经济特区总是处于演化发展的动态过程中。不同发展阶段、不同经济结构、不同国内外环境以及不同发展目标下，经济特区可以是自由贸易区、出口加工区、工业园区、经济和技术开发区、高新区、科技创新园区、自由港、企业区等多种形态的园区，其实际形态因地而异，这也使得不同国家和地区的人们对经济特区的理解可能存在很大差异。尽管形式多种多样，但是我国的经济特区具有一个共同的内涵，即在本质上都

---

① 一些学者利用中国的经济特区构建了双重差分（DID）模型实证检验了中国偏向性产业政策的经济影响，结果表明经济特区的确提高了物质资本、人力资本和全要素生产率水平，促进了地方经济增长。详见 Alder, S., Shao, L., Zilibotti, F., "Economic Reforms and Industrial Policy in a Panel of Chinese Cities", *Journal of Economic Growth*, 2016, 21 (4), pp. 305-349。

是享受特殊政策的区域。从广义视角出发，本书将经济特区界定为主权国家内享受特殊优惠政策，以实现某种经济和社会目标的特定区域。根据研究主题，本书中的经济特区重点强调其经济功能，重点强调单一国家领土内的特殊经济区域，那些跨越两个国家或多个国家，成员之间依据各种贸易协定以贸易自由化、消除关税或其他限制性法规为目标而形成的自由贸易区（Free Trade Area）不属于本书所说的经济特区范畴，如北美自由贸易区、中国-东盟自由贸易区、欧盟等，而在单个主权国家境内划出的实施关税减免或保税的自由贸易区属于本书的经济特区范畴，如以上海为代表的自由贸易区等。总体而言，尽管形态不一，但是我国的经济特区通常具有以下几个方面的共性特征。

（1）地理上明确划定边界，具有严格的地域限制。明确的边界划分是区分辨识经济特区和非经济特区的基本条件，否则经济特区也就失去了存在的意义。例如，我国对外开放的第一个工业区——蛇口工业区就是一块位于深圳南头半岛东南部，占地面积为10.85平方公里的土地，随后成立的深圳经济特区也仅涵盖东起大鹏湾边的梅沙，西至深圳湾畔的蛇口工业区的区域，面积总计327.5平方公里，并非深圳所有区域均属经济特区范畴。事实上，直到2010年，深圳经济特区才延伸至全市，2011年进一步延伸至深汕特别合作区，2018年正式撤销深圳经济特区管理线。在此之后设立的其他形式的经济特区也都具有明确的边界限制，如我国2013年以来设置的12个自由贸易区面积均在120平方公里以内（上海和海南两个自由贸易区除外，其中上海自由贸易区面积为120.72平方公里，海南自由贸易区为海南全岛），且都具有明确的片区划分。

（2）一般选择在交通较为便利的地区建设经济特区。从早期的自由贸易区开始，沿海、沿河等交通较为便利的地区就是经济特区的理想选址，从而促进了货物流转，节省了交通费用，降低了交易成本。

（3）经济特区大多具有单一且明确的行政管理机构或管理委员会。单一且明确的行政管理机构有利于集中、高效率地行使权力，管理机构有权因地、因时制定相应的政策管理条例，一些经济特区甚至还享有相当程度的立法权，从而为区内企业提供更高效、更灵活、更具保障性的政策服务。

（4）享受其他区域所不具备的配套设施、优惠政策和自由空间，包括单独的关税区、简易的行政审批程序等，尽可能地为区内企业提供便利，帮助企业规避风险和少走弯路。

（5）以吸引外资促进出口加工为主。我国多数经济特区旨在吸引外资、促进出口加工行业的发展，生产的产品以外销为主。①

二　中国经济特区的主要类型

中国经济特区的类型较多，按照产业类型划分，几乎涵盖农业、工业、服务业的所有部类；按照产品的需求来源划分，经济特区可分为面向国内市场需求和面向海外市场需求两大类型；按照承担的功能划分，经济特区包括自由贸易区、出口加工区、综合性特区、自由港等。每一类型下的经济特区根据其侧重点又可细分出更多的类型，如我国的特殊工业园区就又包含经济和技术开发区、高新区、科技创新园区等类型。随着国内外环境的变化，每个经济特区都在不断转型升级，其功能类型及享受的政策处于动态调整的过程中。归纳我国偏向性政策和经济特区的发展经验，同时结合世界银行的分类标准，本书重点阐述以下几种类型的经济特区。

---

① 这在早期的经济特区尤其是沿海的经济特区中体现得尤其明显，深圳经济特区的"前店后厂"模式就是其中的典型。所谓"前店后厂"，指的是香港与内地（以珠江三角洲地区为主，早期主要分布在深圳经济特区）根据经济分工最终形成的一种优势互补、互惠互利的合作关系（详见姬超《中国经济特区增长的可持续性与转型路径研究》，深圳大学博士学位论文，2014）。但是，本书中经济特区所指涉的范畴要远远大于这些狭义的经济特区范畴，本书更多的是在一般意义上论述偏向性政策引致的经济特区。

（一）自由贸易区

自由贸易区可谓世界上最古老的经济特区类型。早期的自由贸易区与港口密切相关，它们与港口共生、共存、共荣，如 13 世纪时法国就将马赛港设为自由贸易区。1900 年，全球共有 11 个自由贸易区，其中 7 个在欧洲，4 个在亚洲，其主要功能在于为贸易提供便利条件，主要业务集中在商业交换和流通环节，这类商业自由贸易区当前在世界上许多国家依然存在。现代意义上的自由贸易区一般是由 1973 年的《京都公约》界定的，指的是一国的部分领土内运入的任何货物就进口关税及其他各项税种而言，被认为在关境以外，并实施特殊的海关监管制度。自由贸易区主要分布在海运关键节点的部分海港以及海港的保税仓库，通常直接或间接地由港口管理，它们通常隔离于港口的其他区域，主要从事一些贸易相关的活动（如仓储、销售、展览）和轻型加工业务（如包装、标签、质量控制、分类）。[①]

自由贸易区大致可以分为两种类型——商业自由区和工业自由区，后者是在前者的基础上衍生而来的。随着国内外经济的发展，自由贸易区的功能进一步趋向综合，进而衍生出了转口集散型、工贸结合型、出口加工型、保税仓储型等新的自由贸易区形态。[②] 2013 年以来，我国先后设立了上海自由贸易区、广东自由贸易区、天津自由贸易区、福建自由贸易区等。2019 年 8 月，我国进一步增加了山东自由贸易区、江苏自由贸易区等 6 个新成员。截至 2021 年，我国自由贸易区总数已达 21 个。

[①] Farole, T., *Special Economic Zones in Africa: Comparing Performance and Learning from Global Experience*, Washington DC: World Bank Publications, 2013.

[②] 为了促进自由贸易区的发展，美国还在 1934 年通过了《对外贸易区法》，以回应 1930 年的保护主义政策，旨在创造一个条件更好和交易成本更低的环境来促进国际贸易（详见陆夏《世界自由贸易园区的发展历程、功能评价与启示》，《海派经济学》2015 年第 1 期）。截至 2013 年，全球已有 1200 个自由贸易区，其中发达国家有 425 个，较有代表性的有阿联酋迪拜港自由港区、德国汉堡港自由港区、美国纽约港自由贸易区、荷兰阿姆斯特丹港自由贸易区；发展中国家有 775 个。

（二）出口加工区

出口加工区（Export Processing Zone）是国家划定的一个专门用于制造、加工、装配出口商品的特殊工业区，其目的在于利用外资发展出口导向型工业，以扩大对外贸易和发展外向型经济，出口加工区的面积通常在 10 平方公里以内。[1] 作为一种经济特区，出口加工区的"特"集中体现为"境内关外"的特点，从而可以享受海关监管之外的税收优惠政策[2]，享受高质量的基础设施以及其他方面灵活的财政支持。创建于 1959 年的爱尔兰香农自由贸易区通常被视为世界上第一个以出口加工为主的免税工业区，这是现代经济特区发展过程中的一个关键节点，它第一次将自由贸易区的属性与工业园区的属性结合起来，组成一个综合投资，是工业和贸易发展的工具，这为世界各地的出口加工区提供了模板。目前，成立出口加工区已经被视为发展中国家从内向型发展方式向外向型发展方式转变的重要标志，也是许多国家实施外向型发展战略的重要政策工具。

20 世纪 80 年代以来，出口加工区成为我国促进工业化的重要方式，通常在主要的交通枢纽选址，通过在区内外实施差异化的海关制度为企业提供投资激励，同时提供专门的支持功能，涵盖从投资到生产、销售的整个链条，最终发展成为一个具有完善配套设施的工业区。通过出口加工区，我国吸引了大量外资，并从传统的初级产品出口转向了非传统的工业制成品出口，显著促进了经济增长和结构转变。我国最初的出口加工区多是劳动密集型制造业出口加工

---

[1] Ota, T., "The Role of Special Economic Zones in China's Economic Development as Compared with Asian Export Processing Zones: 1979–1995", *Asia in Extenso*, 2003, pp. 1–29.

[2] 严格意义上的出口加工区出现在 20 世纪 50 年代末，它是在自由贸易区基础上发展以出口加工为目标的制造业。早期的自由贸易区多是禁止从事加工制造业务的，西班牙自由贸易区是最早容纳工业生产的园区之一，在 20 世纪 20 年代早期，西班牙加的斯港是欧洲首批引进福特汽车工厂的港口之一。允许在自由贸易区内从事制造业，可以说向前迈出了重要的一步，但是并没有真正引入以出口为导向的工业化计划，因而在当时没有产生太大影响。

区，充分发挥了劳动力密集优势和规模经济，且通过明确的边界和严格的海关控制，区内生产的大部分产品必须出口，产品大多出口至欧洲、日本和美国等消费市场。政府在出口加工区内为企业提供工业用地出租/租赁，同时提供简化的行政程序、投资和运营等方面的政策支持。早期的出口加工区只专注于出口市场，投资仅限于外国资本和制造业。20 世纪 90 年代以来，我国出口加工区发生了巨大变化，允许开展的业务类型显著增加。

（三）综合性特区

综合性特区来源于我国广东和福建的经济特区实践，指的是推行对外开放政策，通过吸收外国投资实现国际经济合作和经济发展等综合性目标的一种特殊区域。当然，也有学者认为我国的综合性特区与国外的出口加工区并无二致。[①] 综合性特区和出口加工区虽然有相似之处，但是综合性特区不是一个城市里只从事现代制造业和出口加工的小型飞地，而是一个比出口加工区规模更大、功能更全的特殊政策区域。1979 年以来，我国在出口加工区模式上探索出了综合性特区模式，提出试办深圳、珠海、汕头和厦门四个出口特区的设想，1980 年改称经济特区。一般而言，我国综合性特区的物理空间通常远远大于出口加工区的平均面积。例如，深圳经济特区的原始区域面积为 327 平方公里，扩建的厦门经济特区包括整个厦门岛，海南经济特区的范围为海南本岛，也是中国最大的经济特区。与出口加工区相比，综合性特区可从事的活动范围更广，而传统的出口加工区主要集中在制造业的出口加工和装配领域。随着我国综合性特区的成功，国外许多国家开始借鉴我国的经济特区模式，较为典型的包括越南、印度以及非洲的许多国家。

---

① 姬超、袁易明：《深圳经济特区奇迹解释及理论启示》，《中国经济特区研究》2013 年第 1 期。

（四）自由港

自由港具有悠久的历史。1547 年，意大利将热那亚湾的里窝那港设为自由港，这是世界上第一个自由港。随后欧洲许多国家陆续在港口城市开辟自由港以扩大对外贸易。现代意义上的自由港的内涵更加丰富，自由港通常不会受到主权国家的海关管辖，享受很高的经济自由度，国外企业如果选择在自由港投资或生产，如进行产品的加工、组装、改装、存储或再出口，则不会受到该国海关管制，也无须缴纳关税。只有当产品进入该国海关管辖区时才须纳税，因而相比在国家腹地直接投资，自由港具有更高的自由度和灵活度。[①]与自由贸易区、出口加工区相比，自由港是一种涵盖种类最多、覆盖范围最广的经济特区类型，且具有更大的自主权，除了贸易自由，自由港还拥有投资自由、雇工自由、经营自由、经营人员出入自由等权利。[②] 从规模来看，自由港的大小不一，既可以是边界严格界定的小部分港口区域，也可以是整个港口或城市，较有代表性的自由港包括直布罗陀、汉堡、香港、新加坡、槟榔屿、吉布提等的自由港。截至 2020 年，全球自由港数量已经超过 130 个。2017 年，党的十九大报告指出，要赋予自由贸易试验区更大的改革自主权，探索建设自由贸易港。随后，海南自由贸易区被赋予自由港的发展定位，开启了中国对更高开放程度的探索。

三 中国经济特区的功能使命

20 世纪 80 年代以来，经济特区逐渐成为中国经济发展过程中重要的区域开发范式、政策工具和发展手段，原因在于经济特区能够

---

① 杨明、赵明辉、原峰、杨伦庆：《香港新加坡自由港政策分析》，《新经济》2019 年第 4 期。

② 潘孝松、陈刚：《宁波保税区转型升级研究》，《时代经贸》2018 年第 25 期。

在产业发展、吸引外资、增加出口、创造就业和税收、促进贸易等方面发挥显著作用，进而增进国民财富和推动国家繁荣。一方面，经济特区可以凭借自身发展为国家做出直接贡献，如吸引外资、增加出口、创造就业和外汇等，也可以在技术进步、产业升级、劳动力和管理技能提升、制度创新、经济多元化等方面做出贡献。另一方面，经济特区还可以通过制度、环境、社会等领域的全方位改革，发挥示范带动作用，促进整个国家的制度优化和持续发展①，这是经济特区深层次的功能体现。

（一）提供平台，促进产业转型升级

经济特区首先为产业集聚发展提供了重要载体。在我国经济发展初期，工业化是困扰经济发展的一大难题，许多地区长期停留在以农业为主导的低水平发展阶段。产业转型升级的需求十分强烈，但是整体同步推进工业化的难度很大，也不具备这样的条件。此时，经济特区就成为我国工业和区域发展范式的重要手段，它为我国集中、快速承接发达国家产业转移提供了平台，对经济特区自身的工业发展起到了关键作用，同时也带动了我国整体外向型经济的迅速建立，类似的例子在沿海很多经济特区都得到了很好的体现。

（二）吸引外资，解决资本稀缺难题

资本稀缺是我国经济发展初期面临的主要难题，至今仍是限制许多欠发达地区经济起飞的关键因素。因此，从传统的出口加工区到大型经济特区，我国几乎所有的经济特区在吸引外国直接投资方面都不遗余力。通过提供世界一流的基础设施、优惠的税收等政策，经济特区可以吸引大量外来资本。事实上，经济特区的"特"在很大程度上体现为为入园企业提供了一种特殊的发展租金，进入经济

---

① Farole，T.，*Special Economic Zones in Africa：Comparing Performance and Learning from Global Experience*，Washington DC：World Bank Publications，2013.

特区则可享受这项独特的福利，从而对许多企业产生了激励作用。例如，中国内地经济特区在吸引港澳台地区以及其他国家的资金方面发挥了重要作用，通过提供税务减免、低廉租金、设施支援等全方位的优惠政策，吸引了大量外国企业进入。1979~1995年，我国获得的外国直接投资占发展中国家的40%，其中的18%投向了深圳、珠海和汕头三个经济特区，这在很大程度上促进了当地及我国整体的工业化。

（三）增加出口，融入世界分工体系

二战结束以来，外向型发展已经成为每个国家崛起的必然路径。经济全球化背景下，经济特区在促进全球经济分工和我国融入世界分工体系，以及推动区域经济梯度发展方面发挥了重要作用。20世纪60年代，出口加工区的快速发展标志着以进口替代为重点的保护主义的失败，这对促进世界经济一体化和区域融合发展做出了重大贡献。20世纪70年代，欧美发达国家的劳动密集型产业开始向外转移，亚洲和南美洲许多国家的出口加工区得以快速发展。到了20世纪80年代初，欧美发达国家开始集中发展技术密集型产业，资本密集型产业也开始大量向东亚和拉美国家转移，从而为我国东部沿海地区的经济特区承接东亚国家的加工制造业创造了条件，也为我国融入世界分工体系和外向型经济转型提供了历史性机遇。通过设立经济特区，我国很好地抓住了此次机遇，得以在众多发展中国家率先取得竞争优势。当前，我国已是世界上最大的工业制成品出口国，各种类型的工业园、高新区等经济特区在其中发挥了关键作用。可以说，经济特区是我国走向世界的通道，也为世界了解中国提供了一个窗口。

（四）促进贸易，破除保守主义壁垒

如前文所述，经济特区在促进我国出口和构建发展外向型经济

体系方面发挥了重要作用，因而促进贸易自由化也是我国多数经济特区的重要功能，这在较为发达的沿海地区的自由贸易区中体现得尤其明显。但是在新的国内外形势下，发达国家开始对发展中国家尤其是新兴经济体实施贸易壁垒包围，在这种情况下，借助经济特区这一平台，特别是在全球化深度推进的大环境下，可以在很大程度上降低甚至消除贸易壁垒的影响。

（五）政策试验，推动整体制度改革

我国建立的各种类型的经济特区并不仅仅在于推动局部地区的经济增长，其承担的另一重大功能在于通过局部地区和局部领域的政策试验促进整体的制度改革。例如，许多国家通过经济特区集聚了增长要素，实现了当地经济起飞，但是由于没有进行深层次的制度改革，经济特区的增长效应未能得到充分释放。国外许多经济特区在税收、土地、劳工等方面进行了政策调整，甚至学习了发达国家一些先进的管理制度，从而有利于引进更先进的技术和管理模式，提高要素配置和资源使用效率，韩国、毛里求斯、中国台湾等国家和地区的经济特区多是遵循这种模式，将经济特区作为应用新政策和方法的试验区，外商直接投资、法律、土地、劳工甚至定价政策首先在经济特区内进行试验。但是在试验之后并没有很好地向更大范围进行推广，导致经济特区的整体溢出效应不够理想。最终，享受优惠政策的经济特区不但没有带动整体经济体制的优化，反而形成了许多僵化的利益群体，导致国家碎片化发展。

在促进制度改革方面，我国的经济特区为其他国家提供了典范。我国的经济特区不仅是一个又一个的特殊开发区域，更是我国整体制度改革的一项重要策略。这种策略集中体现为经济特区在不同阶段承担着不同的市场化改革使命。一方面，早先设立的经济特区随着发展阶段的变化，其享受的优惠政策也在发生变化，或者向全国范围推开，或者被取消；另一方面，不同经济特区享受的优惠政策

存在很大差异，这种差异不仅体现在政策的力度和数量上，而且体现在政策的类型上，这是由经济特区承担的特定功能和使命决定的。最终，经济特区试验成功的制度经验会向全国推广，也就是说，经济特区是探索中国特色社会主义市场经济体制的排头兵，它们共同构成了中国整体发展道路体系，这是发展型国家偏向性政策实践的关键所在。

四　建设经济特区的主要争议

尽管经济特区具有各种功能作用，但是经济特区并非包治百病的灵丹妙药，忽视国情盲目照搬他国的经济特区模式不但无法实现预期目标，反而浪费大量宝贵资源。作为发展中国家的一种重要发展工具和发展策略，经济特区在实践过程中既有成功经验，也不乏一些失败教训。经济特区由于享受偏向性政策支持，因而常常招致非议，尤其是当经济特区未能充分发挥既定的功能作用时，来自各方的批评往往更加激烈，这在中国以及许多发展中国家都客观存在。事实上，能够取得中国沿海经济特区那般成就的经济特区并不多。即使在中国，在沿海经济特区取得巨大成功的同时，也有一些地区的经济特区实践不是那么成功。

（一）无视经济规律的过度过快建设

自20世纪80年代以来，在部分较为成功的经济特区的示范带动下，类型繁多的经济特区在全国范围内成立，但是不同经济特区的表现具有很大差异。到了20世纪90年代，全国范围内各种类型的经济特区数量迅速增加，特区类型和规模快速膨胀。不断扩张的经济特区完善了我国的产业布局，丰富了我国的经济政策体系。到了2002年末，我国的经济特区已覆盖到省、市、县乃至部分乡镇，遍布沿海、沿边、沿江和内陆城市，但是这种盲目扩张产生了很多负面影响，实际上背离了设立经济特区的初衷。一方面，许多地方政府利用享受特殊政策的产业园区盲目招商引资、追求政绩；另一方面，许多园区的可行性和持续性存在很大问题，仅凭优惠政策制造发展噱头，一些园区甚至陷入"不选而入、不用而占、不择而批"的恶性循环，造成了很大浪费，最终不得不通过政府的宏观调控大力压缩市县级产业园区，一些根本不具备发展条件的国家级园区也被摘牌。[①]21 世纪以来，随着企业"走出去"的步伐不断加快，我国又通过境外经济贸易合作区将经济特区模式推广至境外。理论上，境外经济贸易合作区可以将中国的发展经验和东道国的发展需求相结合，发挥产业集聚和经济增长的平台作用。但是在实践中，许多经济特区远没有达到预期目标。相关数据表明，55%的境外经贸合作区尚未开始盈利，实现可观利润的合作区比重仅为 12%。由此可见，经济特区并非仅靠优惠政策就能取得成功。[②] 盲目、过快的经济特区扩张也是不符合发展型国家偏向性政策的内在要求的。

（二）偏向性政策产生了负的外部性

经济特区内外实行差异化的政策，在一定程度上导致了区域分化和发展差距，尽管这种安排对许多发展中国家的经济起飞是必要的，但也不可避免地引起了许多争议，部分经济特区被指责为特殊利益集团攫取私人利益的工具。[③] 其中，针对中国经济特区的激烈争论时有发生，如成立于 20 世纪 80 年代初的蛇口工业区，在当时就交由招商局开发，完全由企业来经营一个区域是一次非常大胆的尝试，一些人甚至认为蛇口工业区是当代"租界"。[④] 关于经济特区

① 任浩等：《园区不惑：中国产业园区改革开放 40 年进程》，上海人民出版社，2018。

② 姬超、李芝兰：《吉布提国际自贸区的开发模式与实践逻辑》，《国际贸易》2019 年第 7 期。

③ 李芳：《改革以来中国特区私有财产权演进模式研究》，《社会科学辑刊》2009 年第 2 期。

④ 朱玉：《对外开放的第一块"试验田"——蛇口工业区的创建》，《中共党史研究》2009 年第 1 期。

"姓资"还是"姓社"的争论非常激烈，在此之后的深圳等几个经济特区都遭受了各种各样的非议。根据发展型国家理论，经济特区偏向于某类主体的优先发展，前提是这类主体的优先发展能够给其他主体带来明显的发展红利，如更多的就业机会、中间品供应机会以及生活生产环境的改善等，这就要求选择具有发展潜力的产业和恰当的企业主体，一旦政策定位不当，偏向性政策就会产生负的外部性，挤占其他主体的发展空间，浪费政策资源和发展机遇。①

（三）游离于地方经济之外的"飞地"

当享受偏向性政策支持的经济特区出于政绩需求，或者只服务于极少数人的利益时，就容易演变成为当地经济体系之外的一块"飞地"。例如，一些欠发达国家设立的许多经济特区根本不具备发展条件，这些经济特区的设立并非出于经济考虑，更多的是出于政治考虑，如寻求区域平衡发展。② 还有一些国家设立经济特区更多的是服务于政治需要，出于政府向人民竭力展示自己的决心和意志而做出的一种姿态，而不是经济逻辑。③ 最终，许多国家付出很大代价投资建设的经济特区虽然标杆示范意义重大，但也容易导致项目过分追求大而全而忽略了经济特区的产业带动效应。特别是一些较为落后的资源型地区，以矿产、能源为主导产业的经济特区更是如此，许多特区、示范区对当地价值链的融入不够，不但没

---

① 国外的许多经济特区也存在类似的问题，如洪都拉斯早期制定的出口加工区相关政策中，为了吸引美国的纺织和服装企业，为其提供了大量优惠政策，但是对国内制造类企业，尤其是中小企业存在各种各样的隐性歧视，从而降低了国内投资者参与当地经济特区的兴趣，这对外国投资者也产生了负面影响，增加了资本成本和经营风险。在随后的发展过程中，洪都拉斯政府从早期的错误中吸取教训，逐渐纠正了这一问题。

② 胡公民：《亚洲"特区"浪潮启示西部大开发》，《西部论丛》2003年第9期。

③ 〔俄〕A. C. 瓦修克、A. E. 萨夫琴科：《俄罗斯滨海边疆区经济特区历史经验与实施前景》，张健荣译，《俄罗斯学刊》2015年第4期。

有充分带动当地经济发展，反而成为一块"飞地"，自主发展能力很差，完全没有起到示范作用。还有一些经济特区盲目追求吸引更多的科技类高附加值企业入驻，但是科技类企业考虑到市场需求因素对入驻产业园区的兴趣并不大，许多有意向入驻的企业因不被认可为高科技企业而又不能进入，最终导致园区的企业入驻率在很长一段时间内都不够理想。还有个别国家的经济特区数量极多，名目繁多但规模极小，导致这些经济特区很难发挥应有的作用，结果沦为城市的"飞地"。[①]

（四）较难实现产业转型和技术升级

发展型国家的偏向性政策必须根据发展阶段变化进行动态调整，因此经济特区也要不断转型升级，才能适应变化的国内外环境，实现可持续发展。按照产业发展规律，随着经济和社会发展程度的提高，经济特区的投资重点也必须从低附加值的劳动密集型产业向高附加值的技术产业转移，但是这种转型在实践中并不容易。例如，出口加工区的主要目标包括实现外汇收入、就业创造和技术转让，出口加工区在一些地区的确成功推动了经济增长和收入水平的提高，也解决了很多就业问题，但是技术扩散的目标在多数出口加工区并未实现。随着不同国家为经济特区提供的优惠政策力度越来越大，能够提供廉价劳动力的经济特区越来越多，一些经济特区原先承接的劳动密集型产业逐渐转移，而新的产业却未形成，从而产生了空心化问题。[②] 由此来看，仅仅依赖廉价劳动力、贸易优惠和财政激励政策的经济特区即使能够取得一定程度的成功，但大多局限在低附加值的低端产业层面，产业转型和技术升级的难度很大，难以实现

---

① Kumar, A., "Power, Policy and Protest: The Politics of India's Special Economic Zones", *Commonwealth & Comparative Politics*, 2014, 53 (4), pp. 1-2.

② Farole, T, Akinci, G., "Special Economic Zones: Progress, Emerging Challenges, and Future Directions", Washinton DC: The World Bank, 2011, pp. 159-181.

持续的竞争力，一旦外部环境发生重大变化，由于政策没有及时调整优化，许多经济特区的适应性问题就显现出来。

（五）较难调适多元主体的利益诉求

从主体视角来看，目前究竟是私有资本还是政府运营经济特区更为有效存在很大争议，两种类型的经济特区都有成功的案例，也有失败的案例。以私有资本为主运营的经济特区可能更为有效，但是政府主导运营的经济特区往往能为社会提供更为积极的回报。① 我国的经济特区本质上属于公共事务，建设主体多为政府，经济特区的规划、投资、法规制定、管理、招商引资、基础设施建设以及公共设施的租赁和维护等都由政府负责。但是在发展过程中，政府单一主导的经济特区建设模式也在逐渐发生变化。推动这种变化的主要因素包括：①宏观经济的稳定以及由此产生的预算和财政约束；②经济特区的持续发展离不开私有资本的参与，引入私有资本的必要性因此提升，私有资本也可以从园区运营中获得收益。目前，我国公私合建的经济特区比重越来越大。其中，政府提供私营部门所不能或不应提供的发展战略，并负责政策制定、立法、监管、执法以及提供关键的公共产品，包括公共资金、土地折扣或免费土地、外围的基础设施建设等。私营部门则负责开发和运营特区，包括对特区的总体规划、核心的房地产和基础设施投资，以及园区建设、管理、推广等。通过公私合作形式，发展经济特区的风险从国家逐渐分散到私营部门，但也可能进一步模糊公共部门和私营部门之间的严格界限，寻求利用每个部门的相互优势，多元主体的合作和分工（而不

① 在南美洲和加勒比地区，出口加工区在 20 世纪 90 年代的私有化转变是当地经济取得成功的一个主要决定因素。在东亚，政府主导的出口加工区也取得了巨大成功。而在非洲，无论是政府主导还是私有资本主导的经济特区普遍表现不佳（毛里求斯以及肯尼亚、马达加斯加、莱索托的部分地区是个例外）。详见 Farole, T., *Special Economic Zones in Africa: Comparing Performance and Learning from Global Experience*, Washington DC: World Bank Publications, 2013, pp. 61-87。

是竞争）将会成为经济特区建设的主要模式，如何更好地调适不同利益主体的诉求也就成为经济特区持续发展面临的又一难题。

五　中国经济特区的实践创新

出于发展需要，我国在改革开放初期面临工业化和承接发达国家产业转移的艰巨任务，这就需要在配套服务和基础设施方面提供有竞争力的条件。在有限的资源条件下，政府可能无法在全国范围内提供高质量的公路和铁路系统、通信网络、供水和供电设施，此时通过设立经济特区可以在一定区域范围内实施非均衡的公共部门投资计划，激励特定经济部门和企业的集聚，促进产业的前向和后向联系，促进部门专业知识的集中，率先启动经济特区的创业、创新活动，使得经济特区成为整体发展的增长极，在发展过程中进而对更多区域产生示范带动效应。与此同时，中国的经济特区在实践过程中并非简单地实施偏向性政策，而是在实践过程中不断创新，逐渐探索出一条适合中国国情的发展道路。

（一）经济特区是我国打破制度束缚的策略安排

任何一项政策的制定都根植于特定的体制环境。从大的方面来看，经济特区要么建立在社会主义体制下，要么建立在资本主义体制下；要么建立在市场经济体制下，要么建立在计划经济体制下。总体而言，我国的经济特区是计划经济向市场经济转型过程中的产物，体制背景因而成为我国经济特区实践的关键因素。[①] 对于中国而言，如果没有发展型国家理论的实践，没有务实追求经济发展的决心，就不会有经济特区的产生。同样，如果没有经济特区的率先探索试验，也就不会有中国特色社会主义市场经济在全国范围的确立

---

① 袁易明：《中国经济特区建立与发展的三大制度贡献》，《深圳大学学报》（人文社会科学版）2018 年第 4 期。

和发展。换言之，经济特区属于中国经济和社会制度变迁的一部分和不可或缺的环节①，这是我国经济特区成功发展的关键原因。综上，与国外相比，我国经济特区的设立和发展背景非常特殊，集中体现在我国的经济特区成长于从计划经济向市场经济转轨的制度环境下。在国外的经济特区内，政府只是取消或放宽限制经济中其他地方市场力量运作的因素，我国的经济特区则是在区域内创造一个市场环境，同时保持对经济特区之外区域的高度控制，以此渐进突破现有的制度束缚。

（二）经济特区是中国制度改革道路上规避风险的最优路径

在中国，之所以通过经济特区形式率先进行制度试验，主要是为了控制改革风险，这也是最早一批经济特区选择远离全国政治、经济中心的几个小渔村的原因。设立经济特区是中国发展道路的一个关键策略，作为从计划经济体制向市场经济体制转变过程中最早的试验区域，经济特区率先享受到了市场经济改革的红利，创造了强大的发展动力，在经济起飞时就拥有了领先于其他区域的先行优势。进一步地，以经济特区率先发展继而带动整个国家的经济起飞逐渐成为中国发展道路的独特路径。以经济特区为起点的制度试验路径在中国得到了成功实践，逐渐形成了经济发展的"特区范式"。② 这一范式集中体现在以经济特区为起点的渐进式、非均衡发展路径，这一路径是中国整体制度改革道路上规避风险的最优路径，也是经济特区自身发展的重要前提。这种非均衡的、渐进式试验保障了试验主体的收益最大化。因此，经济特区的经济迅速起飞，当经济特区发展到一定程度后，经济特区的范围进一步向外扩展，向全国更多地区推广试验成功的制度经验。

---

① 陶一桃、鲁志国主编《中国经济特区史论》，社会科学文献出版社，2008。
② 袁易明：《中国经济特区建立与发展的三大制度贡献》，《深圳大学学报》（人文社会科学版）2018 年第 4 期。

（三）通过经济特区有助于将静态的比较优势转变为动态的竞争优势

根据比较优势理论，后发国家只能被动地融入全球分工体系，发挥现有的比较优势，无法取得根本性突破和赶超。例如，国外许多出口加工区是在全球化不断深化过程中出现的，尤其是许多发展中国家从进口替代的发展战略转向出口促进的发展战略后，在加大力度生产和出口轻工业制成品的背景下推出的。通过建立具有专用基础设施，简化公共管理和各种财政激励措施的特殊区域，这些发展中国家充分利用劳动密集优势，大力开展出口导向型生产活动，引进了许多国外资本和技术，进而创造了就业机会和外汇，促进了贸易和经济增长。但是随着全球贸易和投资环境的变化，传统出口加工区的适应性问题越来越突出。

近半个多世纪以来，全球出口加工区的快速发展，以及它们在东亚等地区促进出口带动增长的成功，部分原因是自 20 世纪 70 年代以来发生了前所未有的贸易和投资全球化，随之而来的是制造业的纵向分工和空间分散，最终形成了高度集成的"全球生产网络"，特别是在电子、服装等轻工业领域的投资占据了传统出口加工区投资的绝大部分。然而这个时代可能已经或者行将结束，虽然全球贸易已经从 2008 年的经济危机中逐渐恢复，但美国和欧洲经济显然不再是全球需求的重要引擎。为了响应这种变局或者说长期趋势，全球生产网络中的领先企业重新整合其供应链，无论是供应商还是生产地点，传统的出口加工区都面临重大挑战，仅仅依靠较低的劳动力成本和规模经济优势，越来越难以支撑这些出口加工区的持续发展。

广大发展中国家和地区的出口工业区等各种类型的经济特区为中国的经济特区建设提供了宝贵经验。自 1977 年开始，中共中央和国务院开始派出考察队赴发达国家和中国的港澳地区进行深入交流，以学习发达国家和地区经济发展的先进经验，这赋予了中国经济特区更多的后发优势。但是，在实践过程中，中国的经济特区并没有直接复制国外的出口加工区模式，而是试验探索了一种综合性更强的经济特区。与国外相比，中国在设立经济特区之前的内向型发展战略与国外的进口替代战略大不相同，主要体现在中国 1978 年之前的发展政策强调自力更生，对国外资本和技术的依赖有限，发展重点是重工业而不是轻工业，因此中国的经济特区也就不是进口替代战略下经济发展的产物。也有学者认为中国越过了进口替代的发展阶段，1978 年以来的改革开放试验使得中国直接进入了出口促进阶段。但是与此同时，经济特区的许多外资企业从事的又是进口替代性生产，从这个意义上说，我国的经济特区在发展过程中呈现了出口促进和进口替代的双重属性。[1]

总体而言，我国的经济特区通常规模更大，与当地经济的联系更多，并且更具多功能性和自发性，而不是仅仅依赖于短期的激励政策。我国的经济特区在建设过程中非常重视构建与地方经济的内在价值关联，从而避开了传统出口加工区功能狭隘的缺陷，逐渐从财政激励转向增值服务，并且提供多样化、差异化的服务，转而支持包括工业、商业、住宅甚至旅游活动在内的多用途开发项目，还有一些经济特区转向专注于信息和通信技术、生物技术等特定高端服务的高度专业化开发项目。与此同时，经济特区通常不断试验探索以市场为导向的经济改革，在此基础上向更广泛的区域推广。

综上所述，经济特区的发展是一个不断调整以适应国内外环境变化的过程。作为一种特殊区域，经济特区在为当地经济和社会发展做出贡献的同时，也难免存在各种各样的局限性，全国各地的经

---

[1] Wong, K., Cai, R., Chen, H., "Shenzhen: Special Experience in Development and Innovation", In Yeung, Y., Hu, X. (eds.), *China's Coastal Cities-Catalysts for Modernization*, University of Hawaii Press, 1992, p. 99.

济特区并非全部取得了预期的成果。鉴于传统经济特区的局限性以及不断变化的全球宏观经济和监管环境，一方面，在建设新的经济特区时需要设计更加复杂的发展策略以吸引高端生产要素；另一方面，对于已经建立了经济特区的地区来说，为了持续保持竞争力，就要不断超越单纯依赖优惠政策的发展方式，增加对高附加值投资活动的吸引力。值得注意的是，经济特区的发展是一个过程，通常不会在成立经济特区之后迅速取得立竿见影的效果。事实上，即便是我国沿海地区较为成功的经济特区，大多也经历了5~10年的培育期才开始展现效果。这表明，对于经济特区的发展，政府需要提供持续的政策、资金等方面的支持，同时需要保持足够的耐心。①

---

① Farole, T, Akinci, G., "Special Economic Zones: Progress, Emerging Challenges, and Future Directions", Washinton DC: The World Bank, 2011, p. 142.

第七章　经济特区的动态演进
与中国发展道路

在上一章，本书着重以经济特区为例讨论了中国的偏向性政策实践。如前文所述，偏向性政策在中国的实践并非一个静态概念。从纵向来看，经济特区的动态演进正是中国发展道路的形成过程；从横向来看，经济特区的动态演进体现了区域之间的有机联系。在讨论中国经济问题时，现有的许多研究习惯于将中国作为一个整体看待，区域之间以及区域与整体的有机关联没有得到足够重视。但是事实上，我国不同区域、不同领域之间的发展差异十分巨大，非均衡发展特征非常明显，这恰恰是中国偏向性政策的实践结果。与此同时，基于偏向性政策的先行地区构成了后发地区经济扩张的重要前提和背景，最终形成了全国各地梯度发展、渐进优化的发展格局，形成了中国特色的非均衡发展道路，中国在实践过程中也在不断丰富发展型国家的理论内涵和外延。

一　经济特区的动态演进与中国道路

中国的经济特区在偏向性政策实践中体现为一个顺应国内外环境变化而不断发展演变的过程，中国发展道路在这一过程中逐渐形成并优化。中国的现代发展道路以改革开放为起点，对内改革始于农村家庭联产承包责任制，对外开放始于设立经济特区，不断深化的改革开放构成了社会主义现代化建设的探索征程。40多年来，经济特区先行先试，持续发扬敢试、敢闯精神，在探索中国特色社会主义发展道路上发挥了重要作用，是我国社会主义市场经济体制改革当之无愧的"试验田"和对外开放的"窗口"。1979 年，中央在深圳蛇口设立了第一个对外开放的工业区。1980 年，深圳经济特区正式成立，同年设立的经济特区还有珠海、汕头、厦门经济特区。1984 年，中国进一步将经济特区的试验推向沿海 14 个港口城市，在这些城市设立了经济技术开发区，通过一系列优惠政策激励更多新兴产业和城市的发展。1988 年，海南经济特区成立。1990 年，上海浦东新区成立。在此之后，各种类型的经济技术开发区、高科技园区等经济特区纷纷成立。2013 年以来，我国先后在上海、广东、天津、福建、辽宁、浙江、河南、湖北、重庆、四川、陕西等 18 个省份成立了自由贸易区，进一步探索了以贸易自由化、投资便利化为主要目的的多功能经济特区。2017 年，中共中央、国务院决定在河北省的雄县、容城、安新及周边地区设立国家级新区，雄安新区就此成为继深圳经济特区、浦东新区之后又一具有全国示范意义的政策新区。2018 年，海南成立自由贸易港，标志着中国对外开放的进一步深化。2019 年，深圳经济特区升级为中国特色社会主义先行示范区。中国改革发展的大幕伴随上述重大事件徐徐展开，中国道路亦伴随经济特区的实践不断扩展。

（一）从深圳经济特区到海南经济特区

中国传统意义上的经济特区通常指的是深圳、珠海、汕头、厦门和海南 5 个经济特区。20 世纪 80 年代初，长期以来的计划经济禁锢逐渐被打破。1979 年 7 月，中央决定率先开放广东省和福建省。1980 年 8 月，广东省的深圳、珠海和汕头被指定为经济特区，同年制定了《广东省经济特区条例》，经济特区实践获得了法律依据。[①]

[①] 颜玮：《深圳特区的制度试验及其非均衡发展路径研究》，深圳大学博士学位论文，2015。

1980 年 10 月，福建省的厦门设立经济特区。这 4 个经济特区的直接目标均是促进经济发展，它们都享有特殊的金融、投资和贸易特权，且远离政治权力中心，以尽量减少潜在的改革风险。中央鼓励这些地区采取务实和开放的经济政策，大胆试验和进行政策创新，如果试验成功，则在全国范围内实施。① 1988 年 4 月，我国设立了海南经济特区。同年，海南发布了《海南经济发展战略》，明确了经济发展规划，大规模的经济特区建设逐渐展开。从中央赋予海南的各项优惠政策来看，海南经济特区的范围更大，政策也更优惠。

从深圳经济特区、海南经济特区的发展经验来看，改革和开放是贯穿经济特区发展过程的主线，大胆地改革创新，探索开放型、外向型经济体制，建设全面开放格局贯穿经济特区建设始终。国家对这 5 个经济特区的要求都是坚持先行先试，要求它们"敢闯""敢试"，要"杀出一条血路"。邓小平同志说："没有一点闯的精神，没有一点'冒'的精神，没有一股气呀、劲呀，就走不出一条好路，走不出一条新路，就干不出新的事业。"② 当然，由于不同地区所处的经济发展阶段、文化社会环境不同，上述经济特区的设立时间有所不同，其承担的具体功能也不完全相同，发展结果自然也存在很大差异。③

（二）从沿海经济特区到沿河、沿边开发开放新区

作为中国整体改革开放政策的一部分，设立深圳等 5 个经济特区仅仅是开始。1984 年，中共中央决定进一步开放大连、秦皇岛等 14 个沿海港口城市④，将经济特区试验扩展到更多区域，并在这些

① 邓小平同志在视察深圳、珠海和厦门经济特区后提出："我们还要开发海南岛，如果能把海南岛的经济迅速发展起来，那就是很大的胜利。"参见《邓小平文选》（第三卷），人民出版社，1993。
② 《邓小平文选》（第三卷），人民出版社，1993。
③ 颜玮：《深圳特区的制度试验及其非均衡发展路径研究》，深圳大学博士学位论文，2015。
④ 这 14 个沿海港口城市分别是大连、秦皇岛、天津、烟台、青岛、连云港、南通、上海、宁波、温州、福州、广州、湛江和北海。

城市设立了经济技术开发区，通过提供特殊投资激励措施来进一步吸引外资，发展新兴产业尤其是技术密集型产业。其中，经国务院批准设立的大连经济技术开发区是中国正式设立的第一个经济技术开发区。随后，更多的沿海开放城市设立了经济技术开发区，制定了相应的扶持政策，使其逐渐成为沿海优先发展的新载体。① 经济技术开发区的发展经验再次证明了经济特区的有效性。1985 年，我国在经济技术开发区的基础上着力加大对外开放力度，并在江苏、浙江、广东、福建等沿海地区建设了一批沿海经济开放区，强调这些地区要发展出口导向的加工制造业，以及发展这些加工制造业所必需的农产品和原材料行业，同时提供优惠激励措施，以促进出口生产和外国资本流入。② 1988 年，我国进一步将沿海经济开放区的范围扩展至辽宁、山东、天津、河北的一些沿海城市，对外开放的范围大幅扩大，几乎涵盖了我国整个海岸线，旨在推进沿海地区快速发展，形成沿海和内地优势互补、分工合作的区域开放格局。到了 1992 年，我国的对外开放政策开始由东部沿海向中西部沿河、沿边地区扩展，对外开放范围增加了 11 个内陆地区省会，原先由沿海开放地区专享的优惠政策逐步向腹地扩展推广，内陆地区对外开放的步伐开始加快。③ 在这个过程中，经济技术开发区、高新技术产业开发区、保税区等多种形式的经济特区得以建立和发展，如北京设立了新技术产业开发试验区，成为我国第一个国家级高技术产业开发区，这也成为中关村科技园区的前身。④

经济技术开发区进一步丰富了中国经济特区的实践内涵，在具体的发展方式上，多数开发区以土地开发（通过土地抵押换取原始发展资金、依托土地资源与劳动力优势）和对外开放（借助对外开

---

① 周干峙：《关于经济特区和沿海经济技术开发区的规划问题》，《城市规划》1985 年第 5 期。

② 叶顺煌：《闽南区域崛起的时代抉择》，《政协天地》2014 年第 12 期。

③ 伍长南：《四大外商投资区利用外资与产业升级研究——长三角、珠三角、闽东南、环渤海湾地区利用外资与产业升级的分析》，《亚太经济》2002 年第 5 期。

④ 黄威、苏会志：《组建中关村科技园区的幕后新闻》，《经济世界》2000 年第 4 期。

放的有利条件）为主要手段，从而吸引资本进入，实现资本的技术溢出效应。[①] 在这一开发逻辑下，中国经济特区利用外资的数量迅速增加，引进产业的层次和技术含量不断提高，对中国工业化进程做出了重要贡献。截至 2017 年末，全国各种类型的国家级产业园区已经达到 552 家，其中国家级经济技术开发区从 1986 年的 14 家扩展到了 219 家，国家级高新技术产业园区达到 156 家，国家级保税区 108 家，国家级出口加工区 27 家，国家级边境经济开发区 19 家，其他国家级开发区 23 家（含旅游度假区、台商投资区、新区、保税港区等）。[②] 在数量扩张的同时，经济特区在全国的空间分布更加合理，从最初的沿海集聚区逐渐扩展到了内陆地区，重点发展的产业也从基础性产业拓展到技术密集型产业。随着沿海开放和经济发展程度的不断提高，沿边开放逐渐成为中国经济开放战略的重要组成部分。2010 年，在中央新疆工作会议上中央正式批准设立喀什经济特区，标志着发展型国家理论在中国的实践进入一个新的阶段，发展重点转向沿边地区。综合考虑各项条件，喀什成为沿边发展的增长极，这就需要国家提供特殊优惠和扶持政策，发挥其面向中亚、南亚、西亚的地缘优势和市场优势，通过偏向性政策支持，推动喀什实现跨越式发展。[③] 至此，中国实现了从沿海经济特区到喀什边疆经济特区的连通，沿边经济特区成为我国区域经济发展新的重要载体，成为中国"先富带动后富"及"人人享有发展改革成果"的重要手段。[④]

（三）从经济特区到自由贸易区

随着中国经济特区地域范围的扩大，经济特区实践的深度也在不断拓展，具体体现在现有经济特区的动态演变上。先行一步的沿

[①] 任浩等：《园区不惑：中国产业园区改革开放 40 年进程》，上海人民出版社，2018。
[②] 任浩等：《园区不惑：中国产业园区改革开放 40 年进程》，上海人民出版社，2018。
[③] 王立波：《喀什加满清真寺的建筑装饰魅力》，《新疆艺术学院学报》2010 年第 4 期。
[④] 姬超：《渐进式发展道路的中国实践与区域发展战略——基于深圳的实验》，《江西社会科学》2017 年第 10 期。

海发达地区的经济特区再一次率先推动对外开放格局的深化，着力打造新的开放发展高地，进一步提升了中国对外开放的深度。① 2013年成立的中国（上海）自由贸易试验区为中国自贸区建设开了局，标志着自贸区成为中国改革开放新的试验田。2014 年以来，广东、天津、福建等地的自由贸易试验区总体方案先后获批，全国自贸区总数达到了 18 个。② 至此，中国经济特区形成了从沿海到内陆、从北到南、由东至西的新的改革开放"雁阵"，彰显了中国建设开放型经济的坚定决心，同时表明经济特区将在更高层级、更广领域推动对外开放和经济转型升级，通过持续的探索实践丰富发展型国家理论。

（四）从自由贸易区到自由贸易港

自由贸易港是一个比自由贸易区涵盖范围更大、功能更全的概念，根据发展型国家理论的内在要求，经济特区的实践须采取渐进式方略，结合国内外环境以及我国经济当前运行情况，自由贸易港这一类型的经济特区还不宜在全国范围内过快推进。③ 2018 年，我国决定在海南先行探索自由贸易试验区建设，在此基础上分步骤、分阶段稳步推进自由贸易港的发展，相关的政策和制度体系在这个过程中不断完善。④ 以海南为试点建设自由贸易港是我国对外开放政策的进一步深化，同时选择海南作为试点有其内在的必然性。海南的对外开放经历了一个由浅入深的过程，海南建省之初就提出将海南全省建设成为境内关外的特别关税区，以此将海南全岛直接推向

---

① 颜玮：《深圳特区的制度试验及其非均衡发展路径研究》，深圳大学博士学位论文，2015。
② 根据商务部统计，截至 2018 年底，除海南以外的 11 个自由贸易试验区累计新设立企业 61 万家，其中外资企业 3.4 万家，自由贸易试验区以不到全国万分之二的面积吸引了 12%的外资，创造了 12%的进出口总额，累计 202 项改革试点经验复制推广到全国范围。详见《全国改革开放的"新试验田"　走进中国第一个自贸试验区》，百度百家号，2019 年 8 月 8 日，https：//baijiahao. baidu. com/s？ id = 1641259387474474403&wfr = spider&for = pc。
③ 王鑫钢、冉婷、劳彬：《关于在广西北部湾经济区设立海关特殊监管区的若干思考》，《市场论坛》2007 年第 12 期。
④ 习近平：《在庆祝海南建省办经济特区 30 周年大会上的讲话》，《人民日报》2018 年 4 月 14 日。

全国，从而探索出一个比深圳等其他经济特区更特、全国最大的经济特区，但是这一设想并未实现。① 基于海南的比较优势，海南在2000年正式推出了建设"国际旅游岛"的设想，并以旅游业为核心逐渐扩展至现代服务业的全面开放。2009年，海南建设"国际旅游岛"的发展战略上升为国家战略。② 事实上，海南在建省之初就实行了省直管县的扁平化体制，率先探索推进了企业股份制改革，率先推进了粮食价格和主要生产资料价格的改革，近年来还在"多规合一"改革上走在了全国前列。③ 在自由贸易港的框架下，海南进一步探索了"小政府、大社会"的新体制，这与此前的改革试验也是一脉相承的。因此，作为一个"两头在外"的岛屿经济体，海南只有以更加开放的姿态释放经济活力才能实现持续的发展④，这既标志着海南站到了更高的起点上，也标志着经济特区进入了更高的实践层次。

（五）从经济特区到中国特色社会主义先行示范区

进入21世纪之后，中国的经济特区已经发展到相当程度，许多经济特区逐渐发展成为高度发达的国际化都市。但是随着国内外经济形势和竞争格局的剧烈变化，中国经济持续发展的压力不断增大。这就要求经济特区继续探索如何完善中国特色社会主义市场经济制度，继续发挥特区精神，深化改革开放。例如，在经济体制方面，经济特区要进一步处理好政府和市场之间的关系，完善中高级要素市场，创造更好的营商环境；在行政体制方面，经济特区要继续简政放权，为深化改革凝聚强大动力；在文化和社会体制方面，经济

---

① 陈克勤：《对邓小平决策海南建省办经济特区的回顾》，《海南师范大学学报》（社会科学版）2018年第6期。
② 夏锋、郭达：《海南经济特区开放型经济发展的基本经验与战略选择》，《改革》2018年第5期。
③ 张健：《浅谈海南建省办特区30年来的经济成就与经验》，《改革与开放》2018年第21期。
④ 夏锋、郭达：《海南经济特区开放型经济发展的基本经验与战略选择》，《改革》2018年第5期。

特区要继续引领创建市民社会，为公众提供更好的公共文化服务。2019 年 8 月，中共中央、国务院发布了《关于支持深圳建设中国特色社会主义先行示范区的意见》，这一方面标志着深圳经济特区作为我国改革开放的重要窗口，各项事业取得的显著成绩得到了充分认可；另一方面标志着以深圳为代表的中国经济特区将在更高起点、更高层次、更高目标上继续探索试验，推动中国特色社会主义制度继续向前发展。新时代下，简单地学习、引进、模仿已经难以满足经济和社会持续发展的制度需求，中国的经济特区要进一步建立并完善政府与市场的协同机制，通过深层次的改革试验和自主创新，探索中国经济和社会持续发展的新动力源，经济特区探索制度创新的方式也将由模仿借鉴向自主性创新转变，将在高质量发展、法治城市典范、城市文明典范、民生幸福标杆和可持续发展先锋等方面继续探索试验。

二　中国非均衡发展道路实践的形成

（一）基于均衡发展理论的失败探索

第二次世界大战之后，现代民族国家纷纷成立，开始了发展中国家自主发展的道路探索。20 世纪 50 年代，多数发展中国家的经济基础非常薄弱，产业结构极其单一，主导产业多为资源型或农业等低附加值行业，劳动生产率很低，同时缺乏现代经济管理经验。[①] 在这种情况下，许多人认为发展中国家落后的根源在于刚性的经济结构，导致价格失灵和资源错配，一些发展中国家尝试通过积极的国家力量实现国内产业结构向发达国家看齐，均衡发展理论的实践基础由此产生，这也是第二次世界大战之后民族国家现代化建设的首

---

① 姬超：《经济增长的历史观：发达与发展中国家之差异》，《江苏社会科学》2018 年第 3 期。

次尝试。按照均衡发展理论，发展中国家必须通过国家力量在各个区域、各个部门均衡投资，建立部门之间的联系，同时还要采取进口替代战略，优先扶持保护民族产业，从而在根本上改变落后的经济和产业结构。显然，以经济特区为起点的政策实践是不符合均衡发展理论要求的，也不可能取得成功，一些学者因而将经济特区视为次优选择，其成功仅限于有限时间范围内的特定条件①，并且很有可能成为"飞地"。但是事实走向了理论的另一面，在均衡发展理论指导下，许多发展中国家在各个行业领域展开了大规模投资，短暂的经济刺激和增长之后，迎来了长时期的经济停滞和持续的危机，与西方发达国家的发展差距越来越大。与之相比，中国等少数东亚国家基于偏向性政策的非均衡发展道路成功吸引了发达国家的直接投资并创造了大量就业和出口，开启了持续数十年的高速增长之路。

（二）基于增长极理论的偏向性政策实践

由于均衡发展理论在实践中的失败，许多国家开始寻求经济发展的新方向。其中，东亚几个国家率先从进口替代战略转向出口促进战略，从均衡发展思路转向非均衡发展思路，开启了对一些基础较好地区先行发展原因的探索。实际上，在很多发展中国家，最基本的经济起飞都很难发生，经济持续增长的难度就更大了，导致发展中国家长期深陷低水平发展陷阱。本书认为，引起这一现象的原因是普遍存在的制度锁定和要素聚合锁定，如何突破这种要素锁定是发展中国家经济起飞的关键。具体而言，在发展中国家寻求经济起飞时，首先面临的问题是资本短缺和劳动力过剩的矛盾，资本短缺在事实上成为制约发展中国家经济起飞的首要因素。由于发展中国家普遍就业不足，存在大量剩余劳动力，若要实现经济起飞，资本积累的速度就必须超过人口增长的速度，资本短缺问题进一步被

---

① Madani, D., "A Review of the Role and Impact of Export Processing Zones", *Policy Research Working Paper*, 1999, 17 (2), pp. 33–37.

放大了。① 在这种情况下，通过偏向性政策支持一些特殊地区优先发展并形成增长极，进而通过溢出效应辐射带动整体经济发展就成为一种现实可行的路径。非均衡发展从而成为一种突破制度锁定与要素聚合锁定的重要手段，通过非均衡发展推动一批增长极率先起飞，进而形成整个国家的"雁阵"发展模式，这一点在东亚国家已经得到证实，在中国经济特区的动态演进过程中也已得到体现。当然，随着经济的起飞和持续发展，偏向性政策引致的非均衡发展以及随之而来的区域分化也不能视而不见，这就需要以过程视角考察经济发展实践，推动经济特区的动态演变和优化调整，形成渐进拓展、相互继起的发展格局。

（三）偏向性政策的具体实践

中国发展道路表明，非均衡发展主要是通过一些偏向性政策促进特定地理区域和经济部门率先发展而实现的，并以这些部门的率先发展打破现状和寻求新的增长点。在实践中，政府通常优先支持个别地区、个别领域的基础设施发展并为其提供诱人的优惠政策，从而吸引先进生产性要素尤其是外资进入，由此产生的资本和产业集聚有望增加上下游更密集的资本投入和劳动力需求，产业发展和集聚还会在企业和工人之间产生知识溢出效应，最终形成一个相互促进的循环累积。

在现实中，为了快速实现宏观经济增进、国民生产总值增长、生活水平提高，常常需要执行非均衡的、偏向性的经济政策，如利用大量的出口和投资补贴导向特定区域、特定产业甚至特定企业②，一些特殊部门的利益会因此得到增进，另一些部门的利益则会受损，如农民、消费者、工人和小企业等在很大程度上是被忽视的。不过，在中国经济发展过程中，尽管政府实施了大量的偏向性政策，但是

① 姬超：《经济增长的历史观：发达与发展中国家之差异》，《江苏社会科学》2018 年第 3 期。
② T. J. 潘佩尔：《变化世界经济中的发展型体制》，载〔美〕禹贞恩编《发展型国家》，曹海军译，吉林出版集团，2008。

没有产生大规模的社会分化，原因在于以下两个方面。一方面，政策的偏向性扶持并非无条件的，政府在提供优惠政策的同时也施加了纪律和业绩标准，这决定了未来继续获得政府扶持的资格，也是获得特殊支持的区域、行业持续创新的内在动力之一，这就使得整个蛋糕越做越大。另一方面，偏向性政策并非一旦确立就一成不变，它是一个动态演变的过程，在我国就探索出一条"试验—推广—趋同"的空间渐次推进路径。① 在这个过程中，不同发展阶段、不同类型的区域和行业创新相互继起、相互示范，不断完善整个制度体系，推动整体经济持续快速发展。

三　中国发展道路的增量改革内涵

非均衡的发展道路意味着我们在讨论中国经济增长时必须坚持一个整体、动态、过程的视角。一旦秉承这一视角，每个区域、行业的发展就成为中国发展道路的有机组成部分，非均衡发展于是成为中国整体改革发展的一项重要策略。这种策略集中体现在率先通过局部区域的市场化改革试验，进而对其他地区产生示范扩展效应，逐步带动中国整体制度存量的优化调整，渐进实现全国整体的改革和发展目标。上述过程体现的正是中国发展道路的典型特征，本书将这种动态过程概括为增量基础上的存量优化调整，即增量改革。所谓增量改革，是与存量改革相对而言的，这种改革不是对现状进行剧烈的结构性变革，而是在不触动既有利益格局的前提下，选择新的领域或部门进行边际的市场化改革，首先在增量资产中引入市场机制。②

增量概念源自林德布洛姆的"渐进主义"（Incrementalism），他

---

① 徐现祥、陈小飞：《经济特区：中国渐进改革开放的起点》，《世界经济文汇》2008 年第 1 期。
② 类似的增量改革方案在中国改革过程中的许多领域都得到了鲜明体现，如从非国有经济部门开始的扩大企业自主权试验、价格双轨制改革等，蛇口试验则是中国增量改革的又一体现。

于 1959 年正式提出了渐进决策范式，认为决策者的理性是有限的，因此在一个相对稳定的社会中，不宜对政策进行大幅度改变，只有以稳健渐进的方式积小变为大变，才能获得最满意的政策效果。① 相比政策目标，林德布洛姆更加关注政策变革的过程。如果说传统的公共政策分析更加注重政策的规范性，以及对目标政策进行价值判断，那么林德布洛姆注重的则是现实中的政策是如何运行及变化的，他提出的渐进调适思路亦在西方许多国家、许多领域的公共政策实践中得到了检验。

与之相似，中国的改革发展道路没有采用"休克疗法"（或曰"大爆炸式疗法"）在全国进行系统性变革，许多领域的改革都体现出了渐进调适特征，许多人也用"摸着石头过河""先易后难，不动存量""双规制"等说法来形象地描述中国发展道路。但是从改革内容来看，中国的发展道路显然不是某种理想或者标准改革方案（如"华盛顿共识"）的渐进实现版本。以沿海经济特区为起点的中国改革是从计划经济体制向市场经济体制的大幅度转变，而非渐进调适范式强调的集中于和现有政策稍有不同的政策调整。因此，相比成熟经济体的渐进调适范式而言，本书认为增量改革更能准确地描述中国发展道路。作为一个后发国家，中国的发展道路根据本国国情进行了许多适应性调整，不断丰富了"渐进主义"的内涵和外延，因而具有新的示范意义和理论价值。

（一）以经济特区作为中国由计划经济向市场经济转型的一项重要机制

经济特区不仅仅是一个又一个的特殊开发区域，更是中国整体制度改革的一项重要机制。回顾中国的经济发展历程，中央设立经济特区的初衷就在于通过局部、边缘地区的政策试验，率先推动计

---

① 〔美〕查尔斯·林德布洛姆：《决策过程》，竺乾威、胡君芳译，上海译文出版社，1988。

划经济体制变革，继而将成功经验逐步推广至全国，实现整体发展与改革目标。[①] 在 40 多年的发展过程中，经济特区始终以深化改革为主要使命，始终围绕市场经济体制转型进行实践，其中的核心则是探索如何建立与完善社会主义市场经济体制。[②]

事实上，中国从计划经济向市场经济转换正是通过经济特区的一系列试验完成的。以深圳经济特区为例，从 1979 年开始，深圳率先在工程建设制度、土地使用权制度、劳动用工制度、人事管理制度、住房制度、分配制度、文化观念等方面大胆创新。在经济特区引领的一系列制度探索过程中，中国人民在思想观念领域，包括时间和效率观念、民主和法治观念、市场经济观念、公平竞争观念、开拓进取观念、创新探索观念等领域不断创新。[③] 围绕建立资本和劳动力两个要素市场，中国的经济特区不断打破计划经济体制对生产要素的束缚，逐渐形成了明确的市场主体，激励了市场主体的生产性努力，由此创造出了发展的新动力。40 多年来，在各种类型经济特区的试验带动下，中国成功地从传统计划经济体制转变为社会主义市场经济体制，实现了从封闭、半封闭到全方位对外开放格局的转变，实现了从主要依靠优惠政策促进经济增长到以体制机制创新激发市场活力的转变，持续推动经济和社会向前发展。

（二）以渐进式路径规避改革道路上的各种风险

20 世纪 80 年代初，中国最早的一批经济特区全部都远离政治、经济中心，且发展起点极低，其中深圳、珠海更是由小渔村演变而来。如此安排首先是为了控制制度改革的风险，设立经济特区于是成为中国改革发展道路的一项关键策略。相比世界多数经济特区，

①　俞可平、倪元辂主编《海外学者论中国经济特区》，中央编译出版社，2000。
②　袁易明：《中国经济特区建立与发展的三大制度贡献》，《深圳大学学报》（人文社会科学版）2018 年第 4 期。
③　陈祖方：《蛇口模式简论》，《经济纵横》1993 年第 1 期。

中国的经济特区鲜明地体现为从无到有、从小到大的发展演变特点。换言之，国外许多经济特区大多建立在具有一定基础的经济中心地带，在设立经济特区之前就已经历了多年的发展积累。反观中国的经济特区，最早选择的却是远离全国政治、经济中心的几个小渔村，可谓一清二白毫无发展基础，设立经济特区就是为了大胆试验新体制，以解决最基本的生存和发展问题。因此，越是边缘落后的经济特区越是展现了强大的发展动力。虽然中国经济特区的起点非常低，但是客观上也避免了结构扭曲问题和初始的分配争端，这对于日后的发展反而是一大优势，这也是深圳、珠海经济特区的发展优于汕头经济特区的一个重要原因。与此相反，国外许多经济特区位于较为发达的地区，如印度超过一半的经济特区位于主要城市附近，发展阻力很大，导致经济特区潜在的增长效应无法发挥出来。

作为率先从计划经济体制向市场经济体制转轨的试验区域，中国的经济特区率先享受到了市场经济改革的红利，创造了强大的发展动力，其在经济起飞时就拥有了领先于其他区域的先行优势。以经济特区为焦点的制度试验路径在中国得到了成功实践，逐渐形成了经济发展的"特区范式"。① 这一范式集中体现在以经济特区为起点的渐进式、非均衡发展路径，这一路径是中国整体制度改革道路上规避风险的最优路径，也是经济特区自身发展的重要前提。非均衡、渐进式的试验保障了试验主体的收益最大化。经济特区的经济迅速起飞，当其经济发展到一定程度后，特区范围进一步向外扩展，向全国更多地区推广试验成功的制度经验，进而带动整个国家的经济起飞。

（三）以动态调整的偏向性政策持续推进整体制度改革

20 世纪 80 年代以来，中国经济发展奇迹震惊世界，尤其是撒哈

---

① 袁易明：《中国经济特区建立与发展的三大制度贡献》，《深圳大学学报》（人文社会科学版）2018 年第 4 期。

拉以南的非洲国家、印度等被中国经济发展的"特区"模式深深震撼，先后在国内掀起了特区建设浪潮。事实上，经济特区并非中国首创，但在中国应用得最为成功。[①] 20 世纪 50 年代以来，始自爱尔兰香农的出口加工区形式在东亚、南美洲等发展中国家得到了广泛应用，在推动当地产业结构升级、经济社会转型发展方面发挥了重要作用。与国外的特区相比，中国经济特区的独特性集中体现在它是从计划经济向市场经济转型过程中的产物，中国的经济特区首先是作为一种改革机制而存在的。[②] 这一改革机制决定了中国的经济特区并非静止的，而是在不同发展阶段通过不同内容的偏向性政策打造动态演变的经济特区。经过 40 多年的试验，经济特区已经完全融入中国改革开放事业大局，成为中国渐进式发展路径的最优实践策略，以及中国经济和社会制度变迁中不可或缺的环节。

在促进制度改革和改革的延续性方面，中国为其他国家提供了典范。40 多年来，中国的开放发展战略按照沿海、沿江、沿边的次序梯度展开，中国的经济特区也经历了初始培育、快速成长、稳定发展、创新升级的动态演变，这表明每一个经济特区在不同阶段承担着不同的市场化改革使命，从而保证了改革的延续性。放眼全球，各种类型的经济特区为许多国家集聚发展要素实现经济起飞创造了条件，一些经济特区积极学习发达国家的政策制度，在税收、土地、劳工、贸易、投融资、外汇等方面进行了政策调整，以更好地引进国外先进技术和管理模式，提高要素配置和资源使用效率，韩国、毛里求斯、中国台湾等国家和地区的经济特区大多遵循这种模式，新的政策首先在经济特区进行试验，然后扩展到其他经济部门。但是，许多经济特区并没有进行深层次的制度改革，优惠的特区政策

[①] 一般认为，世界上第一个现代意义的经济特区（Special Economic Zones, SEZs）是成立于 1959 年的爱尔兰香农自由贸易区（Shannon Free Zone），这是世界上第一个利用外资发展加工和出口行业的经济特区。
[②] 袁易明：《中国经济特区建立与发展的三大制度贡献》，《深圳大学学报》（人文社会科学版）2018 年第 4 期。

长期局限于个别特区，经济特区最终成为一块政策"飞地"，改革的连续性和深度得不到保障。即使引进了国外先进技术和管理经验，也始终无法实现质的飞跃，深层次的制度瓶颈使得这些国家的经济特区进一步提升劳动生产率和技术水平变得非常困难，经济增长很难持续下去。

四 新时代中国发展道路的优化方向

中国在偏向性政策基础上形成了以经济特区为代表的非均衡发展道路，并在实践中逐渐探索出了增量改革的思路，这为许多地区提供了重要参考。但是，这一发展道路毕竟是在具体的历史情境中形成的，随着发展阶段以及国内外经济形势的变化，非均衡发展的适应性问题越来越突出，仅仅依靠劳动力成本优势和规模经济优势，越来越难以支撑经济特区和整体国民经济的发展。与此同时，在经济发展的同时，社会和政治领域的问题长期以来并没有得到足够的重视，经济领域单方面深化改革已经难以适应新时代需求。为了响应这种变局或者说长期趋势，发展模式的进一步转型升级也就成为必然。此外，一些地区在学习中国发展道路时只是简单复制了某一阶段、某些区域的建设经验，尤其是未能结合本地实际以及新的国内外环境制定适宜的发展策略，从而影响了整体发展效果。中国的实践经验表明，发展是一个渐进、动态的过程，增量改革要想取得成功，还需要其他一些必要条件的支撑。

一是良好的外部环境。稳步推进对外开放，积极融入世界发展大局始终是中国经济持续发展的关键，同时也在很大程度上倒逼中国深化改革。换言之，中国经济起飞时具有一个非常好的外部环境，不断推进的全球化为沿海发达地区率先承接发达国家产业转移提供了难得的机遇。

二是政府的统筹支持和引导。政府在克服非均衡发展中的利益分配问题、意识形态问题、功能协调问题、产业配套问题等方面的作用都是非常关键的。正如日本著名经济学家小岛清所指出的那样，发展中国家工业区中的企业所必需的原材料、机械设备、石油等物质不能永远依赖进口，而发展这些基础产业，特别是钢铁、石油化工等产业是企业无法自行决定的，这些都需要政府的统一规划和协调。①

三是制度红利和发展势差的激励。中国长期延续的计划经济体制极大地抑制了地方发展意愿，加上中国腹地广阔，中央政府实施的偏向性政策率先为沿海地区和一些较具发展潜力且带动效应明显的行业部门创造了发展条件和制度红利，在区域之间、行业之间、部门之间形成了强烈的发展势差，这就为获得偏向性政策支持的区域通过"内引外联"集聚发展要素、推进增量改革创造了条件。

但是作为中国整体，随着改革的深化，增量与存量之间的力量对比也会逐渐发生变化，增量改革的空间和局限性随之显现。特别是当改革逐步进入深水区，在增量改革的同时亦可能给其他领域带来意想不到的负外部性，优先改革权甚至会带来垄断利润和寻租现象，利益冲突问题也会随之加剧。尽管我国非均衡的区域发展实践取得了较大成功，在实践中形成了渐进发展的区域格局，但也不可避免地产生了一些问题。大胆探索、勇于实践始终是发展型国家的使命所在，无论是早先的经济特区还是新时期的社会主义先行示范区，它们始终是中国改革开放的先行探索者与实践者。长期以来，我国通过政策试验不断突破传统体制束缚，为经济社会的整体转型发展提供了先期试验。吸收、借鉴、学习国际先进体制实践和制度创造的文明成果，在此基础上对其进行改良、试验、推广，是中国改革开放道路的最佳实践路径。但是，当中国经济和社会发展进入更高一级阶段后，简单的学习、引进和模仿显然已经难以完成制度

---

① 〔日〕小岛清:《香港·深圳·蛇口:亚太经济圈新中心的诞生》，孙中家译，《中共中央党校学报》1995 年第 5 期。

创新和深化改革任务，中国特色社会主义先行示范区在此时应运而生。作为中国特色社会主义先行示范区，进一步深化改革和自主创新，探索经济、社会、政治等领域的全方位改革，最终实现高质量、法治化、民生幸福及可持续的综合发展目标，成为我国在新时代的新使命。

首先，随着国内外经济形势和竞争格局的剧烈变化，我国经济持续发展和转型的压力不断增大，创新驱动已经成为我国持续发展的唯一路径。新时代我国需要继续调整优化政策试验，全面探索新的、更加均衡的发展模式，这意味着在新的发展阶段，我国深化改革的历史使命已不仅仅局限于经济领域，还要着力推动社会建设和政治完善，特别是强化各类社会力量，为经济和政治制度的深化改革创造条件，通过经济、社会和政治领域相互继起的、渐进的改革，促进经济、社会与政治的协调发展。其中，国际化是我国先行一步的发达地区的必然走向，"开放""创新"是我国发达地区今后的主题，本质上就是要以国际化视野发展，对标世界一流城市。在这个过程中探索新的发展思路，以开放撬动城市发展新动力，从而使我国经济在新一轮经济周期下从融入全球化走向引领全球化。

其次，发展型国家理论的深入实践并不意味着先行地区放慢发展或者停止发展，而是在协同发展中实现发展结构的优化，同时带动后发地区快速发展，这种协同性在实践中体现为城市的集群发展，以城市群为引领辐射区域共同发展也是我国经济持续发展的内在要求。新时代下，东部沿海先行地区在优化发展方式、提升发展内涵的同时，中西部地区也应着力培育核心城市，打造发展集群，以优化我国区域发展格局。这标志着城市群正在成为驱动我国经济持续发展的新引擎，区域经济已由以行政区划为单位向以城市群为单位发生结构性转变，加快推进城市群空间格局演进的重要性不言而喻。在这个过程中，要进一步突出沿海发达地区和核心城市的"引领"作用，一方面要在空间上发挥核心城市的引领示范作用，在产业、经济、人才、文化等各方面与周边城市形成良性互动，打造城市集群，构建经济新常态下协同发展的基础；另一方面要不断优化我国区域发展结构，加大核心区域和中心城市对城市群的经济溢出，打造梯度发展的有机系统。具体而言，在我国区域经济梯度推进过程中，先后形成了定位差异明显的特色城市群，如粤港澳大湾区、长江经济带、京津冀城市群等高水平发展集群，雄安新区、滨海新区、喀什经济特区等由东向西、由南向北的布局，这将成为新时代引领周边城市联动发展的特色新型城市群，成为我国探索高质量发展的重要载体。①

最后，新常态下我国经济的持续发展要秉承新发展理念，要以协同原则促进大中小城市之间的互补发展以及城乡之间的融合发展，要因地制宜，立足和发现自身资源禀赋优势，打造各具特色的产业和功能分工体系，实现以价值链为纽带、打破地理和行政界限的协同发展。在这个过程中，区域之间、城乡之间、产业之间均要着力创新，务实推动要素自由流动和资源优化配置，尤其是要以大数据、人工智能等新技术为依托，抢抓时代机遇，着重构建多中心、功能复合、价值叠加联动的协同发展网络，从根本上解决区域之间、城乡之间、部门之间发展不平衡不充分的问题。②

总之，长期以来，我国发展道路的演进遵循了增量改革逻辑。改革和发展实践体现为"试验—推广—创新"的渐进式变革，推动区域和产业"由点向面"发展演进，党和人民的事业在不断深化的改革中波浪式向前。进入新时代，我国发展动能转换需要优化调整存量。当发展进入更高一级阶段，增量与存量之间的力量对比逐渐发生变化，得益于增量改革形成的利益集团可能成为新旧动能转换的阻碍因素。为进一步优化资源要素在空间区域、行业领域以及不同所有制类型企业之间的配置，须结合短期调控与中长期发展目标，

---

① 周韬：《习近平新时代空间经济思想的全新内涵与特质》，《特区经济》2018 年第 10 期。
② 周韬：《习近平新时代空间经济思想的全新内涵与特质》，《特区经济》2018 年第 10 期。

优化存量改革。优化存量的重点是将"制度优势"转化为"治理效能"。为解决发展不平衡不充分的问题，须通过经济、社会、政治领域的全方位改革，调整优化各个区域、行业、领域的非均衡发展局面，将现有的"制度优势"转化为长期的"治理效能"，实现高质量、法治化、民生幸福及可持续的综合发展目标。

第八章　中国发展道路的案例观照：
蛇口工业区

如前文所述，鉴于中国经济发展道路中的非均衡特征，以及政府扩张过程中的偏向性政策倾向充分地体现在区域之间的渐进式发展演进上，本书进一步选取合适的区域进行更深入的案例分析。作为中国改革开放以来第一个享受偏向性政策支持的工业区，蛇口工业区在相当程度上代表了中国特色社会主义市场经济改革的起点，其动态发展历程正是中国经济特区以及中国整体发展道路的浓缩体现。

一　案例的选取依据

如今，基于蛇口工业区发展特征和管理体制形成的蛇口模式已经成为园区建设的经典模式，并在苏州、漳州、湛江、揭阳等国内36个城市得到了复制。随着"一带一路"倡议的推进，蛇口模式进一步走向世界，并在斯里兰卡、白俄罗斯、吉布提等国家得到了应用。那么，究竟什么是蛇口模式？蛇口模式给发展中国家和地区带来的核心经验又是什么？目前，官方和学界对蛇口模式并无一个统一的定义。在招商局看来，当前的蛇口模式指的是"前港—中区—后城"的区域发展模式。乔胜利等基于蛇口工业区的产业形态，将蛇口模式归纳为产业结构以工业为主、资金来源以外资为主、产品以外销为主的园区开发模式。① 程磊从主体视角指出蛇口模式是将一片相对独立的区域交由企业独立开发、建设、运营、管理，政府在经济体制和行政管理体制上进行全方位支持和配套改革。② 孔晓青则区分了狭义和广义的蛇口模式，认为狭义的蛇口模式是指港口、产业和城市社区相辅相成的综合开发模式，即招商局的"前港—中区—后城"模式；广义的蛇口模式包含改革开放以来蛇口工业区各个方面的改革经验。③ 显然，上述界定都有助于人们理解蛇口工业区为什么成功，但是这些界定只是局部的区域开发或企业发展经验总结，只是概括了蛇口模式的特征和形态，尚未触及蛇口模式的本质属性。如果蛇口模式仅仅是一种区域或企业发展经验的话，由于发展环境和发展阶段的差异，这种经验对其他地区即使能够产生一定的示范效应，直接复制的空间也是很有限的。

因此，对蛇口的认识不能仅仅局限于一小片区域开发的经验总结，这样的解读是不完整的。本书主张超越纯粹的区域开发和企业发展理论，一方面将蛇口模式置于中国整体改革开放进程中，另一方面强调蛇口作为一个经济特区的动态演进过程，从过程视角考察蛇口模式的核心内涵。这样一来，蛇口就不再仅仅是一个单独的产业园区，它更是中国整体发展道路的组成部分，是中国增量改革的生动体现。④ 为了继续探索新时代中国特色社会主义道路，有必要认真总结过往重大改革的成功经验和发展逻辑。选择蛇口作为本书的案例对象，原因就在于它超越了静态的园区开发经验，通过不断创新和试验拓展中国整体改革开放的边界。蛇口的研究价值在于将个

---

① 乔胜利、周为民、李兴贵、张滨：《蛇口工业区发展战略构想》，《深圳大学学报》1988年第 Z1 期。

② 程磊：《招商地产模式论》，《中国房地产业》2014 年第 3 期。

③ 孔晓青：《招商港口发展"蛇口模式"的形成》，《国家航海》2017 年第 2 期。

④ 正如习近平总书记所说的，改革开放 40 多年来，"每一次重大改革都给党和国家发展注入新的活力、给事业前进增添强大动力，党和人民事业就是在不断深化改革中波浪式向前推进的"。参见中共中央文献研究室编《习近平关于全面深化改革论述摘编》，中央文献出版社，2014。

体和整体的发展、单个区域的开发和中国整体的改革相统一，突出个体试验在整体改革开放中的策略性作用，以此挖掘蛇口试验对全面深化改革的启示，从而更全面地理解蛇口的改革内涵和成功经验，同时也有助于以小见大，洞悉中国发展道路的实践逻辑。

二　蛇口试验的整体回顾

作为中国增量改革的一部分，蛇口试验呈现动态演进特征，蛇口模式亦是一个根据国内外环境变化由 1.0 版本向 4.0 版本不断进阶、不断创新的过程。① 因此，人们理解的蛇口模式在不同区域、不同阶段的形式是不一样的。40 多年来，蛇口工业区从无到有、从小到大，先后经历了工业区的独立试验到与深圳经济特区的融合试验，再到"前港—中区—后城"的综合试验以及模式的对外输出，蛇口试验的内容不断创新，其在时空上的延展体现的正是中国改革开放不断深化的过程。

（一）蛇口工业区产生的背景

1978 年 10 月，中国交通部所属的驻港大型企业招商局将关于在广东沿海设立外向型工业区的设想报送到中央。1979 年 1 月，蛇口工业区得到国务院正式批准，成为中国对外开放的第一个工业区，也是中国经济改革的第一个经济特区。1979 年 3 月，宝安县改设深圳市的报告得到国务院正式批复。1980 年 8 月，深圳经济特区正式成立……中国改革开放的大幕徐徐展开。也就是说，成立蛇口工业区在中共中央十一届三中全会（1978 年 12 月召开）这一历史转折点之前便已开始酝酿，其建设也要早于深圳经济特区。因此，蛇口也被视为特区试验的前身，甚至被誉为"特区中的特区""中国改

---

① 资料来源于深圳蛇口工业区的实地访谈。

革开放的试管"。① 之所以选择蛇口进行工业发展试验，既有中央意志的体现，亦有地方上的内在需求和动力，它是两者结合之下的产物。

1. 中央自上而下的发展意志

20 世纪 80 年代初的中国积贫积弱，在广东省，贫穷的宝安县（深圳市的前身）与一河之隔、高度发达的香港形成了鲜明反差，偷渡潮愈演愈烈。解决这一问题的根本出路在于经济发展。② 随着中共中央十一届三中全会正式确定将党的工作重心转向经济建设，通过对外开放实现经济发展逐渐成为党中央的共识。实际上自 1977 年开始，中共中央、国务院就已经派出考察队赴发达国家和我国港澳地区深入交流，以学习发达国家和地区经济发展的先进经验。其中，国家计委和外经贸部组织的考察团向党中央呈报了《港澳经济考察报告》，建议选择邻近港澳的一些地区，如广东省宝安县、珠海县进行试验，建设对外生产和加工基地，这一意见得到国家领导核心的赞成③，党中央开始决定在一些领域、一些地区率先对外开放和发展工业。

2. 地方发展经济的内在需求

党中央实行对外开放和发展经济的决心在地方得到迅速响应，其中招商局适时提出了一个大胆的经营思路。新上任的招商局副董事长袁庚向交通部党组和中央上报了《关于充分利用香港招商局问题的请示》，制定了招商局以航运为中心，立足港澳、背靠国内、面向海外、多种经营的经营方针。在围绕航运业务打造一批工业企业

---

① 赵小平、叶芳玲：《超越自我　挑战未来：蛇口工业区"一次创业"与"二次创业"的比较研究》，《特区经济》1999 年第 3 期。
② 朱玉：《对外开放的第一块"试验田"——蛇口工业区的创建》，《中共党史研究》2009 年第 1 期。
③ 朱玉：《对外开放的第一块"试验田"——蛇口工业区的创建》，《中共党史研究》2009 年第 1 期。

的过程中，招商局面临的首要问题是选址。由于香港的土地、人力、资金等生产要素成本都比较高，在香港建设工业区很难获得竞争优势。[①] 最终，招商局在沙头角、蛇口和大鹏湾三个地区中选择了蛇口进行工业区建设。1979 年 1 月，中央批复同意将蛇口交由招商局全权开发建设。[②] 同年 6 月，蛇口工业区正式动工开建，建设面积约为9 平方公里，蛇口就此成为中国对外开放和市场经济体制改革的试验起点。

（二）蛇口工业区的发展阶段

1. 第一阶段（1979~1991 年）：蛇口工业区的独立试验

该阶段的试验重点是以工业为载体的经济建设，蛇口工业区建设伊始即提出"以工业为主，积极引进，内外结合，综合发展"的总方针。[③] 按照蛇口的总体规划和"五通一平"（通水、通电、通航、通车、通信和平整土地）工程方案，工业区在硬件方面迅速建设了通往香港的客货运码头、变电站、供电线路、引水工程、通信工程，以及部分商品住宅和商业服务设施。在软件方面，工业区引进了香港企业的管理经验和市场竞争机制[④]，"时间就是金钱，效率就是生命"这一口号鲜明地反映出当时人们思想观念的转变。1982年，南山开发股份有限公司在蛇口成立，成为中国第一家股份制中外合资企业，外资成为工业区建设的重要资金来源。1983 年，蛇口工业区试行了干部聘任制改革，建设指挥部改组为管理委员会。自1984 年开始，民主选举、舆论监督的改革试验在蛇口工业区逐步推

[①] 郝志景：《改革开放初期中国对国外经验的模仿学习——深圳蛇口工业区的实践及启示》，《上海党史与党建》2018 年第 11 期。

[②] 《袁庚："向前走，别回头"》，光明网，2019 年 10 月 1 日，https://m.gmw.cn/baijia/2019-10/01/33204420.html。

[③] 王硕：《深圳经济特区的建立（1979~1986）》，《中国经济史研究》2006 年第 3 期。

[④] 吴殿卿：《叶飞与"蛇口模式"》，《党史博览》2013 年第 2 期。

广。1985 年，蛇口社会保险公司（平安保险的前身）在蛇口成立，开启了股份制改革。1987 年，蛇口工业区实行公司制，成立了蛇口工业区有限公司。随后几年，蛇口下属的三个公司——招商银行、平安保险、南山（港口）开发公司率先走出体制实行了股份化。一系列蛇口经验为全国改革现行管理体制提供了借鉴，到了 1990 年初，蛇口的人均国民生产总值就达到了 5400 美元，不仅接近于当时的中国香港和新加坡，更是超过了韩国和中国台湾，这对于当时的中国改革开放事业是一次巨大的鼓舞。

2. 第二阶段（1992~2012 年）

蛇口试验与深圳经济特区试验的融合。随着深圳经济特区的成立，更大范围的改革试验逐渐展开。面对蛇口工业区和深圳城市整体的功能协调和统筹发展要求，蛇口早先享有的一些权限，如税收征管权、土地规划权、各项审批权等被深圳市收回，蛇口试验创办的学校、医院等教育和社会服务机构也并入南山区政府管理①，蛇口工业区逐渐融入深圳特区的整体试验中。在这个阶段，早期的"三来一补"（来料加工、来样加工、来件装配和补偿贸易）等劳动密集型产业逐渐转型升级，外资企业、国有企业、合资与合作企业、个体企业等多种所有制类型的资本参与其中，工业、旅游、房地产、金融、港口等上下游紧密连接的产业体系逐渐形成，市场化转型试验的深度和广度不断拓展。21 世纪之后，蛇口已经成为一个高度发达的区域。但是随着国内外经济形势和竞争格局的剧烈变化，蛇口持续发展和转型的压力不断增大。

3. 第三阶段（2013 年至今）：进一步深化对外开放的试验

"一带一路"倡议提出后，蛇口试验由国内走向国际。2014 年

---

① 《蛇口之路走向何方》，新浪网，2012 年 3 月 5 日，http：//news.sina.com.cn/c/2012-03-05/082024060327.shtml。

底，蛇口正式被划入广东省自贸区范围，成为前海自贸区蛇口片区，这标志着蛇口要在对外开放中继续发挥先行先试优势，探索新时代的转型发展道路。2015 年，蛇口工业区与招商地产进行了整合，确立了未来围绕社区开发和运营、园区开发和运营、邮轮产业建设和运营三大核心业务的运营策略。在运营过程中，招商局逐渐摸索总结出"前港—中区—后城"的港口、产业、城市综合开发模式。①当前，该模式已在中国的深圳太子湾、前海蛇口、厦门国际邮轮城，斯里兰卡的汉班托特港和科伦坡港，白俄罗斯的中白物流工业园以及吉布提国际自贸区等区域性和国际性项目中得到推广应用，不仅实现了招商局和蛇口自身的转型发展，而且为更多区域的发展提供了经验参考。

（三）蛇口试验中的争议

作为中国对外开放的第一个试验区，蛇口为中国从计划经济体制向市场经济体制转型做出了重要贡献，它不仅开启了中国对外开放的大门，更以持续不断的试验创新为中国整体的发展进步做出了重要贡献。也正是由于其在试验过程中的主动性、创新性、大胆性，甚至超前性，蛇口在试验过程中从来都不缺乏争议。

第一，蛇口试验初期大胆试行了民主选举和监督，从干部委任制走向了选举制，但是这种改革并没有持续下去。随着蛇口和南头合并为南山区，一些人甚至认为蛇口试验已经走向失败，蛇口模式一度淡出了学界和媒体视线。② 第二，在蛇口试验中，招商局承担了边防、教育、医院、学校、环境、卫生等政治和社会服务功能，政企合一、社企合一的管理机制在当时引起了很多争议，认为其不可

---

① 这一开发模式即港口先行、产业园区跟进、配套城市功能开发，最终实现成片区域的整体联动发展。截至 2021 年底，招商局已在全球 26 个国家和地区拥有 66 个港口，初步形成了完善的海外港口物流、金融和园区网络。详见招商局集团网站，https：//www.cmhk.com/main/xwzx/ztbd/ydyl/gk/index.shtml。

② 朱健国：《"蛇口维新"20 周年祭》，《南风窗》1998 年第 9 期。

持续。第三，由于蛇口工业区的试验特性，在建设初期缺少一个成熟、长远、系统的科学规划。蛇口工业区最早的港口规划是 1986 年编制的《招商局蛇口工业区水域岸线与港口规划（1986～1995）》，在此之前并未提及港口方面的设想，这意味着蛇口工业区在当时没有预见到港口对城市发展的重要意义，此后的蛇口港只能边设计、边建设、边运营，最终由于预留土地不足①，工业区的进一步发展受到很大限制。② 第四，也有人认为蛇口试验具有很大的历史局限性，如招商局当时的掌舵人袁庚就认为没有接受香港其他企业家的入股请求，也没有通过人大立法稳定蛇口的试验权，给蛇口试验留下了很多遗憾。③ 第五，还有人认为蛇口工业区的加工制造业定位使得工业区的附加值较低、产业链条单一等。④

但是本书认为，作为中国对外开放的第一块试验田，如同任何新生事物一样，蛇口试验绝不会是一帆风顺的，遭受阻力和挫折是很正常的。蛇口工业区本来就是一场有计划的冒险，招商局作为一个企业来单独开发一个经济区，无论是在国内还是在国外都是罕见的。习惯了计划经济体制和集体主义思维的人们对改革开放很迷惘，蛇口的每一次探索几乎都引起了很多争议。客观地讲，蛇口试验的某些争议是特定历史条件造成的，但更多的是没有认识到蛇口试验的全局意义，忽略了蛇口试验的动态演进特点，忽略了蛇口试验在中国整体改革进程中的策略性作用。如果仅仅从静态、局部的视角来看，随着蛇口和南头并入南山区，以及蛇口工业区的社会服务、行政管理职能转移到地方政府，许多人就容易产生蛇口模式已经终

① 事实上，在蛇口工业区的初创时期，中央曾批复了近 70 平方公里的土地给蛇口，但受限于资金实力以及特定的历史条件，招商局未敢接受这么多的土地，蛇口工业区的面积最终只有 10 平方公里左右。参见陈敏、朱健国、黄振迪《袁庚：满目沧桑话蛇口　袁庚访谈录》，《中国改革》2003 年第 10 期。
② 孔晓青：《招商港口发展"蛇口模式"的形成》，《国家航海》2017 年第 2 期。
③ 陈敏、朱健国、黄振迪：《袁庚：满目沧桑话蛇口　袁庚访谈录》，《中国改革》2003 年第 10 期。
④ 许永军：《"产城融合"视角下园区的转型路径探析》，《住宅与房地产》2017 年第 9 期。

结甚至失败的观点，更加无法理解蛇口今日的"前港—中区—后城"模式与 20 世纪 80 年代蛇口试验的内在关联。本书认为，只有将蛇口试验置于中国整体改革开放进程中，才能更客观地认识蛇口模式的核心经验和科学内涵。

三　蛇口试验的增量改革逻辑

从中国整体改革开放的视角来看，选择蛇口这样的局部区域作为中国改革开放的起点是非常必要的。改革开放之初，市场经济对于全中国而言都是全新而又陌生的，市场运营经验不足，改革的目标和方向也不清晰。由于没有先例可循，蛇口只能以一种"敢为天下先"的创新精神大胆去闯，并在实践中吸取经验和教训，进而将试验成功的方面推向全国其他地区。在实践过程中，蛇口试验在时空上的延展逐渐形成了中国增量改革的重要组成部分，这种增量改革试验具有高度的实践性、创造性和连续性，它的试验地点、试验目标、试验主体、试验路径等随着环境变化不断摸索调整，中国发展道路的内涵随之丰富，体系逐渐完善。

（一）试验地点：边缘地区

20 世纪 80 年代初，中国对如何开放、如何引进外资、如何进行经济建设都没有现成经验，这正是改革主体有限理性的表现。因此，中国的改革首先是对国外先进经验的学习，包括中国香港、菲律宾、瑞典、芬兰、新加坡等地的工业建设和管理理念都被大幅吸收引进，但是这种学习并没有大规模地全面铺开。为了降低学习成本和试验风险，有必要先在一个相对封闭的区域内进行试验，该区域通常会选择在远离全国政治、经济中心的边缘地带，尽可能规避改革对全国整体的冲击。无论是从利益分配还是技术可行性角度来看，选择边缘地带的蛇口这一小片区域作为试点都是一种非常务实、理性的选择，不仅缓解了对既得利益体系的分配压力，而且在发展增量和做大蛋糕的基础上自然产生示范效应，逐渐实现存量结构的调整，这样遭受的阻力也要小很多。实际上，即便是在蛇口这样的边缘地区，在试验过程中其遭受的阻力之大、非议之多都是当今时代人们难以想象的。但是一旦试验成功，边缘地区和核心地区的反差就会产生示范效应。事实正是如此，鉴于蛇口改革试验取得的从无到有、从小到大的发展成就，更多区域迅速掀起了改革热潮。

（二）试验目标：问题导向

增量改革实际上没有一个非常清晰的目标，蛇口试验的主要内容尽管是市场化转型，但转型的具体目标是不确定的，试验过程中从来没有提及建立类似某个资本主义国家那样的市场经济体制，也没有对试验目标进行任何系统规划，只是通过不断试错来逐渐完善适合中国国情的社会主义市场经济体制。也就是说，增量改革的目标和方案是一个相互调适的动态过程。正如林德布洛姆在 1979 年将其渐进调适范式提升至"问题解决"的焦点上那样，他认为政策调整的重点是解决现有问题，而不是制造所谓"范围广大的社会政策幻影"。同时，在解决问题的过程中，不必坚持所谓的理论或意识形态"正确"，重要的是务实、可行。[①]

蛇口试验也是坚持了问题导向，当时主要的问题是经济如何发展。为此，蛇口重点进行了市场经济体制改革。[②] 经过 40 多年的市场化转型试验，蛇口的经济、社会和政治文明都有了实质性进步，蛇口这一局部地区、局部领域的大胆试验和率先发展为改革提供了合法性基础，激发了更多地区的改革信心和改革共识。在具体实践

---

① 〔美〕查尔斯·林德布洛姆：《决策过程》，竺乾威、胡君芳译，上海译文出版社，1988。
② 蛇口试验初期还大胆试行了民主选举和监督，在干部使用上打破了传统的任命制，实行选举制和聘任制，提高了工业区的政治透明度。但是这些方面的改革的确过于超前，与深圳和中国整体的政治体系无法相容，导致政治层面的改革没有持续下去，随着蛇口和南头合并为南山区，蛇口同步推行经济体制改革和政治体制改革的做法也就中断了。

中，蛇口坚持经济优先发展原则，在工程建设制度、劳动用工制度、人事管理制度、住房制度、分配制度、文化观念等方面大胆创新：①实行工程招标制提高了投资者的可行性研究水平，改善了基建工程拖延现象；②通过租售结合、以售为主的方式实现了住宅商品化，改变了国家统包住房制度，有效调节了住宅供求关系；③根据按劳分配原则确立了基本工资（30%）、岗位职务工资（45%）和浮动工资（25%）的分配制度，实现了收入与个人劳动成果、企业经济效益的挂钩，激发了劳动和学习热情；④打破了"铁饭碗"的用工制度，率先实行合同工制度，面向社会公开招聘、择优录用，优化了人力资源配置，同时还建立了退休养老保险、工伤保险、医疗保险等保险体系；⑤不断优化工业区管理制度，通过民主选举的董事会负责工业区的重大事务决策，董事会聘请总经理负责工业区的日常管理；⑥倡导宣扬了许多新观念，包括时间和效率观念、民主和法治观念、市场经济观念、公平竞争观念、开拓进取观念、创新探索观念等。①

（三）试验主体：多元互动

如果仅从区域开发或企业发展的角度来看，许多人自然会认为蛇口试验的主体就是招商局，因而随着蛇口的行政、社会服务职能收归南山区政府之后，许多人也就认为蛇口试验结束了。但是若从中国整体改革的视角来看，蛇口试验的主体并非只有招商局。事实上，在蛇口试验过程中，政府主体始终发挥着重要作用，蛇口试验的市场主体也并非只有招商局一家。尽管招商局是蛇口工业区的管理者和运营者，但是中央政府、地方政府、普通公民以及引进的外资企业等也是蛇口试验的主体，它们之间相互影响、相互作用、相互竞争。

---

① 陈祖方：《蛇口模式简论》，《经济纵横》1993 年第 1 期。

　　当然，在实践过程中，不同主体进入试验中的次序是不同的，发挥作用的大小也存在差异。这种差异既体现在政府-市场关系的变化上，也体现在主导企业的选择上。作为一项市场化改革，尤其是试验初期，蛇口需要优先解决经济起飞和要素稀缺问题，因此试验中首先要发挥企业的主体作用，但是根据何种标准来选择主导企业也是非常关键的。一般来说，引进那些异于原有体制同时又具有较强实力和国际化运营经验的企业是必要的。蛇口工业区最主要的特点就是政府将一片区域交由招商局全权负责投资、规划、建设和经营，建设过程中完全不使用国家财政投入，资金由企业就地自筹，或者向银行贷款，或者引进港澳、海外资本，采取边投资边获益再投入扩大收益的"滚雪球"式的做法。政府只是提供优惠政策和必要的管理职能，因此政府在蛇口试验中不仅不会背负任何债务负担，而且能够增加财政收入。招商局则是获得了极大的经营自主权，不仅拥有工业区投资、建设、经营等方面的自主权，而且获得了人事、边防证发放、物资进口审批、企业成立审批等方面的自主权，同时承担了工业区的全部市政建设和公用事业建设职能，提供了医院、学校、环境卫生等全方位的社会保障功能，配套建设了水、电、码头、道路、文化、医疗等公共设施。

　　这样的安排在发展初期被证明是非常有效的，并且是非常必要的，特别是在政府财政资源匮乏的情况下。当经济发展到一定程度，要素稀缺问题已经得到解决，经济的持续发展有赖于提高要素的生产和配置效率，这时候就应引入更多的市场主体，促进市场竞争。随着政府、企业、居民等各类主体的加入，蛇口试验的多层次主体结构得以形成，主体之间的互动决定了蛇口在每一时期的具体改革方案。在互动过程中，主体之间建立了更为密切的合作与竞争关系，主体的积极性和生产潜力得到释放，改革的动力更加充沛，这也是增量改革的题中应有之义。

（四）试验路径：渐次展开

基于上述三点，蛇口试验必然体现为一个渐进的拓展路线，包括不同区域、不同企业之间的渐次发展和产业结构的梯度演进。首先，在蛇口工业区内部，改革试验从 2.14 平方公里的起步区开始，逐渐扩大到 9 平方公里。随后，蛇口试验沿着蛇口工业区—深圳关内（福田区、罗湖区、南山区）—深圳关外（龙岗区、盐田区、宝安区）—沿海开放城市—沿边开放城市—中国腹地的路线逐渐扩展。[①] 在这个过程中，试验区内外的政策差异广泛存在，试验区在很多方面享有优先试验权，渐次展开的试验决定了发展成果是由试验中心向外围逐渐溢出的，这为试验区创造了制度红利，也在一定程度上产生了非均衡的区域发展结果。

在产业发展方面，蛇口和深圳的产业发展都遵循了先工业化再三产化的演进路径。结合当时的国内外环境以及自身条件，蛇口首先确立了以工业为主的发展方针，先后引进了一系列劳动密集型产业。[②] 随着试验的推进，蛇口的产业形态不断跃迁，经过"腾笼换鸟"的转型升级，低附加值的工业制造产业陆续转变为信息技术、文化等创意、创业、创新型产业，配套的金融、港口、住宅、商业服务、社区运营、园区运营、邮轮运营等高端服务业不断增长，逐渐形成了完备、合理的产业发展体系。值得一提的是，许多地区忽略了增量改革对产业结构梯度演进的内在要求，以至于在发展初期就一味地追求产业结构的高级化，导致产业结构的合理性难题，产业之间难以协同发展，进而制约了经济的持续发展。因此，在改革与发展过程中，各地必须以务实的态度选择适合自身的产业，制定

---

① 姬超：《渐进式发展道路的中国实践与区域发展战略——基于深圳的实验》，《江西社会科学》2017 年第 10 期。

② 如轧钢、玻璃仪器、清洁剂、水泥加工、电子、食品加工、塑料制品、纺纱、炼油、不锈钢、饲料、面粉加工等产业。详见朱玉《对外开放的第一块"试验田"——蛇口工业区的创建》，《中共党史研究》2009 年第 1 期。

相应的扶持政策，避免好高骛远、不切实际地追求产业高级化。[①] 一旦产业之间的互补协调出现问题，增加投入也就失去了合理性前提，反而造成更大的资源浪费，这是许多地区发展过程中容易忽略的一点。

四　蛇口增量改革的理论创新

（一）大幅度政策变革与渐进调适范式的有机结合

林德布洛姆认为，在社会较为稳定，尤其是制度体系整体运转良好的环境中，通过渐进变革对现行政策进行优化调整是适宜的。[②] 但是一旦社会条件和环境发生重大变化，林德布洛姆主张的政策渐进调适就可能起不到应有的作用，甚至阻碍社会变革。显然，在 20 世纪 80 年代初的历史分水岭，蛇口试验承担的是一次由计划经济向市场经济的大幅度政策变革，但是充分考虑当时的社会经济条件和政治环境，市场化改革首先限定在了蛇口这一小片边缘区域。这样一来，通过蛇口试验，中国就将渐进调适和大幅度的市场化变革有机结合在了一起，得以充分利用两者的优势，这是蛇口试验的第一个创新之处。

（二）通过内引外联发挥各地优势实现了帕累托改进

蛇口通过市场化改革破除了计划经济体制束缚，在工业区内率先创造了发展红利，迅速解决了要素稀缺问题。对内，蛇口引进丰富廉价的劳动力；对外，蛇口联合港澳台地区等外资共同开发。加工贸易和出口导向的发展模式就此形成，蛇口因此抓住了国际产业转移机遇，成为连接海内外、特区内外商品和信息的重要集散地，带来了先进的生产和管理技术，提高了要素生产率，迅速改变了传统的经济结构，实现了经济起飞和跨越式发展。客观来看，这种

---

① 姬超：《历史情境中的特区经济增长与产业转型》，《中国经济特区研究》2015 年第 1 期。
② 〔美〕查尔斯·林德布洛姆：《决策过程》，竺乾威、胡君芳译，上海译文出版社，1988。

"内引外联"的协作模式聚集了各个区域的比较优势，因而给其他区域带来的是正向溢出，使蛇口与其他区域的发展形成互补，这种安排既克服了国内资本短缺的劣势，又避免了对国内既有经济体系造成冲击。在林德布洛姆的渐进调适范式中，政策调整方案多是利益集团之间相互谈判、妥协达成的次优结果。与之相比，蛇口试验并非利益群体妥协的产物，而是给各个主体带来了增量利益，因而对于中国整体来讲，蛇口的增量改革试验完全是一次帕累托改进①，这是蛇口模式的第二个创新之处。

（三）非常规、非正规的制度实践实现了标准化理论的结果

越来越多的事实表明，在促进发展的问题上指望所有国家遵循某一种"良好的经济行为"模式是一种不切实际的想法，而且多数国家也不会接受。归根结底，所有成功的国家都会探索出具有自身民族特色的发展模式。二战以来，发展较快的国家之所以能够成功，就是因为它们都无一例外地采取了独特政策。② 蛇口的增量改革实践也是如此，它没有被教科书里的理论或意识形态所束缚，始终坚持问题导向、实践导向是蛇口成功的关键。例如，招商局在蛇口试验中获得的自主权限之大甚至超越了新古典经济理论中的代表性厂商，政府在蛇口试验中也将"守夜人"角色发挥到了另一个极致，许多本属于政府的权限也暂时赋予了招商局，这在当时可谓一次"非常规、非标准"的制度实践，但是达到了"标准化理论"③ 所产生的效果，包括市场激励、产权保护、宏观经济和社会稳定等。

---

① 帕累托改进是指在不减少一方福利的情况下，通过改变现有的资源配置而提高另一方的福利。

② 〔美〕丹尼·罗德里克：《新全球经济与发展中国家：让开放起作用》，王勇译，世界知识出版社，2004。

③ 这里的"标准化理论"指的是当前处于主流的西方新自由主义经济理论。在该理论中，政府和市场的边界分明，政治领域和经济领域相互分离，经济功能由企业家（资本家）履行，政治功能由政治家（政府）履行。

非常规、非标准的制度实践还体现在企业的选择上，即为什么要以招商局为试验主体？其他企业为何未能获得同等的试验机会？原因在于招商局的独特身份。招商局总部驻在香港，但在本质上它是一家中央企业，这为蛇口试验减少了很多阻力。20世纪80年代初，完全由企业来经营一片区域是一次非常大胆的尝试，一些人甚至认为蛇口工业区是当代"租界"①，它所遭受的非议可想而知。最终招商局能够顶住压力将试验进行下去，当然与招商局的特殊身份有很大关系。面对外界质疑，时任广东省革委会副主任刘田夫公开表示，"招商局是驻在香港的交通部的机构，不是资本家的产业"②，这在很大程度上减轻了蛇口试验的政治压力。因此，作为一项增量改革，在试验主体方面，优先选择那些不同于现行体制同时又具有独特身份的企业作为主导，也是试验成功的关键。招商局与其他国有企业有所不同，它既具有与现行体制共性的一面，即招商局首先是政府核心的一部分；又具有一定的异质性，即它是一家总部位于香港的企业，拥有较为丰富的与国际接轨的企业运营经验。即便是在蛇口并入南山区之后，招商局仍然是蛇口工业区的主要运营商，这就保证了蛇口改革的连续性。在增量改革过程中，为了解决许多地方特色明显的现实难题，灵活、务实地采用一些非常规、非标准的制度安排是非常必要的，这是蛇口模式的第三个创新之处。

五　蛇口增量改革的当代启示

作为中国整体发展道路的一部分，蛇口试验体现为一个渐进、动态的演进过程。40多年来，随着发展环境和发展阶段的变化，蛇口试验所要解决的问题不断变化，蛇口始终坚持在实践中创新，在

① 朱玉：《对外开放的第一块"试验田"——蛇口工业区的创建》，《中共党史研究》2009年第1期。

② 叶飞：《"蛇口模式"诞生记》，《福建党史月刊》2008年第2期。

实践中探索适应中国特色社会主义市场经济的生产和组织方式，这对当前全面深化改革具有重要的启示。

（一）政府在深化改革中具有不可替代的独特作用

蛇口试验表明，政府在改革与发展中的作用绝不仅仅限于"守夜人"角色，政府应当并且可以在其中发挥突出的、积极的作用。在新自由主义理论体系中，政府的作用非常有限。但是在实践中，即便是英国、美国这样的国家，其在经济发展的大部分时期也绝不是一个自由放任的国家，德国、法国等发达国家更是如此，政府的强势作用贯穿于这些国家的发展过程中，完全自由、自律的市场经济从未真正存在过。① 也就是说，现实中的经济始终是一个政治经济，绝不能脱离政治因素讨论经济发展，政府通过征税、提供公共产品和社会保障等为经济发展提供了基础秩序。中国未来的深化改革同样离不开政府的统筹支持和引导，深化改革中的利益分配问题、意识形态问题、功能协调问题、产业配套问题等都需要政府发挥积极作用（回顾蛇口工业区在政治、经济、意识形态等领域引起的激烈争论，这一点将更加明显）。

（二）构建政府与市场多元互动关系是深化改革的核心环节

蛇口试验表明，中国特色社会主义市场经济是一个容纳个人、市场、社会、国家的包容性生产和组织方式。随着经济社会发展程度的提高，在未来的深化改革过程中更需注重调动各类主体的能动性，不同区域、不同所有制类型、不同阶层的多元化主体的积极参与都是必要的。② 在这个过程中，多元主体之间相辅相成、互为补充

---

① 〔英〕卡尔·波兰尼：《巨变：当代政治与经济的起源》，黄树民译，社会科学文献出版社，2017。
② 习近平总书记指出，必须毫不动摇地巩固和发展公有制经济，毫不动摇地鼓励、支持、引导非公有制经济发展。蛇口的成功实践表明，公有制经济和非公有制经济都是社会主义市场经济的重要组成部分。详见杨爱珍《对习近平总书记关于加强和改进统一战线工作的重要思想的研究》，《上海市社会主义学院学报》2019 年第 6 期。

的局面不会改变，反而会进一步增强。事实上参与到我国改革与发展事业中的主体会更加多元，不同类型的主体，包括政府主体、市场主体、社会主体等都是改革的重要参与者和利益相关者，各个主体以市场价值链形成联结关系，最终形成了中国特色社会主义市场经济的利益相关者网络。在这个网络中，应积极构建政府、市场、社会主体的互动机制。一方面，应充分发挥政府在区域规划、国家持续发展、国民能力提高、社会效益改善等方面的协调作用；另一方面，政府必须坚守中立的价值立场和商业化原则，充分发挥企业的主导作用，逐渐形成公共部门和私人部门共同参与的发展格局。

（三）坚持对外开放是深化改革必不可少的条件

蛇口试验表明，积极融入世界分工体系是发展中国家和地区经济起飞的重要前提。蛇口的发展经验印证了开放与合作对区域繁荣的重要性，蛇口乃至随后成立的一系列经济特区都是从封闭走向开放与合作的典范，在试验过程中寻求融入世界分工体系，扩大市场规模。国际市场分工为蛇口的跨越式发展创造了条件，开放、年轻、包容的蛇口抓住了这次机遇，通过积极融入国际市场，承接国际产业转移，自身的产业体系逐渐建立、发展，区域分工体系日趋完善，地区融合发展程度不断提高。[1]因此，继续坚持对外开放既是蛇口也是中国整体深化改革的必要条件。进入新时代，国内外发展态势和发展环境均发生了重大变化，既有的全球化格局和路径进入深度调整期，长期以来作为世界市场提供者的欧美发达国家的经济逐渐下行，保护主义不断升温。与此同时，新兴经济体和广大发展中国家逐渐成为全球经济新的增长点。[2]因此，中国未来的发展方略必须顺应全球形势，整合区域力量，积极探索改革与开放之间融合发展、相互促进的新机制，主动重塑全球治理体系，以新的姿态推进全球化和区域一体化进程，在此基础上深化改革。

---

[1] 姬超：《策略融合视角下的粤港澳大湾区及其协作机制》，《当代经济管理》2020年第2期。

[2] 姬超：《经济增长的历史观：发达与发展中国家之差异》，《江苏社会科学》2018年第3期。

（四）渐进式道路始终是中国深化改革的重要策略

蛇口试验作为中国增量改革的起点，其成功经验是逐渐推广至全国其他区域的，这是中国在实践过程中探索出来的一条适合中国国情的发展道路，高速且持续的经济和社会发展彰显了这条道路的正确性。中国改革开放的总体设计和目标是让一部分人先富起来，通过先富带动后富最终实现共同富裕。中国的增量改革实践体现了这种战略部署，先富起来的群体无疑是以深圳经济特区为代表的沿海开放城市，建设蛇口工业区又是深圳经济特区试验的第一步。也就是说，中国的增量改革试验并不是同步展开的，不同区域在不同阶段的试验重点是不一样的。在改革开放初期，由于主体的发展能力、信息和理性都非常有限，增量改革体现为一个"摸着石头过河"的探索发现过程。换言之，渐进式改革实际上构成了中国发展道路的一项重要策略，考虑当时的国内外环境以及自身的资源限制条件，率先进行蛇口试验的策略安排应当是阻力最小也最为现实可行的。随着改革的深化，增量与存量之间的力量对比也会发生变化，增量改革的空间和局限性随之显现。特别是当改革逐步进入深水区，在增量改革的同时亦可能给其他领域带来意想不到的负外部性，优先改革权甚至会带来垄断利润和寻租现象，利益冲突问题随之加剧。此时通过增量改革带来帕累托改进的空间就会越来越小，中国深化改革的原则也将从帕累托改进逐渐变成卡尔多-希克斯改进[①]，这对中国发展道路提出了新的命题，但是渐进式道路依然是社会主义改革事业稳妥推进过程中所必须坚持的基本路径。

---

① 与帕累托改进相比，卡尔多-希克斯改进实际上依据的是总的财富最大化标准。当改革给某个集团带来的收益大于其给另一些集团带来的损失时，即可以实现卡尔多-希克斯意义上的社会福利改进。在这种情况下，政府可以通过适当的转移支付手段向获益者征税来补偿受损人。详见孙蕾《非对称信息下的卡尔多-希克斯改进》，《南开经济研究》2008 年第 2 期。

第九章　中国发展道路的动力演变与政策转向

新时代，面临资源条件的硬约束以及国内外双重环境的叠加压力，中国经济由高速度增长转向高质量发展已经成为各界共识，经济发展的动力机制随之发生变化。党的二十大报告明确指出，创新是引领我国未来发展的第一动力，是建设现代化经济体系的战略支撑。但是一个不得不面对的事实是，全国各地存在广泛的结构性差异，发展差异极大。因此，创新虽是各地催生新业态、提升区域竞争力、实现跨越式发展的关键所在，但在这个过程中，各地面临的最大问题是其产业基础和制度基础是否足以支撑发展动力的转换。由此来看，为了切实推动创新在中国经济高质量发展中的引领作用，有必要在理论上厘清不同发展阶段的动力机制，在此基础上进行政策调试，构建厚植本土和适宜地方实际的制度支撑体系。值得注意的是，创新在经济发展中发挥核心动力作用并不意味着对其他要素不再重要，创新的实现受到许多因素的共同影响。现有的创新理论大多强调技术发展，忽略了更广泛的社会、文化和政治环境的影响，但是核心技术突破并不意味着创新的自然实现，创新系统的形成还需要社会生产方式和组织方式的适应性变化，以此实现创新扩散，补充完善这一点有助于有针对性地推动创新发展，这也是本章的价值所在。相较于以往对创新的一般性讨论，本章立足中国发展场景的整体演进和结构性差异，讨论整合创新资源和汇聚创新要素所面临的现实障碍，在此基础上提出优化和完善中国经济高质量发展的制度基础。

一 经济发展的主要阶段与动力机制

经济发展实际上是一个较为现代的概念，它不仅意味着宏观层面的国家财富增加（规模维度），更是劳动生产率和居民收入水平、生活水平的提高（效率维度）。结合近现代以来世界各国的发展经验，世界经济论坛（World Economic Forum）根据人均 GDP 将经济发展划分为以下几个阶段：要素驱动阶段（人均 GDP 低于 2000 美元）、效率驱动阶段（人均 GDP 介于 3000 美元和 8999 美元之间）和创新驱动阶段（人均 GDP 高于 17000 美元）以及其间的两个转型阶段。在这个过程中，发展速度由慢转快，最终又降为低速发展。[①]但是，不同发展阶段的差异不仅体现在发展速度上，更体现在发展方式和发展动力上，如发展需要投入资本、劳动力、资源、企业家精神、政府治理能力、制度、技术等要素，不同的要素组合形式即意味着不同的动力机制。世界上不存在一成不变的经济发展方式，不同发展阶段、不同国家和地区所适用的经济发展方式存在很大不同。随着发展阶段的变化，实现要素之间的再配置则是实现经济跨越和可持续发展的关键。但是，只有少数国家实现了第一阶段向第二阶段的转型，能够从第二阶段成功跨入第三阶段的创新型国家就更少了。[②]

（一）要素驱动阶段：解决资本稀缺问题，助推经济起飞

对于多数国家和地区的经济起飞而言，亟待解决的是要素稀缺问题，尤其是资本稀缺问题。但是在经济起飞前夕，多数国家的资本是非常稀缺的，工业基础薄弱，同时缺乏熟练的技能型劳动供给

---

① World Economic Forum, "The Global Competitiveness Report 2017–2018", https：//www. weforum. org/reports.

② 姬超：《经济增长的历史观：发达与发展中国家之差异》，《江苏社会科学》2018 年第 3 期。

和工业产品市场。面对恶劣的初始资源禀赋，成功的国家大多能依据国际环境和国内经济社会结构，着力解决那些可能制约经济发展的最关键因素，从而创造并满足经济起飞的条件。其中，产权、法治、市场导向的激励机制、完善的货币体系和可持续的公共财政政策等因素是实现经济发展的一般性原则，但其转化为可操作的政策在不同国家是因地而异的。[①] 显然，满足上述条件需要一个强有力的国家。经验表明，即便是在高举自由主义旗帜的英美发达国家，其在发展早期也曾大力实行优质产业保护政策，综合使用出口导向和进口替代战略，才完成了原始的资本积累，建立了工业发展的基础。随着发展时间的推移，后发国家经济发展面临的时间更加紧迫，挑战更多、竞争更激烈，国家出面指导或对经济进行干预的趋势显著增强。[②] 以东亚国家为例，在威权政府的干预指导下，通过对外开放和学习发达国家的市场化运营经验，资本、劳动力、土地、技术等生产要素市场逐步建立，要素的相对稀缺程度得到反映，从而吸引了大量外来生产要素，尤其是解决了资本稀缺难题，走上了经济发展的快车道。但是，在当前的全球化体系中，一方面，把握国际分工格局演变所带来的机遇实现经济起飞对于后发国家而言非常重要，这是迅速缩小与发达国家差距以取得竞争优势的前提。另一方面，全球化也给后发国家带来了巨大风险，亦有可能不断强化欠发达国家的依附者角色，发展的难度进一步增大。

（二）效率驱动阶段：强化市场竞争，优化资源配置

相比经济起飞，维持增长更重要也更困难。在过去的半个世纪中，除了少数东亚国家，很少有国家能够持续发展以达到发达国家的水平。根据边际递减规律，随着经济发展水平的提高，要素尤其

---

① 〔土耳其〕丹尼·罗德里克：《一种经济学，多种药方：全球化、制度建设和经济增长》，张军扩、候永志等译，中信出版集团，2016。

② 朱天飚：《比较政治经济学》，北京大学出版社，2006。

是资本投入对经济发展的贡献率开始下降，全要素生产率（扣除劳动、资本等生产要素之后的"余值"，包括技术进步、管理水平、组织优化、制度变迁等）的贡献越来越大，甚至超过了要素投入的贡献。这意味着通过粗放的、高投入的资源损耗型增长即使能够实现经济起飞，也是不可持续的。在这个阶段，持续增加投入就会导致生产过剩和投资效率下降，为了提高要素使用效率，就需要进一步打破行业垄断和地方保护主义局面，以此扩展市场秩序，强化市场竞争。当然，这个阶段的经济发展仍然离不开投入，持续的经济发展是一个资本不断集中和投入的过程，但是资本集中和投入必须与生产效率相平衡。资本的集中和投入在很大程度上依靠政府完成，生产效率则要依靠市场竞争来维持。[①] 伴随有效市场的增进，不恰当的政府干预势必扭曲企业行为，这就需要进行更加深入的制度变革来规范政府行为，强化市场竞争，提高要素配置效率。

（三）创新驱动阶段：推进科技革命，拓展生产可行性边界

迈克尔·波特认为一个国家进入创新阶段后，其竞争优势不再体现在要素投入的多少和现有要素的使用效率上，而是更加依赖创新。这里的创新包括产品创新、技术创新、市场创新、资源配置创新、组织创新等，具体体现在日趋紧密的产业联系、国际市场的差异化产业竞争、垂直深化的产业集群和日趋国际化的服务业等方面。[②] 一个国家进入创新驱动阶段，意味着发展动力由初级要素（资本、劳动力、土地、自然资源等）转向高级要素（知识、技术、信息等），这种转变的实质是从要素使用的边际收益递减转向递增，从而取得价值链上游的竞争优势。为了实现这一转变，首先要培育一个以高级要素为主的边际收益递增的创新系统；其次要在初级要素密集型产业中引入高级要素以实现转型升级；最后要扶持本土企业，

[①] 朱天飚：《比较政治经济学》，北京大学出版社，2006。

[②] Michael E. Porter, *The Competitive Advantage of Nations*, Palgrave Macmillan, 1998.

集聚知识、技术、信息等高级要素，推动高级要素和低级要素融合，打造产业协同创新系统。[1] 21 世纪以来，在少数发达国家的引领下，全球掀起了新一轮的科技革命，经济前沿不断向外扩展，产业变革从蓄势待发演变到群体迸发，物联网、量子计算、云计算、人工智能、大数据、区块链、基因科学、生物合成等技术不断取得新突破，以智能制造和绿色制造为核心的技术变革逐渐成为经济和社会进步的新源泉。这意味着，一旦经济发展趋紧世界前沿，传统发展动力就会不断减弱，必须依靠自主创新培育新的增长点，同时在人才、制度、产业等方面进行全方位协同，探索出一条立足全局、面向全球、聚焦关键、带动整体的创新发展路径。与此同时，尽管许多研究证明了创新对高质量发展的决定性作用，因而主张增加研发投入以激励创新，但是也有学者对创新的作用持审慎态度，如社会过滤器的存在将导致研发投入无法充分有效地转化为产出，又如政府资助的研发专利商业化的可能性可能较低。[2] 这就提示我们要更全面地考虑创新政策，综合考虑劳动力市场、城市化等社会经济因素的结构性影响，而不是简单地增加研发投入。

二　中国经济发展道路的梯度演进性

1978 年，中国人均 GDP 不到 200 美元，2008 年时达到 2000 美元以上，经济发展由此进入效率驱动阶段。2018 年，中国人均 GDP 进一步攀升至 9770 美元，跻身中高收入国家行列，整体发展动能开始由效率驱动向创新驱动转换，部分沿海发达城市的人均 GDP 甚至超过了 2 万美元，创新已经成为引领中国经济持续发展的第一动力。

---

[1]　蓝乐琴、黄让：《创新驱动经济高质量发展的机理与实现路径》，《科学管理研究》2019年第 6 期。

[2]　Xiong, A., Xia, S., Ye, Z., et al., "Can Innovation Really Bring Growth? The Role of Social Filter in China", *Structural Change and Economic Dynamics*, 2020, 53 (5), pp. 50-61.

作为一个整体，中国经济发展先后经历了要素驱动阶段、效率驱动阶段和创新驱动阶段。与此同时，全国各个地区的发展步调并不一致，市场秩序的扩展在空间上遵循了个别区域和个别领域先行先试的"试验—推广—创新"路径，最终形成一种梯度式、相互继起的发展局面。本书认为，各个阶段、各个地区并非相互割裂的，当前所讲的高质量发展是在 40 多年经济高速增长基础上的自然演变，体现了量变到质变的发展规律，高质量发展的基础仍然是发展。① 中国经济发展的整体实践表明，中国并非简单地复制和学习其他国家的成功经验，而是基于本国实际不断探索创新，向世界尤其是广大发展中国家贡献了中国智慧。中国发展道路体现了一种完全不同的思维模式，它不是新古典经济增长模式的改良或者变形，也不是西方发展模式的渐进实现版本，而是通过非均衡发展策略，逐渐探索出一条增量改革的发展道路。

（一）要素驱动阶段：以非均衡发展方式快速解决资本稀缺难题

在经济发展早期，产业发展对规模经济的要求和进入成本，导致发展中国家很难与先行一步的发达国家竞争。因此，为了快速解决资本稀缺难题，中国在改革开放初期采取了非均衡发展策略，通过政府干预将资源优先集中于少量生产率快速增长的产业，而不是均匀地将经济中的总体生产率增长摊薄在众多产业上。这种策略的优势在于防止了进入主导产业所需资源的分散，避免了每个产业都得到少量的资源，以及每个产业都不能获得足够的资源以克服产业发展中的成本障碍。在这个过程中，一些特殊部门（行业、区域）的利益会得到增进，另一些部门的利益则会受损，农民、消费者、工人和小企业家等主体在很大程度上是被忽视的。短期来看，这种

---

① 洪银兴：《改革开放以来发展理念和相应的经济发展理论的演进——兼论高质量发展的理论渊源》，《经济学动态》2019 年第 8 期。

偏向性的政策干预并不会提高国民总收入，而仅仅是将一个群体的收入转移给了另一个群体。但是由于部门和主体之间存在建立前后向联系实现协作的可能性，社会整体的生产性努力也得到了激发。长期来看，非均衡发展策略使我国得以凝聚优势资源，率先推动了某些核心产业领域或者说战略性部门取得突破，避免了共同贫穷，同时为中国摆脱既有的静态比较优势、主动获取新的国际竞争优势、实现成功赶超创造了条件。[①]

（二）效率驱动阶段：以增量改革优化资源配置

在经济发展初期，非均衡发展是中国解决资源稀缺难题以及主导产业达到最优生产率和获得竞争优势的必要条件，从而避免了长期依附在发达国家产业外围的处境。进入 21 世纪后，随着资本逐渐丰裕，简单的要素投入在中国经济发展中的贡献率不断下降，效率问题开始显现。这就意味着，通过粗放的、高投入的资源损耗型增长即使能够实现经济起飞，也是不可持续的，提高要素的使用效率于是成为中国经济持续发展的关键。为了解决这一问题，中国政府在实施偏向性政策干预的同时，开始注重制定成功和失败的明确标准以及预设的终止条款，获得政策支持的部门必须具有提供外溢和示范效应的潜力，且制定和执行政策的部门必须接受监督和评价等。此外，政策支持对象往往针对某种活动、某个领域，如提供新技术、新产品的活动，而非某个确定的企业。由此可见，随着发展阶段的演进，中国的非均衡发展策略也在相应地进行调整，以避免偏向性政策导致利益集团僵化，以及非均衡发展道路产生过大的社会分化。本书认为，中国的这种策略调整鲜明地体现为一种增量改革逻辑：小范围内先行先试，在试验成功的基础上向外推广，渐进带动中国整体制度存量的优化调整，这种动态过程可以概括为在增量基础上

---

① 姬超：《中国政府规模扩张的经济解释：理论与实证——基于发展型国家的理论视角》，《东南学术》2021 年第 3 期。

的存量优化调整。[①] 从经济发展的可持续性角度来看，与其说制度重要，毋宁说适应性的制度变迁更为重要。一旦改革停滞不前，优先改革的地区、行业领域就可能转化为新的利益集团，甚至带来垄断利润和寻租现象。40 多年来，中国的发展道路按照一定的次序梯度展开，从初始培育到快速成长，再到稳定发展和创新升级，不断激发发展热情，给党和国家发展注入新的动力，党和人民的事业在持续深化的改革中波浪式向前推进。

（三）创新驱动阶段：以高质量发展集聚创新资源

新时代，中国部分沿海地区进入创新驱动阶段，这一阶段的经济体已经高度发达。在此之前，这些地区通过承接发达国家产业转移和引进国外资本，经济效率在客观上不断提升，但是以市场竞争为基础的技术效率并不理想。随着经济发展到一定程度，技术水平接近世界前沿，技术进步的难度越来越大，驱动经济增长的动力源也会趋于衰减，经济持续发展的难度就会越来越大。中国整体经济发展由效率驱动向创新驱动转变，创新成为经济持续发展的核心动力，但是创新并不意味着不要效率，恰恰相反，创新必须以效率为基础。但是中国经济在长期发展过程中的效率（尤其是技术效率）根基构筑得并不牢固，而且效率的改善往往是一个漫长的过程，这是中国向创新型经济转变过程中必须面对的基本难题。

三　以创新引领中国经济高质量发展

（一）中国经济高质量发展的理论内涵

如前文所述，从人均 GDP 水平来看，中国经济整体已经进入效

[①] 姬超、袁易明：《从经济特区到先行示范区：中国发展道路的"特区"范式》，《江西社会科学》2020 年第 1 期。

率驱动向创新驱动转型阶段，但是距离迈进创新型国家仍然有很大差距。新时代，高质量发展是中国经济的唯一出路，同时也是经济发展规律的要求。换言之，高质量发展是传统经济发展的升级版，是中国经济总量与规模增长到一定阶段后经济结构优化、新旧动能转换、经济社会协同发展、人民生活水平显著提高的结果，这意味着中国经济开始由数量追赶转向质量追赶。[①] 高质量发展的转变过程按照逻辑转换顺序依次包括社会主要矛盾的范围扩展和层次提升，资源配置方式从政府主导转向市场主导、从简单方式（增长型政府、基础性的市场机制）转向复杂方式（公共服务型政府、起决定性作用的市场机制），产业体系从工业主导转向服务业主导，各产业内部从低端主导转向中高端主导，增长阶段从高速增长转向可持续增长。[②] 从发展内涵来看，高质量发展是一个包含经济、社会、生态环境等多个维度的综合性概念，创新、协调、绿色、开放、共享五个关键词规定了高质量发展的内涵，依次涵盖了发展的经济维度、过程维度和价值维度，通过创新实现新旧动力转换是其中的关键。[③] 从发展取向来看，高质量发展包括供给的有效性、发展的公平性、生态文明以及人的现代化。[④] 其中，坚持"以人民为中心"是高质量发展的核心原则。从制度条件来看，中国向高质量发展阶段转型的关键是创建与之相适应的体制政策环境，市场在资源配置中起决定性作用则是经济高质量发展的前提。[⑤]

[①] 任保平：《改革开放 40 年中国高速增长的特殊性及其向高质量发展的转变》，《政治经济学报》2019 年第 2 期。

[②] 高培勇、杜创、刘霞辉、袁富华、汤铎铎：《高质量发展背景下的现代化经济体系建设：一个逻辑框架》，《经济研究》2019 年第 4 期。

[③] 宋洋：《经济发展质量理论视角下的数字经济与高质量发展》，《贵州社会科学》2019 年第 11 期。

[④] 任保平：《新时代中国经济从高速增长转向高质量发展：理论阐释与实践取向》，《学术月刊》2018 年第 3 期。

[⑤] 刘世锦：《中国经济由高速增长平台向高质量的中速增长平台转换》，《财政科学》2018 年第 3 期。

（二）　创新引领中国经济高质量发展的路径

高质量发展的核心在于通过创新引领发展要素的优化组合和再配置，实现经济动力的转换。一方面，创新要与经济发展耦合协调。创新和经济发展作为两个系统而存在，两者相互影响、相互制约，两者之间的耦合协调是实现创新驱动发展的前提条件。因此，经济高质量发展必须提升市场供需的匹配速度与效率，特别是要依靠创新提高整个社会的全要素生产率，促进资源要素的整体协同。[①] 考虑到高质量发展的内容具有多维性，政策目标具有多元性，这就要求以系统性思维方式选择可行的发展战略，包括优化供给结构，促进供需结构相匹配；优化产业结构，推动产业优化升级[②]；推进新型城镇化，促进农村社会向城市社会转型；注重开放合作，提升经济开放程度和包容性；全面深化改革，促进经济发展与资源环境相协调；等等。[③] 另一方面，创新引领的关键在于多元协同。创新驱动阶段的经济发展是多个主体协同参与的过程，因此必须结合各个主体的需求特征，构建主体协同、管理协同、环境协同、制度协同的四维创新协同机制。[④]

（三）　制约中国经济高质量发展的主要难题

当前，中国的创新体系面临许多难题。首先，各地发展水平不一，创新差异极大，从空间分布来看，呈现东高西低、沿海高内陆低的特征。[⑤] 因此，在实践过程中各地必须在传统产业、传统技术、

---

①　张治河、郭星、易兰：《经济高质量发展的创新驱动机制》，《西安交通大学学报》（社会科学版）2019 年第 6 期。

②　金碚：《关于"高质量发展"的经济学研究》，《中国工业经济》2018 年第 4 期。

③　储节旺、吴川徽：《创新驱动发展的协同主体与动力机制研究》，《安徽大学学报》（哲学社会科学版）2018 年第 3 期。

④　程俊杰：《高质量发展背景下破解"创新困境"的双重机制》，《现代经济探讨》2019 年第 3 期。

⑤　刘和东、刘童：《区域创新驱动与经济高质量发展耦合协调度研究》，《科技进步与对策》2020 年第 16 期。

传统增长模式、传统增长动力与新产业、新技术、新模式和新动力之间找到一个均衡点，聚焦"产业升级、区域协同和开放合作"三大主题展开协同创新。① 其次，中国当前的创新要素投入中资本增长速度较快，劳动和知识积累速度较慢，资本结构和研发投入结构不合理、层次低，导致资本效率较低。此外，资本偏向性技术进步对经济增长率、全要素生产率以及产业结构的提升虽然具有正向作用，但是也拉大了不同区域、不同产业的投入产出效率差距，尤其是会导致劳动报酬比重下降，从而影响协调发展。② 再次，在速度增长向质量增长转变过程中还面临理念粘性、行为粘性、能力粘性、资本粘性和制度粘性等路径粘性问题，从而迟滞了发展方式转型③，如新经济发展的融资困境、创新困境、就业困境、基础环境困境及其与传统经济的融合困境都体现了这一点。④ 又如产业层面的产业结构升级缓慢、产能过剩和僵尸企业并存、产业创新水平和效率较低等问题，创新层面的核心基础技术空心化、专利重量轻质以及创新转化率、合作率较低等问题，对外开放层面的出口产品附加值不高、出口结构以加工贸易为主、核心技术依赖进口等问题，人民生活层面的生态环境恶化、公共服务不均等、城乡收入差距不断扩大等问题。⑤ 最后，创新在政策制度层面也会面临匹配问题。例如，徐现祥和刘毓芸认为地方政府决策时面临经济增长速度目标和经济发展质量目标的权衡，要素投入型政策工具导致经济增长速度目标侵蚀经济发展质量目标，技术进步型政策工具导致经济增长数量目标提升

① 张占仓、杨书廷、王建国、贺建委、柴中畅、罗建中：《河南省经济高质量发展存在的突出问题与战略对策研究》，《创新科技》2020 年第 1 期。

② 涂正革、陈立：《技术进步的方向与经济高质量发展——基于全要素生产率和产业结构升级的视角》，《中国地质大学学报》（社会科学版）2019 年第 3 期。

③ 蒲晓晔、Jarko Fidrmuc：《中国经济高质量发展的动力结构优化机理研究》，《西北大学学报》（哲学社会科学版）2018 年第 1 期。

④ 任保平、何苗：《我国新经济高质量发展的困境及其路径选择》，《西北大学学报》（哲学社会科学版）2020 年第 1 期。

⑤ 余泳泽、胡山：《中国经济高质量发展的现实困境与基本路径：文献综述》，《宏观质量研究》2018 年第 4 期。

经济发展质量目标，不同的政府决策差异将会带来差异化的质量和数量收敛特征。① 综上可知，高质量发展是一个包含经济、社会和生态环境的多维度、多目标概念，除经济因素外，还要考虑其他因素的影响，只有当各项因素相互叠加匹配时，才能实现经济发展质量的持续提升。此外，创新在不同发展阶段、不同区域还可能存在差异化作用方式，这就要求我们对此进行全面审视，构建系统化的制度和政策支撑体系。

四　经济高质量发展的制度基础构建

一般而言，政策和制度的变化要滞后于技术和经济的变化，导致动态的经济发展基础与稳定的制度架构之间产生适应性矛盾，并且这种矛盾不断累积，缓解这种矛盾是经济高质量发展的前提，这就需要不断创新发展政策体系。一项发展政策可能在某些国家和地区取得成功，但并不一定适用于其他国家和地区，原因在于政策嵌入在特定的制度和文化框架中。我国各地发展水平不一，结构性差异巨大，各地面临的最大问题就是现有的制度基础能否支撑创新。因此，支持创新发展的政策必须具备系统性，要从区域政策、产业政策、技术政策等方面构建政策协同体系，进而促进各类政策要素的重新组合和创新，推动经济高质量发展。②

（一）区域政策

区域政策专注于通过集聚要素实现地区经济发展。随着经济的发展，集中决策越来越无法应对日益复杂且快速变化的社会，权力

---

① 徐现祥、刘毓芸：《经济增长目标管理》，《经济研究》2017 年第 7 期。
② Vernon, R., "International Investment and International Trade in the Product Cycle", *Quarterly Journal of Economics*, 1966, 80（2）, pp. 190-207.

因此由中央下放到地方，以激发地方政府的创造性和积极性。[①] 各地在政策制定的主导权和范围上都有了不同程度的扩展与提升，区域政策正是在这一背景下产生的，并且开始呈现多样化发展态势，尽管这种变化并非在每个地区都同等程度地发生。发展早期的区域政策多以效率为首要准则，但在高质量发展阶段，效率原则需要向平等原则倾斜，这是由社会主义共同富裕目标决定的。如前文所述，中国的非均衡发展策略能够发挥先行地区的溢出效应，进而带动全国整体的共同富裕。但是从本质上来看，这种溢出效应基于一个基本的前提，即资本和劳动力倾向于从低收益部门自由流动到高收益部门。显然，要素的完全自由流动是一个不现实的假设。赫希曼认为，增长极的溢出效应只会影响靠近中心的一些区域，在特定情况下，溢出效应也有可能转变为极化效应。[②] 缪尔达尔也特别强调极化效应将倾向于保持增长极与外围地区之间的发展差距。[③] 由此可见，在高质量发展阶段，政府对经济的引导必须实现自我优化，它必须足够强大，还要能够进行适时、快速的调整，必须在区域之间建立更加紧密的联系。与此同时，获得政策支持的区域必须不断提升创新能力，这种创新能力可以通过技术知识、熟练劳动力、信息基础设施等维度来衡量。为了增强这种创新能力，政府必须提供良好的孵化条件（生产环境），必须保持足够的政策灵活性。总之，得到政策支持的区域之所以能够获得优先发展的驱动力，是因为它能够与其他区域建立紧密的直接或间接联系。在一定时期内，它可能是中国整体经济发展的条件，而在另外一些时期也可能转化为创新的障碍，这就要求持续创新

---

① 值得注意的是，区域政策必须有中央政府的支持，还要对地区之间进行协调。如果中央政府权力过小或者完全退出，区域差距将会不可避免地扩大。尤其是对于许多后发地区，其发展潜力有限，因此必须由中央政府进行政策协调。

② 〔美〕艾伯特·赫希曼：《经济发展战略》，曹征海、潘照东译，经济科学出版社，1991。

③ 〔瑞典〕冈纳·缪尔达尔：《亚洲的戏剧：南亚国家贫困问题研究》，方福前译，商务印书馆，2021。

区域政策，逐渐将内陆地区和中小型企业作为区域增长和刺激创新能力的重要来源。

（二）产业政策

产业是承载经济发展的主要载体，产业政策因而成为经济高质量发展的关键。历经 40 多年的发展，我国已形成特定的产业关联和产业结构，产业结构的灵活性逐渐丧失，部门之间的替代越来越难以实现。尤其是偏向性政策和大型企业垄断开始对生产环境产生不利影响，传统产业结构的优势恰恰也是创新的不利因素。一些大型企业主导着产品、劳动力市场以及技术进步的方向，它们并不会考虑为中小型企业的发展留出空间。大型企业和中小型企业之间的分层组织结构抑制了知识的扩散和企业创新，导致小型企业被动地向大型企业供应产品，忽视了企业内部营销和广泛的研发。[1] 因此，中小型企业被限制转向更加有前途的市场，最终导致产业结构僵化和创造力丧失。[2] 在这种情况下，就需要政府出台合理的产业政策加以引导，但是做到这一点并不容易，大型企业通常不愿意冒着丧失竞争力的风险进行大规模转型，员工考虑到失业风险大多也不会支持产业重组，地方政府也要考虑结构调整对税收可能产生的影响，这些都是制约产业政策调整的现实因素。[3]因此，成功的产业政策必须考虑现实条件，兼顾产业高级化和合理化，因地制宜地制定恰当的产业政策，如强调在现有产业基础

---

[1] Hassink, R., "Regional Innovation Policy: Case-Studies from the Ruhr Area, Baden-württemberg and the North East of England", PhD Thesis at Faculteit Ruimtelijke Wetenschappen Rijksuniversiteit Utrecht, Sep. 1992, https://www.researchgate.net/publication/305790735.

[2] Stuart, T. E., "Network Positions and Propensities to Collaborate: An Investigation of Strategic Alliance Formation in a High-Technology Industry", *Administrative Science Quarterly*, 1998, 43 (3), pp. 668–698.

[3] Anderson, E. E., "Industrial Growth Rates and Instability: An Historical Analysis of the Former Centrally Planned Economies of Eastern Europe", *Eurasian Journal of Business and Economics*, 2011, 4 (8), pp. 51–70.

上进行技术扩散，通过政策引导企业将现有的技术创新传播到更多的企业和部门，从而实现大型企业和中小型企业的共同成长。

（三）技术政策

创新驱动的经济高质量发展依赖于技术进步对生产可能性边界的拓展，技术政策则是一系列涉及政府干预经济以影响技术创新的政策。[①] 技术进步的载体在于产业，因此技术政策和产业政策难以完全区分，这在一定程度上导致技术政策缺乏清晰的理论基础。正因如此，许多国家和地区的技术政策往往具有临时性，并且常常复制其他国家和地区的政策。这也导致许多政策制定者没有对实际情况给予足够关注，如国内产业的现实需求和体制结构的适应性。一般认为，技术政策工具大致可以分为四类：①高等教育机构的支持；②高等教育机构以外的研究中心支持；③针对高新技术企业的税收激励，如直接的减免税款和间接的降低税收成本加计扣除、加速折旧和递延纳税等；④技术转让，提供咨询、信息等服务。当前的技术政策多是由中央或地方政府投入资金资助大型企业、高校和承担大型技术项目的重点实验室、研究中心等，中小型企业则常常受到忽视。[②] 因此，偏向性的技术政策往往是有利于某些地区（沿海地区和中心城市）或某些产业的，技术差距不断拉大。新时代的技术政策必须纠正以往对中小型企业的忽视，要重视技术研发从高校、研究机构向企业，尤其是中小型企业的转化、转让，要通过分散的、去中心化的技术政策更好地应对技术进步的复杂性和区域发展的多样性，将制定技术政策的权力和相应的财政手段下放到各个地区，使其能够制定和实施适合自己的技术政策。考虑到各地的发展差异，

---

① Stoneman, P., *The Economic Analysis of Technology Policy*, Oxford: Oxford University Press, 1987, p. 5.

② Rothwell, R., Zegveld, W., *Industrial Innovation and Public Policy: Preparing for the 1980s and the 1990s*, London: Greenwood Press, 1981, p. 251.

技术政策的制定也须因地制宜，要重视技术政策的经济效益，而不是盲目地追求高、新、尖技术。

（四）创新环境

无论是区域政策还是产业政策、技术政策，都要根据经济和社会的发展变化不断进行政策创新，这就要求提供优越、宽松的创新环境，如稳定的宏观经济和社会环境、良好的科学技术设施条件和教育环境、平等的市场竞争环境等。[1] 在高质量发展阶段，竞争的作用尤为关键。国际上较为成功的企业之所以倾向于集中在少数几个国家或地区，原因就在于激烈的国内乃至地区竞争（在技术上而非价格上）能够产生行业优势，竞争对手的地理位置集中扩大了竞争带来的收益，如刺激新技术快速传播、促进与客户的深入研发合作、帮助供应商更好地成长以及对不恰当的政策干预联合施加压力等。而封闭保守的创新环境可能产生一个孤立的内向型系统，导致创新停滞。换言之，产业、企业、部门之间的网络竞争关系以及市场主体与政府之间的良性互动形成了创新生态，进而决定了创新能力。

从政策实施角度来看，创新政策的成功与否还取决于政策环境对政策扩散的刺激程度。不同区域的创新环境存在很大差异，一些地区缺乏将技术政策与国内产业有效连接的能力，导致从技术到应用的转换可能会持续很长时间。从这种意义上来看，制定政策时必须考虑企业是否可以更好地适应新政策。好的社会制度因素创造了政策有效扩散的环境，这可以被视为区域之间创新能力存在差异的主要原因。[2] 为了实现高质量发展，许多地区在制定创新政策时常常过于注重支持研究和开发，但是忽略了技术发明、创新、扩散之间

---

[1]　Aydalot, P., Keeble, D., *High Technology Industry and Innovative Environments: The European Experience*, London and New York: Routledge, 1988, p. 124.

[2]　Fach, W., Grande, E., "Space and Modernity: On the Regionalization of Innovation Management", In Hilpert, U. (ed.), *Regional Innovation and Decentralization: High Tech Industry and Government Policy*, London and New York: Routledge, 1991.

的内在联系。总之，较为成功的发展政策无一不是因地制宜、因时而异的，特别是国家和地区层面的历史与政治特征深刻地影响发展政策的方向及其有效性，这就要求实事求是，结合各地的生产结构和历史传统，寻求更具适应性的发展政策。

五　小结

改革开放以来，中国经济发展梯度向前，在取得巨大成就的同时也积累了许多结构性问题。随着国内外经济格局的演变，经济发展方式逐渐面临转型困境，传统发展政策的历史遗留问题越来越突出。当发展进入更高一级阶段，增量与存量之间的力量对比逐渐发生变化，得益于增量改革形成的利益集团可能成为新旧动能转换的阻碍因素。为进一步优化资源要素在空间区域、行业领域以及不同所有制类型企业之间的配置，须结合短期调控与中长期发展目标，优化存量改革。优化存量的重点是将现有的"制度优势"转化为长期的"治理效能"，这就需要通过经济、社会、政治领域的全方位改革，解决发展中的不平衡不充分问题。据此，本书提出以下方向性建议。

（1）善用法治方式，规范改革程序和健全监督机制。加快地方改革立法工作，规范改革的决策程序和管理监督机制，推动改革向纵深推进。着重对改革试点的选取、实施程序、各级管理部门的改革权限以及监督反馈环节进行法律界定，一方面，对地方政府的创新行为进行鼓励和有效保护；另一方面，规范改革程序，防止借改革之名谋地方甚至个人利益之实，充分保障利益相关者的利益诉求。

（2）强化市场治理，构建完善的亲清政商政策体系。创新需要调动全社会的创造激情，积极营造宽松、自由的政策环境。一是以建立落实政府权责清单制度为抓手，深化营商环境改革，减少政府直接控制和行政干预，强化企业的市场治理主体地位，通过明确的法律、规章引导企业自律，企业在法律留白范围内完全自主运营。二是以"一带一路"建设为契机，注重保持经济的开放性和市场的竞争性，鼓励企业在国内外市场开展公平竞争，争取行业标准和规则的制定权、主导权。三是完善现代企业治理架构，围绕科技创新、组织创新、制度创新建立企业创新评价和监测系统，优化经济治理基础数据库，切实提高创新水平。四是创新金融体制机制，完善企业上市、退市机制，合理采取差别化政策，为企业开创新的融资渠道，特别是为深具发展潜力的成长型、创新型企业提供灵活的资金募集渠道。

（3）创新社会治理，满足可持续的社会发展需求。一是创建"党引民治，多元共建"治理机制，强化党组织的政治引领和服务引领功能，进一步拉近党群干群关系。二是培育发展多元社会组织，发挥社会组织、行业协会等非政府组织在行业规制、社会治理和公共服务中的作用，群策群力，共谋共建。三是促进社会公平、公正发展，推动"效率导向"向"公平导向"的制度变革，加快建设人人都能享用的公共空间开放系统以及健康、可持续、高质量的社区，以支持经济和社会的协调发展，满足可持续的社会发展需求。

（4）推进协同治理，完善共建共治共享的治理体系。一是产业协同。注重通过产业之间的合理化实现更多领域对当前技术的采纳，增强技术溢出效应，提升技术革新的强度，实现技术深化和技术边界循序渐进的外移，培育动态的竞争能力和适应能力。二是区域协同。一方面，整合区域优势，构建发展协调机制。以粤港澳大湾区、京津冀、长三角等高水平一体化区域为重点，搭建信息资源共享平台，协作发展科技创新型产业，力争在更高价值环节获取整体竞争优势，避免区域之间的恶性竞争和自我消耗。另一方面，加快区域间互联互通建设，尤其是要注重欠发达地区的公共配套服务和市政基础设施建设，包括综合可达的交通系统、优良的学校、良好的信息系统，以及完善的能源和水系统，促进形成更加均衡、全面的区域发展模式。三是部门协同。以数字化政府转型为契机，加快构建涵盖政府、经济和社会的数字化政府标准体系，推进行政体制改革，优化行政区划设置，打破部门、层级的条块分割，建立跨部门、跨层级的协同治理机制。

第十章 发展型国家的发展经验
总结与未来展望

研究表明，中国经济发展在很大程度上体现了发展型国家理论的内涵，但是我国 40 多年来的发展并非简单地复制和学习其他国家的成功经验，而是基于本国实际不断探索创新，向世界尤其是广大发展中国家贡献中国智慧。本书认为，中国发展道路体现了一种完全不同的思维模式，它不是新古典经济增长模式的改良或者变形，也不是西方发展模式的渐进实现版本，中国发展道路集中体现为渐进式的非均衡发展特征，其背后体现的则是一种全新的发展型国家理念和增量改革内涵。越来越多的证据表明，多数发展中国家当前还没有准备好采用西欧或美国的制度，即使移植了这些制度，其运行情况也会非常不同。[1] 因为多数发展中国家的制度需求与发达国家存在质的差异，脆弱的社会、政治秩序与持续的经济增长难以兼容。中国的发展经验表明，只有建立新的发展模式，率先实现经济发展，才能为政治的实质性进步创造条件；也只有通过发展，才能从根本上解决各类政治和社会问题。[2]

---

[1] 〔美〕道格拉斯·诺思、约翰·沃利斯、史蒂文·韦布、巴里·温加斯特编著《暴力的阴影：政治、经济与发展问题》，刘波译，中信出版集团，2018。

[2] 正如中国国家领导人王岐山在 2019 年世界达沃斯论坛致辞中所言，我们只能在做大蛋糕的过程中寻求更好的切分蛋糕的办法，坚持发展是第一要务，推动全方位对外开放，促进"一带一路"国际合作，构建更高层次的开放型世界经济，建设相互尊重、公平正义、合作共赢的新型国际关系。详见《王岐山出席达沃斯世界经济论坛 2019 年年会并致辞》，人民网，2019 年 1 月 25 日，http://politics.people.com.cn/n1/2019/0125/c1001-30589892.html。

一 发展型国家的经济增长与政府扩张

（一）经济增长和政府扩张的内在机理

中国的发展经验表明，在坚持市场在资源配置中发挥决定性作用的前提下，可以正确地履行政府职能，更好地发挥政府在经济发展中的作用。政府与市场之间并非简单的替代关系，而是可以相互促进和增强，这为更好地处理政府与市场、政府与社会的关系提供了参考。

（1）政府和市场并非绝对对立的存在。在主流的经济学理论中，集体利益在一种神秘的被称为"看不见的手"的力量下实现，经济增长并不需要借助政府"仁慈的手"来实现，政府干预和政策指导不会实现预期目标，反而经常演变为"攫取之手"，政府变量因而逐渐从经济增长体系中分立出来。究其根源，经济增长拒斥政府变量的原因首先在于对政府干预的恐惧，人们常常对那些有计划的企图持怀疑态度。而以价格机制为中心的竞争理论完全忽略了竞争的其他维度，也就忽视了市场发挥作用的法律和政治背景。最终，各种增长理论在形式化模型的处理上日臻复杂，但是拒斥政府变量之后的经济增长机制开始面临各种类型的逻辑自洽困境。随着制度因素在增长理论中得到强调，政府的作用重新回归到经济增长过程中，但是在解释制度供给时人们经常陷入无穷的循环。作为制度供给的主体，政府在经济增长中的作用及其作用机制亟待进行更深入的讨论。研究表明，两者存在相互转化和统一的可能，中国的发展实践为此提供了经验支撑。政府扩张与市场增进并不冲突，相反，如果战略正确、政策得当，政府就可以在追求经济增长过程中实现社会整体利益的最大化。在经济增长的同时，政府的自身利益也得以实现。

（2）发展型国家政府扩张的机制在于偏向性政策引致的经济增长。传统经济理论认为，稳定、平衡的政治和社会结构是经济增长的基本前提。大多数文献关注的重点在于政府对经济发展的促进或抑制作用，甚至盲目倡导西方国家以竞争性政党为核心的民主模式，但是对政治进步的内在原因关注不够，政府因素多是作为外生变量进入现代经济增长理论体系中的。本书的研究对政府扩张提出了新的解释。在现实的经济发展过程中，产业发展对规模经济的要求以及较高的进入成本，导致发展中国家很难与先行一步的发达国家竞争。因此，为了实现宏观经济增进、国民生产总值增长以及生活水平提高，可以通过政府干预将资源优先集中于少量生产率快速增长的产业，而不是均匀地将经济中的总体生产率增长摊薄在众多产业上。这种模式的优势在于防止了进入主导产业所需资源的分散，避免了每个产业都得到少量的资源，从而每个产业都不能获得足够的资源以克服产业发展中的成本障碍。在这个过程中，政府通过偏向性政策优先扶持战略性部门发展，部门之间的前后向联系使得部门之间相互协作、利益溢出成为可能，从而激发了广大主体的生产性努力，产生了对政府支出的内在需求，政府规模的扩张作为一种结果由此产生。与此同时，政府根据发展阶段变化对偏向性政策进行动态优化，从而避免了偏向性政策带来的利益固化，激发了持续的生产和创造热情。

（3）经济增长能够促进政治和社会的实质性进步。40多年来，中国经济在高速增长的同时，政治和社会领域也取得了实质性进步，这表明经济增长对政治进步的关键作用，确切地说是市场与政府的良性互动是政治进步的关键。由于现实中的经济活动往往都是政治经济活动，对于许多发展中国家而言，通过持续的经济增长向公民提供安全、公正和就业往往是第一位的。① 中国经济在发展过程中，

---

① 世界银行：《2011年世界发展报告：冲突、安全与发展》，清华大学出版社，2012。

政府通过偏向性政策引导经济有序发展，进而通过发展利益溢出、共享创造了共同利益，从而抑制了社会分化和政治纷争。① 与强行灌输自由民主理念相比，中国的发展方案显然更加务实，它强调经济优先发展，强调稳定与有效增长之间的权衡。事实上并没有充分的证据表明民主政治能够带来经济发展。也就是说，在低收入国家，简单地消灭租金带来的未必是竞争性市场，反而可能是社会失序。换言之，通过偏向性政策创造发展租金在低收入经济体看来首先是稳定和经济发展的手段，动态调整的政策预期很好地平衡了发展初期各个群体的利益诉求，从而规避了大规模的利益冲突、社会暴力问题，稳定的国内政治、社会环境也为经济持续发展奠定了良好基础。

当然，偏向性政策在一定时期内必然限制当前不具备发展潜能的组织或个人自由获得经济利益的机会，也会在一定程度上限制市场竞争和经济效率，但这与共同贫穷落后相比仍是占优策略。随着经济发展程度的不断提高和市场主体的逐渐非人格化，发展成果由更广泛的社会群体共享就成为可能。随着经济和社会体系的不断成熟稳定，发展中国家的发展道路日益深化扩展。人们对发展概念有了更加务实的理解，人们意识到发展型政府与政府追求自身利益并不冲突。在这个过程中，政府和精英组织首先构成了经济发展的主导力量。在经济发展和市场增进的同时，政府的自身利益也得以实现。一个稳定的政治环境对于外来投资者而言恰恰是首要考虑的因素，通过经济发展创造更多租金也就成为精英群体的共识，持续的经济发展因而获得了内在动力，政治社会结构与经济发展之间的平衡得以建立，发展中国家政治的实质性进步才真正成为可能。

---

① 类似地，在诺思等的有限准入秩序框架中，政府通过特定的政治体系操纵经济利益，进而通过创造共同利益方式抑制暴力组织的暴力潜能，协作因而成为主要暴力组织的占优策略。详见〔美〕道格拉斯·诺思、约翰·沃利斯、史蒂文·韦布、巴里·温加斯特编著《暴力的阴影：政治、经济与发展问题》，刘波译，中信出版集团，2018。

（4）发展中国家宜以渐进式路径强化可持续发展的基础。长期以来，许多发展中国家内部的政治生态支离破碎，根本无法以一个统一的整体来推动区域一体化和工业化。也就是说，许多发展中国家希望通过大规模投资和均衡发展直接实现跨越式转变，以迅速完成对发达国家的赶超。但是，多数发展中国家的经济基础非常薄弱，发展经验更是极度欠缺和不足，一些所谓的国家实际上尚没有完成现代主权国家建构，不具备稳定的政治基础，社会分裂和族群纷争不断，追求经济发展的难度可想而知。在这种条件下，无论是全面均衡的大推进发展理论，还是直接采用西方发达国家的完全市场竞争理论，都不能真正实现经济发展，尤其是持续的经济发展。① 从外部环境来看，西方发达国家通过各种手段和方式不断强化民主价值观对发展中国家的影响，要么武断地将西方民主制与发展援助挂钩，要么威胁取消援助，甚至以武力推翻现行政权。② 但是，西方民主政治对于广大发展中国家而言毕竟是一个舶来物，这种外来的制度移植很少考虑发展中国家的独特性和发展阶段要求。建立在西方价值基础上的民主与良治国家，其目的是要捍卫自由主义价值观，但是这种实践并没有成功，它颠倒了人权和主权的关系，反而造成了更大的人道主义灾难。③

（5）发展型国家面临宏观经济增长和微观效率提升的协调难题。尽管发展型国家理论在中国等发展中国家取得了巨大成功，但也不能忽视其内在缺陷。以动态调整的偏向性政策为核心的发展策略虽然促进了宏观层面的经济增长，解决了发展中国家的要素稀缺问题，但是微观层面的效率根基并不牢固。中国经验表明，政府扩张对提升技术效率，也就是在推动经济向现有的生产可能性边界靠拢方面

---

① 刘鸿武、杨惠：《非洲一体化历史进程之百年审视及其理论辨析》，《西亚非洲》2015 年第 2 期。
② 张忠祥：《构建中非命运共同体：挑战与应对》，《探索与争鸣》2017 年第 12 期。
③ 刘青建、王勇：《当前西方大国对非洲干预的新变化：理论争鸣与实证分析》，《西亚非洲》2014 年第 4 期。

具有正向作用。但是政府对技术进步，也就是在推动生产可能性边界向外扩展方面的作用并不显著，且常常会产生负面影响。那么，随着整体经济发展到一定程度，技术水平接近世界前沿，技术进步的难度越来越大，驱动经济增长的动力源也会趋于衰减，经济持续发展的难度就会越来越大。为了实现可持续的经济发展，必须优化存量改革，进一步转变政府职能，构建适应性的政府-市场关系。

综上所述，发展中国家发展的关键在于重建政治社会结构与经济增长之间的平衡，因地制宜、因时而异地优化政府-市场关系。自主、开放、合作、务实、渐进的发展型政府为发展中国家提供了新的选择，中国的发展案例充分证明了这一点。当然，发展毕竟是一项系统性的工程，中国发展道路虽然取得了很大成效，但是其在其他发展中国家的适用性仍然有待检验和完善，这一条渐进的、非均衡的道路，在发展过程中如何构建跨区域、跨领域的协作机制，平衡多元主体的利益诉求以及短期利益和长期发展的关系，再次横亘在我们面前，未来的发展道路依然漫长。

（二）发展型国家理论的中国实践及其合理性

（1）发展型国家理论在中国的实践产生了一种非均衡的发展道路。发展型国家理论所要求的偏向性政策在中国体现在城镇偏向性政策、大型企业偏向性政策以及外资偏向性政策等多个方面，最终导致了一种非均衡的发展道路。经验证据表明，上述偏向性政策均显著促进了我国的经济增长，城镇偏向性政策、大型企业偏向性政策、外资偏向性政策对人均 GDP 都具有很好的增进作用。非均衡发展模式的优势在于突破了经济发展对规模经济的要求和较高的进入成本约束，防止了经济发展所需资源要素的分散化，避免了共同贫穷，克服了资本障碍。因此，偏向性政策和非均衡发展策略既是中国打破制度束缚的策略安排，也是中国制度改革道路上规避风险的最优路径。静态地看，偏向性政策支持并不会提高国民总收入，而仅仅是将一个群体的收入转移给了另一个群体。但是实际上，由于部门和主体之间存在通过建立前后向联系实现协作的可能性，这就充分激发了社会整体的生产性努力，遏制了大规模的社会分化。从长远来看，非均衡发展也是我国主导产业达到最优生产率和获得竞争优势的必要条件，从而迅速地完成经济赶超。当然，随着经济发展程度的提高，我国的偏向性政策必须随之相应地进行动态调整，避免偏向性政策下的利益集团僵化，避免非均衡发展道路产生过大的社会分化。

（2）中国的非均衡发展道路集中体现为以经济特区为起点的渐进式路径。经济特区的中国实践浓缩呈现了中国经济发展道路的内在逻辑，为中国特色社会主义理论体系提供了典型化事实，目前已形成了从沿海经济特区到沿河、沿边经济特区，再到自由贸易区、自由贸易港以及中国特色社会主义先行示范区的渐进式改革开放路径。这一发展路径优先保障东部沿海地区和战略性部门的收益最大化，这是我国先行地区自身发展的重要前提。当先行地区经济发展到一定程度后，政策范围进一步向外扩展，向全国更多地区推广试验成功的制度经验。

（3）中国发展道路取得成功的关键在于遵循了增量改革逻辑。发展型国家理论在中国的实践取得了巨大成功，但是中国发展道路的逻辑既不是直接复制某种标准化方案，也非西方发展道路的渐进调适版本，而是通过一系列灵活、务实的创新有效推动了中国的市场化改革和经济发展，在实践中丰富了发展型国家理论的内涵和外延。它充分规避了改革中的各种风险，同时以动态调整的政策支持持续推进整体制度改革，推进经济和社会的持续发展。在具体实践过程中，中国的改革开放承担的是由计划经济向市场经济的大幅度政策变革，但是充分考虑当时的社会经济条件和政治环境，市场化改革首先限定在了经济特区这些小块边缘区域，从而将渐进调适和大幅度的市场化变革有机结合在了一起，得以充分利用两者的优势。

在这个过程中，中国的发展道路强调给广泛主体和人民群众带来增量利益，经济特区的改革试验对于中国整体而言完全是一次帕累托改进。

（4）中国的发展道路是一个政府-市场多元互动关系不断增进和优化的过程。中国特色社会主义市场经济体系中的政府-市场关系不是一个非此即彼的存在，而是一个容纳个人、市场、社会和政府的包容性生产和组织方式，经济发展程度提高的过程也是多元主体互动不断深化的过程，各个主体以市场价值逐渐建立联结关系，最终形成了中国特色社会主义市场经济的利益相关者网络。新时代，随着发展程度的提高，多元主体之间相辅相成、互为补充的局面不会改变，反而会进一步增强。特别是随着中国逐渐走向世界舞台的中央，中国经济发展面临完全不同于以往的政治、社会和市场环境，政府和企业都迫切需要树立一种国际化思维，需要结合国内国际市场环境对企业发展战略和内部治理体系进行相应的调整，这对我们提出了新的挑战，对政府、市场等多元主体之间的协同发展提出了更高要求，同时也为丰富发展型国家理论提供了新的可能。一方面，要继续发挥政府在发展规划、国家持续发展、国民能力提高、社会效益改善等方面的协调作用；另一方面，政府必须坚守中立的价值立场和商业化原则，充分发挥市场的主导作用，充分激发各类主体的能动性和创造性。

二 发展型国家经济的可持续发展方向

21 世纪尤其是 2013 年以来，中国整体经济开始面临严重的产业结构调整压力和冲击，传统发展动能逐渐减弱，区域和部门分化问题不断加剧，尤其是资源型地区和一些老工业基地发展过程中的核心驱动因素不再有效，经济开始经历核心工业产品需求减弱—产能过剩—生产速度放慢—工厂关闭和工人失业—应对环境污染问题的紧迫性不断加剧的问题，这对我国当前的发展方式产生了重大影响，主要体现在以下几个方面。

一是中国经济整体面临长期的结构调整趋势。以往，有些区域和学者可能否认这种变化的长期性，认为这只是一种周期性变化，但是随着国内外的宏观发展趋势越来越明显，通过结构性调整实现经济持续发展逐渐成为共识。那么，这种经济结构调整必然会对社会产生较大影响，如失业问题，如何为这些人提供合适的社会安全网络、如何创造新的工作机会，都是摆在我们面前的现实问题。

二是转型发展面临方方面面的协同问题。如前文所述，偏向性政策在我国取得成功的关键在于部门之间的协同，但是随着经济发展程度的提高和转型压力的增大，当前中国许多地区面临或即将面临转型发展问题，区域之间、产业之间都必须通过结构调整建立新的协同关系，而不同主体的调整速度和调整能力存在很大差异，在短期内重建平衡的难度很大。与此同时，在结构调整过程中，我国还面临如何找到新的增长来源的问题，特别是推动现代制造业和生产性服务业的发展，以此作为创造就业的新基础，以及维持人均收入的进一步提高，即发展新动能的问题。传统的产业结构调整必然要求大幅裁减员工，压缩工厂数量和规模，这时就要发展新的产业。但是如何才能做到这一点呢？相对于发达国家而言，我国的人均收入水平仍然较低，那么在转型过程中如何应对当地经济不景气的影响？这是我国经济持续发展和转型升级时面临的严峻的现实难题。尤其是对于发展基础较为薄弱的落后地区和部门，转型的压力和难度也更大。

三是经济在持续发展的同时还面临严重的空气、水、土地等生态恶化和环境污染问题，工业尤其是传统制造业是污染的主要来源，日益严重的环境污染也是中国必须面对的问题。那么，如何在实现环境效益最大化的情况下进行经济结构调整，以及如何平衡经济发展和环境保护的关系是我国持续发展过程中的又一难题。

四是转型发展中的主体参与问题。有效鼓励社会组织等多元主体参与是转型升级取得成功的关键。广泛的社会参与是转型发展过程中的重要特征，政府提出发展的总体架构，企业、社会组织、外国投资者等各类主体也要参与到政策的制定过程中，这是提升政策针对性和科学性的要旨所在，也是适应市场和社会发展的需要。无论是产业升级改造，还是科技、教育、文化等软实力的提升，抑或是创新工业经济发展方式，都离不开广泛的社会力量以及社会资本参与其中。这就需要最大限度地让地方主体参与制订转型发展解决方案，以激发热情和创新，使新的发展策略与当地居民的愿望保持一致，地方参与还有助于提高长期决策的透明度。在这个过程中，主体之间要相互协作，避免各自为政的地方保护主义，政府需要综合各地区的发展特点，以及各自发展的趋势，科学确立发展布局，鼓励区域之间、部门之间既相互竞争又相互合作，在区域合作的基础上解决具体问题，实现共同的发展目标。

综上所述，随着我国经济发展中的要素稀缺问题得到解决，经济增长对要素投入的依赖程度逐渐下降，只有向更加集约、环境友好的创新型增长方式转型才能实现可持续的发展，与此同时，还要注重构筑微观层面的效率基础。当前，我国尤其是东部沿海发达地区的经济体系已经发展到相当程度，在这个阶段，着力创新经济增长方式、完善科技创新体系、探索协同联动发展、提升政府治理效能，就成为我国实现高质量、可持续发展的唯一出路。

（一）创新经济增长方式

第一，发展方式上要求"稳"，平衡各地客观发展需求。根据经济发展规律，任何一个国家的发展从低到高都要依次经历要素驱动、效率驱动和创新驱动三个阶段以及其间的两次转型期，发展方式和发展动力在这个过程中需要进行根本性的转换，才能支撑持续的经济发展。2018 年，我国人均 GDP 达到 9770 美元，整体进入"效率驱动"向"创新驱动"的转轨期，但是区域发展不平衡、产业发展不充分问题客观存在，效率基础不牢固的问题依然存在，因此要稳步转换动能，夯实创新基础。一是贯彻落实创新、协调、绿色、开放、共享的发展理念，提升资源使用效率和经济发展质量。二是优化调整非均衡发展态势，平衡沿海和内陆地区的客观发展需求，使整体经济持续运行在合理区间，稳步实现更高质量和更可持续的发展。

第二，发展动力上要求"新"，兼顾技术创新和技术扩散。改革开放 40 多年来，我国经济发展程度虽然大幅提高，但是与发达国家相比仍然存在较大差距。随着我国可直接利用的技术大幅减少，一是加大自主创新力度，深入推进人才强国战略和科创中心建设，重点围绕物联网、云计算、大数据、区块链、人工智能、基因科学、生物合成等智能制造和绿色制造提高技术水平，不断培育新的经济增长点。二是加大科技型人才培养力度。作为创新的主体，我国高科技人才数量与发达国家相比仍然存在较大差距。2017 年，我国每千人全时当量人员中研发人员仅为 2.24 人，当年美国的这一数据已达到 8.93 人，是我国的 3.99 倍，遥遥领先于我国，差距非常明显。三是以技术扩散为导向完善创新政策体系，着力改善技术研发和教育培训环境，制定旨在激励所有行业、企业进行创新并受益于创新的政策，巩固创新成果。

第三，发展效率上要求"高"，从"为市场而生产"转向"为市场而竞争"。高质量发展以高效率和高效益为前提。当前，我国大到区域城市，小到各个行业企业，发展方式粗放问题普遍存在，资源要素的使用和配置效率不高，解决该问题的根本在于激发市场竞争，增强内生动力，促进各个主体从"为市场而生产"向"为市场而竞争"的发展机制转变。一是有序推进自贸区、自由港建设，放宽投资准入条件，打造开放性和竞争性更强的市场，鼓励企业在国内外市场开展合作竞争。二是打破国企垄断和行政性垄断格局，大幅度降低能源、铁路、金融、通信等行业的准入门槛，促进要素再配置。

（二） 完善科技创新体系

新时代，创新已经成为引领我国经济发展的第一动力，其中科技创新是锻造国家竞争优势的核心。当前我国科技创新暴露出创新基础不牢固、创新效能不理想、创新体系不协同等问题，导致原始创新能力不够强，创新资源重复、分散、低效使用，创新成果的市场和社会价值实现不足，其根源在于科技管理向科技治理的体制转变迟缓。建议强化靶向治理思维，瞄准创新短板，构建多层次、多主体、多维度的现代化科技创新体系，实现科技创新能力提升的长效机制。

第一，凝聚多元主体，共促前瞻性科技创新。一是继续接轨全球科学体系，加大青年科技人才的资助培育力度，提高高校一线科技从业人员的直接收入水平。二是加强企业在科技创新中的主体地位，支持有条件的企业自主设立科研项目，借鉴西方发达国家的做法，对企业自主开展的研发项目给予一定比例的研发经费补贴。三是建立常态化的科技创新咨询和政策咨询机制，推动科学家、企业家、投资者、非政府组织参与科技创新决策，鼓励企业、高校、科技中介、科技协会自行提出科技重大专项清单，政府负责协调和评审提案，并设立专门办公室进行判断评估。四是大力发展科技中介组织，完善科技中介服务的政策环境和法律体系，提高科技中介组织的信誉，补齐我国科技中介服务的短板。

第二，加强自主创新，强调重大前瞻性技术的引领。随着可直接利用技术的大幅减少，我国科技创新需要由目标导向和追赶式研究向前沿技术和探索式研究转变。一是大力加强基础科学研究，参考发达国家水平，我国基础科学研究投入占 R&D 总投入的比重应逐步提高至 20% 以上。二是加大科学城建设和高标准重点实验室资助力度，完善评价机制和退出机制，注重从全球遴选各领域顶尖科学家，打造重大前沿技术策源地。三是瞄准战略性行业的重大关键共性技术及核心零部件生产，围绕物联网、大数据、区块链、云计算、人工智能、基因科学、生物合成等技术对智能制造和绿色制造展开科技攻关。

第三，以科技体制市场化改革激发创新竞争。前瞻性科学探索充满不确定因素，应采取自下而上的方式，更好地发挥社会力量和市场选择的作用。一是强化市场治理，推动政府从科技管理者向科技治理者转变。二是厘定政府各职能部门在科技创新中的功能边界和权责关系，建立健全科学分类、合理多元的创新评价机制。三是强化创新主体的主导地位，通过明确的法律、规章引导主体自律，探索科技创新"非禁即入"的"负面清单"制度。四是改革监管方式，对新技术、新产品的监管由前置审批逐渐转向事中和事后监管，探索分类型、分阶段监管模式。

第四，构建竞争机制，提高科技资源的使用效率。一是优化创新资助和创新人才支持方式，切实推进可上可下、能进能出的聘期制管理，强化获得资助后考核，突出事后奖励。二是扩大国家科研项目申报对象范围，授予有条件的企业与高校、科研机构同等申报权限，优先在规模以上企业、高新技术企业开展试点，有序放宽科研准入条件，打造开放性更强的科技创新市场。三是探索建立动态的科研项目竞争机制，项目采取分阶段资助方式。初始阶段可小额度同时立项多家单位，中期评审筛选出若干优秀单位并加大资助力度，后期则对取得实质性突破的单位给予重点支持和奖励。

（三）探索协同联动发展

非均衡发展模式下，我国获得偏向性政策支持的先行地区和行业部门已经取得了跨越式发展，加强协调联动、构建组合动力是新时代经济持续发展的必然要求。经过 40 多年的非均衡发展，我国经济逐渐产生并积累了以下几个方面的问题：一是持续扩大的区域分化，包括城乡之间和南北地区之间的发展差距越来越明显；二是区域之间、城市之间、产业之间的同质化竞争愈演愈烈；三是主体之间的协同发展程度不高，联动发展的能力不足，如技术创新和技术应用之间缺乏高效的扩散转化渠道和机制。一方面，先行一步的沿海发达地区和后发的中西部地区的差距仍然巨大，同一区域不同城市之间的发展差距同样巨大，城乡之间的贫富分化趋势仍未在根本上得到逆转。另一方面，核心城市之间的趋同性导致竞争多于合作，甚至引发了谁是龙头城市的纷争，各地之间的争议也越来越多，这对区域之间的深度合作显然是不利的。新时代，我国经济的持续发展首先面临国内同质化竞争，其次面临欧美发达地区经济持续低迷的市场限制，传统协作发展方式不再可行。我国必须进一步深化分工格局，构建政策协调机制，避免区域之间的恶性竞争和自我消耗，同时构建规划区域协调机制，充分挖掘自身优势，搭建信息资源共享平台，发展新型产业，力争在更高价值环节获取整体竞争优势。

第一，组织联动，构建完善的产学研创新体系。一是以立法形式加快构建产学研融合发展机制，规范企业、科研机构、高校、政府在资金投入、产权归属、成果使用以及收益分配等方面的权利义务，完善合作中的信息沟通机制、人才流动机制以及产学研成果评价体系。二是通过政府资助等形式推动高校、科研机构建立技术转让中心，构建全国性、区域性的多层次技术转让网络，为企业提供快速有效的技术服务。三是以资金补助等形式鼓励企业之间以及企业与研究机构之间联合攻关，共建技术转化中心，打通技术研发到市场应用的转化体系。

第二，产业联动，兼顾产业的合理化和高级化。制约许多产业发展的并不是可应用技术的缺乏，而是对技术应用本身的限制。一是纠正片面追求产业高级化的政策倾向，打造多元化和合理化的产业体系。二是结合本地实际，兼顾技术研发和技术应用，以务实的产业政策促进技术扩散，政府在激励大型企业和研究机构引领技术进步的同时，要着重考虑新技术的外部性及其对中小型企业的适用性、可行性，打造产业发展共同体，培育动态的竞争能力和技术适应能力。

第三，区域联动，构建发展协调和政策协调机制。一是整合区域优势，打造一批世界级、国家级创新中心和创新型城市群，以粤港澳大湾区、京津冀、长三角等高水平一体化区域为重点，搭建信息资源、政策资源共享平台，协作发展科技创新型产业，力争在更高价值环节获取整体竞争优势。二是加快区域间互联互通建设，尤其是要注重欠发达地区的公共配套服务和市政基础设施建设，打造开放、共享、包容的公共服务体系，促进更加均衡、全面的区域发展模式。

（四）提升政府治理效能

新时代，我国需要进一步深化改革和自主创新，探索经济、社会、政治等领域的全方位改革，促进社会公平、公正发展，最终实现高质量、法治化、民生幸福及可持续的综合发展目标。这也意味着在新的发展阶段，我国改革开放的重点已不仅仅局限于经济领域，还要着力推动社会建设和政治完善，特别是要强化各类社会力量，为经济和政治制度的深化改革创造条件，通过经济、社会和政治领域相互继起的、渐进的改革，促进经济、社会和政治领域的协调发展。

第一，强化市场治理，构建完善的亲清政商关系。可持续发展需要调动全社会的创新激情，积极营造宽松、自由的政策环境。一是继续积极推进政府职能转型，优化政策供给，探讨如何更好地提供公共服务，探索多元治理和协同治理体系，促进经济、社会和政治领域的良性互动，以更好地应对社会深层次矛盾。二是构建落实政府权责清单制度，深化营商环境改革，减少政府直接控制和行政干预，强化企业的市场治理主体地位，通过明确的法律、规章引导企业自律，企业在法律留白的范围内完全自主运营。三是完善现代企业治理架构，围绕科技创新、组织创新、制度创新，建立企业创新评价和监测系统，打造高质量发展典型案例数据库。四是创新金融体制机制，完善财政体制，健全企业上市、退市机制，合理采取差别化政策，为企业开创新的融资渠道，特别是为深具发展潜力的成长型、创新型企业提供灵活的资金募集渠道。

第二，创新社会治理，满足可持续的社会发展需求。可持续发展重在解决发展的不平衡不充分问题，须通过经济、社会和政治领域的结构性改革，调整优化各个区域、各个行业、各个领域之间的非均衡发展局面。为了进一步实现有效的制度供给，通常需要社会大多数成员的共同努力与合作才能实现。一是着力推动社会体制改革，强化社会和民间力量，推动各类社会团体的发展，广泛积累社会资本，以缓解政府有限资源的限制和持续应对复杂的社会治理需求。二是创建"党引民治，多元共建"治理机制，强化党的政治引领和服务引领功能。三是以数字化政府转型为契机，加快构建涵盖政府、经济和社会的数字化政府标准体系，推进行政体制改革，优化行政区划设置，打破部门、层级的条块分割，建立跨部门、跨层级的协同治理机制。四是培育发展多元社会组织，发挥社会组织、行业协会等非政府组织在行业规制、社会治理和公共服务中的作用，群策群力，共谋共建。五是促进社会公平、公正发展，推动"效率导向"向"公平导向"的制度变革，满足可持续的社会发展需求。

三　发展型国家理论的下一步研究展望

总体而言，以动态调整的偏向性政策为主要特征的中国道路已经取得巨大成功，但其适应性和范围仍需继续推进，这是中国发展道路梯次推进的必然要求。本书围绕中国经济增长与政府治理，沿袭动态演变思路讨论了偏向性政策的理论内涵和动态实践逻辑，未来仍需进行更加系统、全面的探索性研究。

首先，要扩展偏向性政策的范围。政府行为和政策类型的范围很广，涵盖经济发展、基础设施建设和公共服务供给、生态环境和社会治理等多个方面，本书在实践中重点讨论了偏向性的区域发展政策，对其他维度的偏向性政策考虑不足。新时代，中国发展过程中的政府作用仍然极为关键，未来的经济发展仍需大力调整政府与企业间的关系，不断完善公共治理体系，优化制度供给，提高政府治理效能。因此，未来研究中还需进一步扩展偏向性政策的范围，构建政府治理和国家能力指标体系，进一步完善多元主体互动的理论和实证框架，从而更好地理解中国发展道路，理解中国经济增长和政府扩张的内在机理，为更好地发挥政府和市场的作用提供参考。

其次，要进一步探讨发展型国家理论的不足之处和优化方向。随着发展程度的提高和发展阶段的根本性转变，发展型国家理论的适应性仍待更深入的观察，这就需要基于现实实践和理论高度来综合分析区域之间、行业之间、部门之间在新时代究竟应该如何进行存量优化和结构调整。正如本书研究所指出的，政府扩张对提升技术效率，也就是在推动经济向现有的生产可能性边界靠拢方面具有正向作用。但是政府对技术进步，也就是在推动生产可能性边界向外扩展方面的作用并不显著，且常常会产生负面影响。那么，对于中国整体而言，中国经济正从效率驱动转向创新驱动，一方面需要着力打造以创新为核心动力的增长方式，另一方面又确实还存在效率根基不够牢固的问题。为了实现可持续的经济发展，必须在宏观的经济增长和微观的经济效率之间取得一个平衡，这正是发展型国家理论面临的深层次难题，有关这方面的探索仍在进行当中。

最后，国际环境的深度变化对中国发展提出了新的挑战。长期以来，中国发展策略的制定与调整都与国际环境密切相关。进入 21世纪以来，世界经济和国际政治格局都发生了重大变化，长期受惠于全球化的欧美发达国家内部问题不断累积，欧美发达国家自顾不暇，客观上使得新兴经济体之间的政治、经济和文化交流不断升温。

这一方面意味着在新的国际政治和经济环境下，发展中国家有了更多的选择空间，发展中国家的作用和重要性不断上升，自主发展的空间逐渐增多，也更有利于消除对西方大国的过度依赖。另一方面意味着新的国际关系正在形成，中国的持续发展面临如何从新的国际互动中继续增加财富的挑战，同时积极满足人们对社会公正和政治进步的追求。在全球分工体系深度变革的时代，须进一步研究中国如何顺应形势变化，在新的全球化进程中优化经济发展方式，提升治理效能。

无论如何，中国特色社会主义发展道路不是一个静止的概念，而是一个动态演进的过程。随着发展阶段和国内外环境的变化，中国发展道路的概念不断丰富，各个地区、各个领域、各个部门的改革深化持续为中国整体经济发展注入新的动力。新时代，中国在更高起点、更高层次、更高目标上推进改革开放，探索全面建设社会主义现代化强国新路径，这为更深入的理论探讨提供了丰富的研究空间。尽管中国发展道路取得了巨大成功，但是不同国家能够实现何种类型的政府，以及适用何种发展方式，都与其初始条件和历史环境密切相关，而且各种类型的政府形态和增长方式并非一成不变，而是处于一个动态的演变过程。现实中的政治经济处于一个与市场和社会、政府主体密切互动的动态体系中，其中多领域、多样化环境下的多重主体博弈构成了政府形态演变的内在过程，这些都是本书研究需要进一步深化的方向。

参考文献

〔俄〕A.C. 瓦修克、A.E. 萨夫琴科：《俄罗斯滨海边疆区经济特区历史经验与实施前景》，张健荣译，《俄罗斯学刊》2015 年第 4 期。

〔美〕V. 奥斯特罗姆、D. 菲尼、H. 皮希特：《制度分析与发展的反思：问题与抉择》，王诚等译，商务印书馆，1992。

〔英〕阿尔弗雷德·诺尔思·怀特海：《思维方式》，黄龙保、芦晓华、王晓林译，天津教育出版社，1989。

〔吉布提〕阿里·穆萨·以耶：《泛非主义与非洲复兴：21 世纪会成为非洲的时代吗?》，李臻编译，《西亚非洲》2017 年第 1 期。

〔英〕阿瑟·刘易斯：《经济增长理论》，周师铭、沈丙杰、沈伯根译，商务印书馆，1996。

〔美〕阿图尔·科利：《国家引导的发展：全球边缘地区的政治权力与工业化》，朱天飚、黄琪轩、刘骥译，吉林出版集团，2007。

〔美〕艾伯特·赫希曼：《经济发展战略》，曹征海、潘照东译，经济科学出版社，1991。

〔美〕艾伯特·赫希曼：《欲望与利益：资本主义走向胜利前的政治争论》，李新华、朱进东译，上海文艺出版社，2003。

〔美〕安德烈·施莱弗、罗伯特·维什尼编著《掠夺之手：政府病及其治疗》，赵红军译，中信出版社，2004。

〔英〕安格斯·麦迪森：《世界经济千年史》，伍晓鹰、许宪春、叶燕斐、施发启译，北京大学出版社，2003。

〔美〕保罗·克鲁格曼：《萧条经济学的回归》，刘波译，中信出版社，2012。

〔美〕查尔斯·林德布洛姆：《决策过程》，竺乾威、胡君芳译，上海译文出版社，1988。

〔美〕查默斯·约翰逊：《通产省与日本奇迹——产业政策的成长（1925～1975）》，金毅、许鸿艳、唐吉洪译，吉林出版集团，2010。

陈爱贞、刘志彪：《自贸区：中国开放型经济"第二季"》，《学术月刊》2014年第1期。

陈广汉、刘洋：《从"前店后厂"到粤港澳大湾区》，《国际经贸探索》2018年第11期。

陈克勤：《对邓小平决策海南建省办经济特区的回顾》，《海南师范大学学报》（社会科学版）2018年第6期。

陈敏、朱健国、黄振迪：《袁庚：满目沧桑话蛇口　袁庚访谈录》，《中国改革》2003年第10期。

陈诗一、陈登科：《雾霾污染、政府治理与经济高质量发展》，《经济研究》2018年第2期。

陈伟：《重大工程项目决策机制研究》，武汉理工大学博士学位论文，2005。

陈祖方：《蛇口模式简论》，《经济纵横》1993年第1期。

程磊：《招商地产模式论》，《中国房地产业》2014年第3期。

〔英〕大卫·李嘉图：《政治经济学及赋税原理》，周洁译，华夏出版社，2005。

〔美〕戴维·瓦尔德纳：《国家构建与后发展》，刘娟凤、包刚升译，吉林出版集团，2011。

〔土耳其〕丹尼·罗德里克：《一种经济学，多种药方：全球化、制度建设和经济增长》，张军扩、候永志等译，中信出版集团，2016。

〔美〕丹尼·罗德里克主编《探索经济繁荣：对经济增长的描述性分析》，张宇译，中信出版社，2009。

〔美〕丹尼尔·W.布罗姆利：《经济利益与经济制度：公共政策的理论基础》，陈郁、郭宇峰、汪春译，上海三联书店、上海人民出版社，1996。

〔美〕道格拉斯·C. 诺思：《经济史上的结构与变革》，厉以平译，商务印书馆，1992。

〔美〕道格拉斯·诺思、约翰·沃利斯、史蒂文·韦布、巴里·温加斯特编著《暴力的阴影：政治、经济与发展问题》，刘波译，中信出版集团，2018。

〔美〕道格拉斯·诺思、罗伯斯·托马斯：《西方世界的兴起》，厉以平、蔡磊译，华夏出版社，2009。

邓大才：《中国农村产权变迁与经验——来自国家治理视角下的启示》，《中国社会科学》2017 年第 1 期。

邓慧慧、杨露鑫：《雾霾治理、地方竞争与工业绿色转型》，《中国工业经济》2019 年第 10 期。

《邓小平文选》（第三卷），人民出版社，1993。

邓子基主编《财政学》（第二版），高等教育出版社，2006。

董春宇：《公共选择理论对政府规模与增长的经济学解释》，《天津行政学院学报》2008 年第 4 期。

范子英、张军：《粘纸效应：对地方政府规模膨胀的一种解释》，《中国工业经济》2010 年第 12 期。

范子英、张军：《转移支付、公共品供给与政府规模的膨胀》，《世界经济文汇》2013 年第 2 期。

方红生、张军：《攫取之手、援助之手与中国税收超 GDP 增长》，《经济研究》2013 年第 3 期。

冯俊诚、张克中：《区域发展政策下的政府规模膨胀——来自西部大开发的证据》，《世界经济文汇》2016 年第 6 期。

〔法〕弗朗索瓦·魁奈：《魁奈〈经济表〉及著作选》，晏智杰译，华夏出版社，2006。

〔德〕弗里德里希·李斯特：《政治经济学的国民体系》，陈万煦译，商务印书馆，1961。

付斌：《财政支出对县域经济增长的影响：以进贤县为例》，湖南农业大学硕士学位论文，2015。

〔瑞典〕冈纳·缪尔达尔：《亚洲的戏剧：南亚国家贫困问题研究》，方福前译，商务印书馆，2021。

高斌：《共建共治共享的社会治理格局：演进轨迹、困境分析与路径选择》，《理论研究》2018年第6期。

高传伦、林涛：《资本扩张扭曲的经济基础：理论与经验证据》，《财经科学》2016年第6期。

高楠、梁平汉：《为什么政府机构越来越膨胀？——部门利益分化的视角》，《经济研究》2015年第9期。

龚六堂、邹恒甫：《政府公共开支的增长和波动对经济增长的影响》，《经济学动态》2001年第9期。

郭金兴：《技术进步、制度变迁与资源暴利：中西方历史大分流的解释与启示》，《经济评论》2009年第2期。

郭庆旺、贾俊雪：《中国全要素生产率的估算：1979~2004》，《经济研究》2005年第6期。

〔美〕哈罗德·德姆赛茨：《竞争的经济、法律和政治维度》，陈郁译，上海三联书店，1992。

郝睿、许蔓：《当前非洲经济发展阶段研判》，《西亚非洲》2013年第5期。

郝志景：《改革开放初期中国对国外经验的模仿学习——深圳蛇口工业区的实践及启示》，《上海党史与党建》2018年第11期。

何继江、刘宁：《蛇口模式：一种社会技术创新》，《特区经济》2014年第12期。

何哲：《新信息时代中央地方职能与纵向治理结构变革趋势探析》，《电子政务》2019年第12期。

何志武、陈呈：《公共决策视域下的网络民意分析：主体性、科学性与倾向性》，《电子政务》2020年第2期。

贺东航：《当前中国政治学研究的困境与新视野》，《探索》2004年第6期。

胡公民：《亚洲"特区"浪潮启示西部大开发》，《西部论丛》2003年第 9 期。

胡洪曙：《粘蝇纸效应及其对公共产品最优供给的影响》，《经济学动态》2011 年第 6 期。

胡林、任勇：《东亚国家民主化的挑战与回应：路径与选择——基于四国的比较研究》，《世界经济与政治论坛》2010 年第 5 期。

黄其松、刘强强：《大数据与政府治理革命》，《行政论坛》2019 年第 1 期。

黄威、苏会志：《组建中关村科技园区的幕后新闻》，《经济世界》2000 年第 4 期。

姬超：《韩国经济增长与转型过程及其启示：1961～2011——基于随机前沿模型的要素贡献分解分析》，《国际经贸探索》2013 年第 12 期。

姬超：《渐进式发展道路的中国实践与区域发展战略——基于深圳的实验》，《江西社会科学》2017 年第 10 期。

姬超：《经济增长的历史观：发达与发展中国家之差异》，《江苏社会科学》2018 年第 3 期。

姬超：《经济增长理论的要素供给及其政治经济学批判》，《经济问题探索》2017 年第 1 期。

姬超：《历史情境中的特区经济增长与产业转型》，《中国经济特区研究》2015 年第 1 期。

姬超：《中国对外直接投资的所有制差异及其东道国效应——以"一带一路"沿线国家为例》，《投资研究》2018 年第 8 期。

姬超：《中国经济特区的产业转型水平测度及其增长效应》，《中国科技论坛》2016 年第 1 期。

姬超：《中国经济特区增长的可持续性与转型路径研究》，深圳大学博士学位论文，2014。

姬超、李芝兰：《吉布提国际自贸区的开发模式与实践逻辑》，《国际贸易》2019 年第 7 期。

姬超、颜玮：《新结构经济学为经济发展开出正确药方了吗？——一个主体分析和过程视角的考察》，《经济与管理》2013 年第 7 期。

姬超、袁易明：《深圳经济特区奇迹解释及理论启示》，《中国经济特区研究》2013 年第 1 期。

姬超、袁易明：《中国经济特区差距的变动趋势及其影响机制》，《亚太经济》2013 年第 5 期。

姬超、袁易明：《中国经济特区发展和转型的制度本源效应追溯——基于特区经济发展 30 年的经验证据》，《东北师大学报》（哲学社会科学版）2015 年第 6 期。

〔美〕加里·贝克尔：《人力资本理论：关于教育的理论和实证分析》，郭虹、熊晓琳、王筱、谭帙浩译，中信出版社，2007。

〔英〕卡尔·波兰尼：《巨变：当代政治与经济的起源》，黄树民译，社会科学文献出版社，2017。

〔德〕柯武刚、史漫飞：《制度经济学：社会秩序与公共政策》，韩朝华译，商务印书馆，2000。

孔晓青：《招商港口发展"蛇口模式"的形成》，《国家航海》2017 年第 2 期。

〔美〕拉尔夫·戈莫里、威廉·鲍莫尔：《全球贸易和国家利益冲突》，文爽、乔羽译，中信出版集团，2018。

黎沛文：《香港"多元共治"社会治理模式对粤港澳大湾区建设的启示》，《港澳研究》2019 年第 2 期。

李宝琴：《中国—中亚自由贸易区建设研究——以次区域经济合作为视角》，《边疆经济与文化》2012 年第 8 期。

李芳：《改革以来中国特区私有财产权演进模式研究》，《社会科学辑刊》2009 年第 2 期。

李罗力：《论香港制造业北移》，《开放导报》1997 年第 4 期。

李芝兰、梁雨晴：《一带一路建设中香港的新角色——基于软实力视角》，《开放导报》2017 年第 4 期。

李智彪：《非洲经济增长动力探析》，《西亚非洲》2013 年第 5 期。

梁茹、盛昭瀚、李迁：《重大基础设施工程决策方案的功能设计》，《建筑经济》2015 年第 4 期。

林毅夫、余淼杰：《我国价格剪刀差的政治经济学分析：理论模型与计量实证》，《经济研究》2009 年第 1 期。

刘鸿武、杨惠：《非洲一体化历史进程之百年审视及其理论辨析》，《西亚非洲》2015 年第 2 期。

刘青建、王勇：《当前西方大国对非洲干预的新变化：理论争鸣与实证分析》，《西亚非洲》2014 年第 4 期。

刘爽：《国家沿边开放政策与黑龙江对俄开放战略升级》，《黑龙江社会科学》2011 年第 3 期。

刘伟：《招商蛇口"前港-中区-后城"开发模式》，《建设科技》2017 年第 2 期。

刘玮：《网状治理：公共危机治理的创新与实践》，《甘肃社会科学》2015 年第 5 期。

刘云甫：《粤港澳大湾区法治文化的发展困境与优化路径》，《广东行政学院学报》2018 年第 1 期。

刘稚、刘思遥：《区域经济一体化下的沿边开放模式探析》，《思想战线》2012 年第 1 期。

鲁慧君：《重大项目决策机制探讨》，《中国工程咨询》2004 年第 9 期。

陆夏：《世界自由贸易园区的发展历程、功能评价与启示》，《海派经济学》2015 年第 1 期。

吕冰洋：《从市场扭曲看政府扩张：基于财政的视角》，《中国社会科学》2014 年第 12 期。

罗金义、秦伟乐：《老挝的地缘政治学：扈从还是避险》，香港城市大学出版社，2017。

罗清和、蔡腾飞、李佩：《新时期经济特区还要特下去》，《深圳大学学报》（人文社会科学版）2008 年第 6 期。

罗依平：《政府决策公共性：一个解释性框架》，《学习论坛》2019 年第 8 期。

马克思、恩格斯：《德意志意识形态》（节选本），人民出版社，2003。

《马克思恩格斯全集》（第 12 卷），人民出版社，1998。

〔德〕马克斯·韦伯：《新教伦理与资本主义精神》，于晓、陈维纲等译，生活·读书·新知三联书店，1987。

马颖：《发展经济学 60 年的演进》，《国外社会科学》2001 年第 4 期。

毛捷、管汉晖、林智贤：《经济开放与政府规模——来自历史的新发现（1850~2009）》，《经济研究》2015 年第 7 期。

梅冬州、龚六堂：《开放真的导致政府规模扩大吗？——基于跨国面板数据的研究》，《经济学》（季刊）2012 年第 4 期。

欧阳曦：《粤港澳大湾区建设中的区际海关法律冲突及合作》，《湖北警官学院学报》2018 年第 3 期。

潘士远、史晋川：《内生经济增长理论：一个文献综述》，《经济学》（季刊）2002 年第 4 期。

潘孝松、陈刚：《宁波保税区转型升级研究》，《时代经贸》2018 年第 25 期。

〔荷〕皮尔·弗里斯：《国家、经济与大分流：17 世纪 80 年代到 19 世纪 50 年代的英国和中国》，郭金兴译，中信出版集团，2018。

钱春海：《推动制度体系结构性稳定与国家治理效能提高》，《中国浦东干部学院学报》2019 年第 6 期。

乔胜利、周为民、李兴贵、张滨：《蛇口工业区发展战略构想》，《深圳大学学报》（理工版）1988 年第 Z1 期。

〔日〕青木昌彦：《比较制度分析》，周黎安译，上海远东出版社，2001。

任保平、洪银兴：《发展经济学的工业化理论述评》，《学术月刊》2004 年第 4 期。

任浩等：《园区不惑：中国产业园区改革开放 40 年进程》，上海人民出版社，2018。

单豪杰：《中国资本存量 K 的再估算：1952~2006 年》，《数量经济技术经济研究》2008 年第 10 期。

〔埃及〕萨米尔·阿明：《世界规模的积累：不平等理论批判》，杨明柱、杨光、李宝源译，社会科学文献出版社，2008。

沈承诚：《经济特区治理困境的内生性：地方政府核心行动者的动力衰竭》，《社会科学》2012 年第 2 期。

世界银行：《2011 年世界发展报告：冲突、安全与发展》，清华大学出版社，2012。

舒运国：《非洲经济改革的走向——〈拉各斯行动计划〉与〈非洲发展新伙伴计划〉的比较》，《西亚非洲》2005 年第 4 期。

〔美〕斯文·贝克特：《棉花帝国：一部资本主义全球史》，徐轶杰、杨燕译，民主与建设出版社，2019。

宋林飞：《中国改革开放的阶段性特征与趋势》，《江海学刊》2018 年第 3 期。

孙蕾：《非对称信息下的卡尔多-希克斯改进》，《南开经济研究》2008 年第 2 期。

孙琳、潘春阳：《"利维坦假说"、财政分权和地方政府规模膨胀——来自 1998~2006 年的省级证据》，《财经论丛》2009 年第 2 期。

覃成林、潘丹丹：《粤港澳大湾区产业结构趋同及合意性分析》，《经济与管理评论》2018 年第 3 期。

唐鸣、张丽琴：《农村社会稳定问题研究：共识与分歧、局限与进路》，《社会主义研究》2012 年第 1 期。

陶一桃：《经济特区与中国道路》，《深圳大学学报》（人文社会科学版）2010 年第 3 期。

陶一桃、鲁志国主编《中国经济特区史论》，社会科学文献出版社，2008。

〔英〕托马斯·罗伯特·马尔萨斯：《人口原理》，王惠惠译，陕西师范大学出版社，2008。

〔英〕托马斯·孟：《英国得自对外贸易的财富》，袁南宇译，商务印书馆，1965。

万鹏飞、刘伟：《我国政府人员规模研究——基于效率和公平双视角的考量》，《中国人力资源开发》2017 年第 5 期。

汪康：《关于新时代税收治理问题的研究》，《税务研究》2019 年第 12 期。

王立波：《喀什加满清真寺的建筑装饰魅力》，《新疆艺术学院学报》2010 年第 4 期。

王硕：《深圳经济特区的建立（1979～1986）》，《中国经济史研究》2006 年第 3 期。

王天义主编《中国经济改革的理论与实践》，中共中央党校出版社，2005。

王鑫钢、冉婷、劳彬：《关于在广西北部湾经济区设立海关特殊监管区的若干思考》，《市场论坛》2007 年第 12 期。

王永康：《论沿海开放城市创新系统建设》，《中国软科学》2002 年第 11 期。

〔英〕威廉·配第：《政治算术》，陈冬野译，商务印书馆，2014。

魏姝：《效率机制还是合法性机制：发达国家聘任制公务员改革的比较分析——兼论中国聘任制公务员范围的选择》，《江苏社会科学》2017 年第 3 期。

魏淑艳、蒙士芳：《我国公共决策议程设置模式的历史演进——以重大水利工程决策为例》，《东南学术》2019 年第 6 期。

文雁兵：《改革中扩张的政府支出规模——假说检验与政策矫正》，《经济社会体制比较》2016 年第 2 期。

吴殿卿：《叶飞与“蛇口模式”》，《党史博览》2013 年第 2 期。

吴敬琏：《中国经济转型的关键及发展走势》，《小康》2011 年第 3 期。

吴木銮、林谧：《政府规模扩张：成因及启示》，《公共管理学报》2010 年第 4 期。

伍长南：《四大外商投资区利用外资与产业升级研究——长三角、珠三角、闽东南、环渤海湾地区利用外资与产业升级的分析》，《亚太经济》2002 年第 5 期。

夏锋、郭达：《海南经济特区开放型经济发展的基本经验与战略选择》，《改革》2018 年第 5 期。

邢军：《对新时期我国沿边口岸发展模式的思考》，《经济纵横》2007年第 10X 期。

〔英〕休谟：《人性论》（全两册），关文运译，商务印书馆，1996。

徐现祥、陈小飞：《经济特区：中国渐进改革开放的起点》，《世界经济文汇》2008 年第 1 期。

徐勇：《现代国家乡土社会与制度建构》，中国物资出版社，2009。

许永军：《"产城融合"视角下园区的转型路径探析》，《住宅与房地产》2017 年第 3X 期。

〔英〕亚当·斯密：《国民财富的性质和原因的研究》（上下卷），郭大力、王亚南译，商务印书馆，1974。

〔美〕亚历山大·格申克龙：《经济落后的历史透视》，张凤林译，商务印书馆，2012。

闫健：《外翻性与国家失效：试论非洲国家失效浪潮背后的若干结构性因素》，《国际观察》2016 年第 3 期。

严炜：《蛇口：因实践而伟大》，《中国水运》2007 年第 12 期。

颜冬、姬超：《中国经济特区非均衡增长的经验与改革路径——基于劳动力市场一体化趋势的考察》，《商业研究》2015 年第 5 期。

颜鹏飞、王兵：《技术效率、技术进步与生产率增长：基于 DEA 的实证分析》，《经济研究》2014 年第 12 期。

颜玮：《深圳特区的制度试验及其非均衡发展路径研究》，深圳大学博士学位论文，2015。

杨爱珍：《对习近平总书记关于加强和改进统一战线工作的重要思想的研究》，《上海市社会主义学院学报》2019 年第 6 期。

杨明、赵明辉、原峰、杨伦庆：《香港新加坡自由港政策分析》，《新经济》2019 年第 4 期。

杨文进：《从长波关系看我国的特区经济发展》，《山东财政学院学报》2002 年第 1 期。

杨艳红、卢现祥：《外资开放和人口流动对中国地方政府规模的影响分析——基于空间计量模型》，《河北经贸大学学报》2018 年第 2 期。

杨子晖：《政府规模、政府支出增长与经济增长关系的非线性研究》，《数量经济技术经济研究》2011 年第 6 期。

叶飞：《"蛇口模式"诞生记》，《福建党史月刊》2008 年第 2 期。

叶顺煌：《闽南区域崛起的时代抉择》，《政协天地》2014 年第 12 期。

叶一舟：《粤港澳大湾区协同立法机制建设刍议》，《地方立法研究》2018 年第 4 期。

〔美〕伊斯雷尔·科兹纳、穆雷·罗斯巴德等：《现代奥地利学派经济学的基础》，王文玉译，浙江大学出版社，2008。

余华义：《城市化、大城市化与中国地方政府规模的变动》，《经济研究》2015 年第 10 期。

俞可平、倪元辂主编《海外学者论中国经济特区》，中央编译出版社，2000。

〔美〕禹贞恩编《发展型国家》，曹海军译，吉林出版集团，2008。

袁邈桐：《创新引领，深度合作：粤港澳大湾区发展政策梳理与阅读》，《商业文化》2019 年第 34 期。

袁晓慧、徐紫光：《跨境经济合作区：提升沿边开放新模式——以中国红河—越南老街跨境经济合作区为例》，《国际经济合作》2009 年第 9 期。

袁易明：《中国经济特区建立与发展的三大制度贡献》，《深圳大学学报》（人文社会科学版）2018 年第 4 期。

袁易明、姬超：《资源约束下的经济增长转型路径——以深圳经济特区为例》，《经济学动态》2014 年第 10 期。

袁政：《公共领域马斯洛现象与政府规模扩张分析》，《公共管理学报》2006 年第 1 期。

〔美〕约瑟夫·熊彼特：《经济发展理论：对于利润、资本、信贷、利息和经济周期的考察》，何畏、易家详等译，商务印书馆，1990。

翟岩：《从经济人范式到公共选择理论——评布坎南互动统一中的经济学与政治学》，《学习与探索》2004 年第 6 期。

翟岩、杨淑琴：《利益集团与政府增长及官员政治——从公共选择理论透视西方社会政府和官员的行为》，《学习与探索》2005 年第 4 期。

〔美〕詹姆斯·M. 布坎南、戈登·图洛克：《同意的计算：立宪民主的逻辑基础》，陈光金译，上海人民出版社，2017。

〔美〕詹姆斯·N. 罗西瑙主编《没有政府的治理》，张胜军、刘小林等译，江西人民出版社，2001。

〔美〕詹姆斯·布坎南：《成本与选择》，刘志铭、李芳译，浙江大学出版社，2009。

张超、罗必良：《产权管制与贫困：来自改革开放前中国农村的经验证据》，《东岳论丛》2018 年第 6 期。

张健：《浅谈海南建省办特区 30 年来的经济成就与经验》，《改革与开放》2018 年第 21 期。

张军：《改革、转型与增长：观察与解释》，北京师范大学出版社，2010。

张书维、申翊人、周洁：《行为公共管理学视角下公共决策的社会许可机制："一提两抑"》，《心理学报》2020 年第 2 期。

张永军：《三十而立，海南再出发》，《西部大开发》2018 年第 4 期。

张永生：《厂商规模无关论：理论与经验证据》，中国人民大学出版社，2003。

张勇、古明明：《政府规模究竟该多大？——中国政府规模与经济增长关系的研究》，《中国人民大学学报》2014 年第 6 期。

张振华：《发展型国家视野下的中国道路：比较与启示》，《学海》2018 年第 6 期。

张忠祥：《构建中非命运共同体：挑战与应对》，《探索与争鸣》2017 年第 12 期。

赵小平、叶芳玲：《超越自我 挑战未来：蛇口工业区"一次创业"与"二次创业"的比较研究》，《特区经济》1999 年第 3 期。

赵祎坤：《我国地方政府公共危机管理所面临的挑战——以"天津 8.12""东方之星"和"昆山 8.2"事件为例》，《改革与开放》2017 年第 9 期。

甄峰、黄朝永、罗守贵：《区域创新能力评价指标体系研究》，《科学管理研究》2000 年第 6 期。

郑艺群：《论后现代公共行政下的环境多元治理模式——以复杂性理论为视角》，《海南大学学报》（人文社会科学版）2015 年第 2 期。

《中共四川省委关于学习贯彻党的十九届四中全会精神的意见》，《四川党的建设》2019 年第 23 期。

《中共中央关于坚持和完善中国特色社会主义制度　推进国家治理体系和治理能力现代化若干重大问题的决定》，《四川党的建设》2019 年第 22 期。

中共中央文献研究室编《习近平关于全面深化改革论述摘编》，中央文献出版社，2014。

周宝砚：《试论改革开放以来历次机构改革在推动公共决策机制现代化进程中的重要作用》，《改革与开放》2018 年第 23 期。

周干峙：《关于经济特区和沿海经济技术开发区的规划问题》，《城市规划》1985 年第 5 期。

周建国、靳亮亮：《基于公共选择理论视野的政府自利性研究》，《江海学刊》2007 年第 4 期。

周黎安、陶婧：《政府规模、市场化与地区腐败问题研究》，《经济研究》2009 年第 1 期。

周韬：《基于分工与价值链的城市群空间组织机理研究》，《财会研究》2018 年第 7 期。

周韬：《习近平新时代空间经济思想的全新内涵与特质》，《特区经济》2018 年第 10 期。

周宇睿：《中国特色社会主义新时代要求推进公共决策机制现代化》，《理论观察》2018 年第 10 期。

朱健国：《"蛇口维新" 20 周年祭》，《南风窗》1998 年第 9 期。

朱玉：《对外开放的第一块 "试验田" ——蛇口工业区的创建》，《中共党史研究》2009 年第 1 期。

朱最新：《粤港澳大湾区区域立法的理论建构》，《地方立法研究》2018 年第 4 期。

祝平衡、王秀兰、李世刚：《政府支出规模与资源配置效率——基于中国工业企业数据的经验研究》，《财经理论与实践》2018 年第 2 期。

Acemoglu, D., Johnson, S., Robinson, J., "The Colonial Origins of Comparative Development: An Empirical Investigation", *The American Economic Review*, 2001, 91 (5).

Aghion, P., Howit, P., "Market Structure and the Growth Process", *Review of Economic Dynamics*, 1998, 1 (1).

Akindola, R. B., Ehinomen, C. O., "Military Incursion, Tribalism and Poor Governance: The Consequences for Development in Nigeria", *Mediterranean Journal of Social Sciences*, 2017, 8 (5).

Alder, S., Shao, L., Zilibotti, F., "Economic Reforms and Industrial Policy in a Panel of Chinese Cities", *SSRN Electronic Journal*, 2013, 21 (4).

Allyn, Y., "Increasing Returns and Economic Progress", *The Economic Journal*, 1928, 38 (152).

Almond, G. A., Bingham, G., *Comparative Politics: A Developmental Approach*, Boston: Little, Brown, 1966.

Arrow, K. J., "The Economic Implications of Learningby Doing", *Review of Economics Studies*, 1952, 29 (3).

Aydalot, P., Keeble, D., *High Technology Industry and Innovative Environments: The European Experience*, London and New York: Routledge, 1988.

Barro, R. J., "Government Spending in a Simple Model of Endogenous Growth", *Journal of Political Economy*, 1990, 98 (5).

Barro, R., Sala-i-Martin, X., *Economic Growth*, New York: Mcgraw-Hill, 1995.

Becker, G., Murphy, K., Tamura, R., "Human Capital, Fertility, and Economic Growth", *Journal of Political Economy*, 1990, 98 (5).

Bosch-Rekveldt, M., Jongkind, Y., Mooi, H., et al., "Grasping Project Complexity in Large Engineering Projects: The TOE (Technical, Organizational and Environmental) Framework", *International Journal of Project Management*,

2011, 29 (6).

Bradford, D. F., Oates, W. E., "The Analysis of Revenue Sharing in a New Approach to Collective Fiscal Decisions", *The Quarterly Journal of Economics*, 1971, 85 (3).

Brennan, G., Buchanan, J. M., *The Power to Tax: Analytical Foundations of a Fiscal Constitution*, Cambridge: Cambridge University Press, 1980.

Buchanan, J., "The Relevance of Pareto Optimality", *Journal of Conflict Resolution*, 1962, 6 (4).

Cass, D., "Optimum Growth in an Aggregative Model of Capital Accumulation", *Review of Economic Studies*, 1965, 32 (3).

Chenery, H. B., "The Two Gap Approach to Aid and Development: A Reply to Bruton", *The American Economic Review*, 1969, 59 (3).

Domar, E. D., "Capital Expansion, Rate of Growth and Employment", *Econometrica*, 1946, 14 (2).

Domar, E. D., "Depreciation, Replacement and Growth—And Fluctuations", *The Economic Journal*, 1957, 67 (268).

Durlauf, S. N., Fafchamps, M., "Social Capital", NBER Working Paper Series—National Bureau of Economic Research, 2004, No. 10485.

Edwad, M. G., "Do Export Processing Zones Attract FDI and Its Benefits: The Experience from China", *International Economics and Economics Policy*, 2004, 1 (1).

Eicher, T. S., Turnovsky, S. J., "Non-Scale Models of Economic Growth", *Economic Journal*, 1999, 109 (457).

Elgin, C., Goksel, T., Gurdal, M. Y., et al., "Religion, Income Inequality, and the Size of the Government", *Economic Modelling*, 2013, 30 (1).

Englebert, P., "Pre-Colonial Institutions, Post-Colonial States, and Economic Development in Tropical Africa", *Political Research Quarterly*, 2000,

53 (1).

Evans, P. B., *Embedded Autonomy: States and Industrial Transformation*, Princeton: Princeton University Press, 1995.

Fach, W., Grande, E., "Space and Modernity: On the Regionalization of Innovation Management", In Hilpert, U. (ed.), *Regional Innovation and Decentralization: High Tech Industry and Government Policy*, London and New York: Routledge, 1991.

Farole, T., Akinci, G., "Special Economic Zones: Progress, Emerging Challenges, and Future Directions", Washinton DC: The World Bank, 2011.

Farole, T., *Special Economic Zones in Africa: Comparing Performance and Learning from Global Experience*, Washington DC: World Bank Publications, 2013.

Firoz, N. M., Murray, A. H., "Foreign Investment Opportunities and Customs Laws in China's Special Economic Zones", *International Journal of Management*, 2009, 20 (1).

Folster, S., Henrekson, M., "Growth Effects of Government Expenditure and Taxation in Rich Countries", *European Economic Review*, 2006, 50 (1).

Foreign Investment Advisory Service, "Special Economic Zones: Performance, Lessons Learned, and Implications for Zone Development", Washington DC: World Bank, 2008.

Friedland, R., Alford, R. R., "Bringing Society Back In: Symbols, Practices, and Institutional Contradictions", In Powell, W. W., DiMaggio, P. J. (eds.), *The New Institutionalism in Organizational Analysis*, Chicago: The University of Chicago Press, 1991.

Galor, O., Wei, D. N., "Population, Technology, and Growth: From Malthusian Stagnation to the Demographic Transition and Beyond", *The American Economic Review*, 2000, 90 (4).

Gramlich, E. M., Galper, H., "State and Local Fiscal Behavior and Federal Grant Policy", *Brookings Papers on Economic Activity*, 1973, 4 (1).

Greenwood, R. , Suddaby, R. , "Institutional Entrepreneurship in Mature Fields: The Big Five Accounting Firms", *The Academy of Management Journal*, 2006, 49 (1) .

Greif, A. , "Historical and Comparative Institutional Analysis", *The American Economic Review*, 1998, 88 (2) .

Grossman, G. M. , Helpman, E. , "Comparative Advantage and Long-Run Growth", *The American Economic Review*, 1990, 80 (4) .

Ha-Joon Chang, *The Political Economy of Industrial Policy*, New York: St. Martin's Press, 1994.

Hansen, K. F. , "The Politics of Personal Relations: Beyond Neopatrimonial Practices in Northern Nameroon", *Africa*, 2003, 73 (2) .

Harrod, R. F. , "An Essay in Dynamic Theory", *Economic Journal*, 1939, 49 (193) .

Hayami, Y. , Ruttan, V. W. , "Factor Prices and Technical Change in Agricultural Development: The United States and Japan, 1880 – 1960", *The Journal of Political Economy*, 1970, 78 (5) .

Hayek, F. A. , *Individualism and Economic Order*, Chicago: University of Chicago Press, 1948.

Helpman, E. , Trajtenberg, M. , "A Time to Sow and a Time to Reap: Growth Based on General Purpose Technologies", *International Library of Critical Writings in Economics*, 2004, 179 (2) .

Hirschman, A. O. , "Philosophers and Kings: Studies in Leadership Underdevelopment, Obstacles to the Perception of Change, and Leadership", *Daedalus*, 1968, 97 (3) .

Johnson, C. , *MITI and the Japanese Miracle: The Growth of Industrial Policy: 1925–1975*, Stanford: Stanford University Press, 1982.

Jones, C. I. , "Growth: With or Without Scale Effects?", *The American Economic Review*, 1999, 89 (2) .

Jones, C. I. , "Time Series Tests of Endogenous Growth Models",

Quarterly Journal of Economics, 1995, 110 (2).

Joseph, F., "Institutions, Informal Politics, and Political Transition in China", *Asian Survey*, 1996, 36 (3).

Jovanovie, B., Nyarko, Y., "Learning by Doing and the Choice of Technology", *Econometrica*, 1996, 64 (6).

Kaldor, N., "A Model of Economic Growth", *The Economic Journal*, 1957, 67 (268).

Knack, S., Keefer, P., "Does Social Capital Have an Economic Pay Out? A Cross-Country Investigation", *Quarterly Journal of Economics*, 1996, 112 (4).

Kormendi, R. C., Meguire, P. G., "Macroeconomic Determinants of Growth: Cross-country Evidence", *Journal of Monetary Economics*, 1985, 16 (2).

Krugman, P., "Complex Landscapes in Economic Geography", *The American Economic Review*, 1994, 84 (2).

Kumar, A., "Power, Policy and Protest: The Politics of India's Special Economic Zones", *Commonwealth & Comparative Politics*, 2014, 53 (4).

Landau, D., "Government Expenditure and Economic Growth: A Cross-Country Study", *Southern Economic Journal*, 1983, 49 (3).

Leibenstein, H., "Incremental Capital-Output Ratios and Growth Rates in the Short Run", *The Review of Economics and Statistics*, 1966, 48 (1).

Lloyd, P. E., "Location in Space: A Theoretical Approach to Economic Geography", *Geographical Journal*, 1974, 140 (3).

Lucas, R. E., "Macroeconomic Priorities", *The American Economic Review*, 2003, 93 (1).

Lucas, R. E., "On the Mechanics of Economic Development", *Journal of Monetary Economics*, 1988, 22 (1).

MacFarlane, S. N., Thielking, C. J., Weiss, T. G., "The Responsibility to Protect: Is Anyone Interested in Humanitarian Intervention?" *Third World Quarterly*, 2004, 25 (5).

Madani, D., "A Review of the Role and Impact of Export Processing

Zones", *Policy Research Working Paper*, 1999, 17 (2).

Meltzer, A. H., Richard, S. F., "A Rational Theory of the Size of Government", *Journal of Political Economy*, 1981, 89 (5).

Migdal, J., *Strong Societies and Weak States: State-Society Relations and State Capabilities in the Third World*, Princeton: Princeton University Press, 1988.

Mortensen, D. T., "Alfred Marshall Lecture: Growth, Unemployment, and Labor Market Policy", *Journal of the European Economic Association*, 2005, 3 (2).

Mortensen, D. T., Pissarides, C. A., "Technological Progress, Job Creation, and Job Destruction", *Review of Economic Dynamics*, 1998, 1 (4).

Nurkse, R., "Period Analysis and Inventory Cycles", *Oxford Economic Papers*, 1954, 6 (3).

Ota, T., "The Role of Special Economic Zones in China's Economic Development as Compared with Asian Export Processing Zones: 1979 – 1995", *Asia in Extenso*, 2003.

Persson, T., Tabellini, G., *Political Economics: Explaining Economic Policy*, Cambridge: MIT Press, 2000.

Pissarides, C. A., McMaster, I., "Regional Migration, Wages and Unemployment: Empirical Evidence and Implications for Policy", *Oxford Economic Papers*, 1990, 42 (4).

Prebisch, R., "Commericial Policy in the Underdeveloped Countries", *The American Economic Review*, 1959, 49 (3).

Ram, R., "Government Size and Economic Growth: A New Framework and Some Evidence from Cross-Section and Time-Series Data: Reply", *The American Economic Review*, 1989, 79 (1).

Ramsey, F. P., "A Contribution to the Theory of Taxation", *Economic Journal*, 1927, 37 (145).

Robinson, J., "The Production Function and the Theory of Capital", *The*

Review of Economic Studies, 1953, 21 (2).

Rodrik, D., "Why Do More Open Economies Have Bigger Governments?", *Journal of Political Economy*, 1998, 106 (5).

Romer, P. M., "Increasing Returns and Long-Run Growth", *The Journal of Political Economy*, 1986, 94 (5).

Rosen, S., "Substitution and Division of Labour", *Economica*, 1978, 45 (179).

Rosenstein-Rodan, P. N., "Problems of Industrialisation of Eastern and South-Eastern Europe", *The Economic Journal*, 1943, 53 (210/211).

Rothwell, R., Zegveld, W., *Industrial Innovation and Public Policy: Preparing for the 1980s and the 1990s*, London: Greenwood Press, 1981.

Scott, M., *A New View of Economic Growth*, Oxford: Oxford University Press, 1989.

Sng, Hui Ying, *Economic Growth and Transition: Econometric Analysis of Lim's S-Curve Hypothesis*, Singapore: World Scientific Publishing Co. Pte. Ltd, 2010.

Solow, R. M., "Technical Change and the Aggregate Production Function", *The Review of Economics and Statistics*, 1957, 39 (3).

Stoneman, P. , *The Economic Analysis of Technology Policy*, Oxford: Oxford University Press, 1987.

Uzawa, H., "Optimum Technical Change in an Aggregative Model of Economic Growth", *International Economic Review*, 1965, 6 (1).

Vernon, R., "International Investment and International Trade in the Product Cycle", *Quarterly Journal of Economics*, 1966, 8 (4).

Wallis, J. J., Oates, W., "Does Economic Sclerosis Set in with Age? An Empirical Study of the Olson Hypothesis", *Kyklos*, 1988, 41 (3).

Weingast, B., "The Economic Role of Political Institutions: Market-Preserving Federalism and Economic Development", *Journal of Law, Economics and Organization*, 1995, 11 (1).

Wong, K. , Cai, R. , Chen. , H. , "Shenzhen: Special Experience in Development and Innovation", In Yeung, Y. , Hu, X. (eds.), *China's Coastal Cities-Catalysts for Modernization*, University of Hawaii Press, 1992.

Yang, X. , Borland, J. , " A Microeconomic Mechanism for Economic Growth", *Journal of Political Economy*, 1991, 99 (3) .

Young, A. , "Learning by Doing and the Dynamic Effects of International Trade", *The Quarterly Journal of Economics*, 1991, 106 (2) .

Zhang, J. , "Estimation of China's Provincial Capital Stock Series (1952 – 2004) with Application", *Journal of Chinese Economic and Business Studies*, 2008, 6 (2) .

图书在版编目（CIP）数据

论发展型国家：中国道路实践 / 姬超著. --北京：
社会科学文献出版社，2023.10
　　ISBN 978-7-5228-1732-3

　　Ⅰ.①论…　　Ⅱ.①姬…　　Ⅲ.①发展中国家-经济发展
-研究②中国特色社会主义-社会主义建设模式-研究
Ⅳ.①F112.1②D616

　　中国国家版本馆 CIP 数据核字（2023）第 067984 号

论发展型国家：中国道路实践

著　　者 / 姬　超

出 版 人 / 冀祥德
责任编辑 / 冯咏梅
责任印制 / 王京美

出　　版 / 社会科学文献出版社·经济与管理分社（010）59367226
　　　　　　地址：北京市北三环中路甲 29 号院华龙大厦　邮编：100029
　　　　　　网址：www.ssap.com.cn
发　　行 / 社会科学文献出版社（010）59367028
印　　装 / 三河市尚艺印装有限公司

规　　格 / 开　本：787mm×1092mm　1/16
　　　　　　印　张：17.25　字　数：230 千字
版　　次 / 2023 年 10 月第 1 版　2023 年 10 月第 1 次印刷
书　　号 / ISBN 978-7-5228-1732-3
定　　价 / 98.00 元

读者服务电话：4008918866